भारत में आतंकवाद

जनार्दन सिंह

सनशाइन बुक्स
दिल्ली-110002

ISBN : 978-81-945731-0-4

प्रथम संस्करण : 2020

प्रकाशक : सनशाइन बुक्स
4760-61, द्वितीय तल, 23 अंसारी रोड
दरियागंज, नई दिल्ली-110002

शब्द-संयोजक : गुप्ता कम्युनिकेशन
शाहदरा, दिल्ली-110032

मुद्रक :

BHARAT MEIN AATANKWAD *by* **Janardan Singh**

प्राक्कथन

भारत में आतंकवाद के उदय के अनेक प्रत्यक्ष कारण विद्यमान हैं जिनकी सरलता से पहचान की जा सकती है। यह हमारा दुर्भाग्य रहा कि हमें हमारे पड़ौसियों द्वारा स्वतंत्रता प्राप्ति के बाद से ही चुनौतियां दी जा रही हैं। न केवल बाहरी अपितु आंतरिक चुनौतियां भी कम नहीं रही हैं। कभी यह पृथक खालिस्तान तो कभी माओवाद और अब यह अपने नये रूप इस्लाम के रूप में सामने आया है। चाहे दंगे कलकत्ता (1946), भागलपुर (1989), हैदराबाद (1990), दिल्ली (1984), अयोध्या (1992), गुजरात (2002) के रहे हों या फिर कोई बाहरी व्यक्तियों द्वारा किये गये।

हमले जो बंबई, जयपुर, बंगलौर अहमदाबाद में घटित हुये, इन सबमें भारत में आतंकवाद का व्यापक विस्तार उजागर होता है। इसके प्रमुख कारणों को अग्रांकित रूप में रेखांकित किया जा सकता है–भौगोलिक दृष्टि से हम पाकिस्तान से घिरे हुये हैं। पाकिस्तान अपनी स्थापना के समय से ही भारत के विरुद्ध आतंकी गतिविधियों को प्रोत्साहित कर रहा है। इसकी सीमायें जम्मू-कश्मीर व पंजाब से मिली हुयी हैं। भारत की सामरिक, आर्थिक शक्ति को रोकने हेतु चीन, पाकिस्तान को प्रोत्साहित कर रहा है। दक्षिण में श्रीलंका से चुनौतियां मिल रही हैं। बांग्लादेश म्यांमार से, नेपाल बिहार से मिला हुआ है। उत्तर-पूर्वी हिस्से से चीन अरुणाचल प्रदेश में दावा जता रहा है। उत्तर-पूर्व के राज्यों की अंतर्राष्ट्रीय सीमा से अवैध आव्रजन एवं विदेशों से आतंकियों की सैन्य, आर्थिक, मनोवैज्ञानिक सहायता से आतंकी हिंसा को प्रश्रय मिलता है। 1971 में बांग्लादेश के निर्माण के बाद से पाकिस्तान की खुफिया एजेंसी आई.एस.आई. ने कट्टरवादी तत्वों का समर्थन कर पूर्वोत्तर में आतंकवादी तत्वों को प्रेरित किया है।

भू-मण्डलीकरण नयी विश्व व्यवस्था से उत्पन्न उत्पाद की तरह है। आधुनिकीकरण का विकास, संचार के साधनों में आयी क्रांति, उत्पादन का वैश्विक ढांचा, व्यापार तकनीक ने तीव्र व क्रांतिकारी परिवर्तन विश्व व्यवस्था में किये हैं। इसी व्यवस्था ने राज्य प्रायोजित व समूहों द्वारा आतंकवाद को बढ़ावा दिया है क्योंकि उन्हें जिंदा रखने के लिये विदेशी सहायता निरंतर उपलब्ध होती रहती है। भारतीय उपमहाद्वीप लंबे समय से इस्लामी समूहों जैसे लश्कर ए तैयबा, हरकत उल मुजाहिद्दीन, जैश ए मोहम्मद, अल बदर मुजाहिद्दीन जैसे विदेशी संगठनों की दिल्ली, मुंबई, कलकत्ता, चेन्नई, इंदौर, बंगलौर, हैदराबाद, पटना, पुणे, नागपुर में सक्रियता में प्रमुख हाथ विदेशी राष्ट्रों का रहा है।

भारतीय संदर्भ में आतंकवाद की उत्पत्ति के संदर्भ में हम आर्थिक कारणों को नजरअंदाज नहीं कर सकते हैं। स्वाधीनता के पश्चात् औद्योगिकीकरण, विकास जैसे आधुनिक प्रभावों ने नवीन तनावों को जन्म दिया है। यह एक कटु तथ्य है कि विगत पांच दशकों में आर्थिक विकास के लाभ सर्वसाधारण तक नहीं पहुंच पाये हैं। देश की कुल आबादी का एक बड़ा हिस्सा आर्थिक पिछड़ेपन से ग्रस्त रहा है। अपनी आर्थिक परेशानियों के कारणों को समझने में असमर्थ, बढ़ती आर्थिक असुरक्षा की चिंताओं से त्रस्त वर्ग इन्हीं असामाजिक तत्वों का शिकार बन जाता है। मध्यप्रदेश, उड़ीसा, आन्ध्रप्रदेश में तेलंगाना, बिहार में छोटा नागपुर का पठार ऐसे ही उदाहरण हैं जहां ग्रामीण बेरोजगारी, भूमि सुधारों की कमी, जमींदारों द्वारा श्रमिकों का शोषण किया जाता है यही अन्याय जब विचारधारात्मक आतंकी समूहों के सम्पर्क में आता है तो इनसे ही माओवाद जैसे नाम सामने आते हैं। पूर्वोत्तर में प्राकृतिक संसाधनों एवं जैव विविधता की प्रचुरता के बावजूद बुनियादी ढांचे का अभाव रहा है। यहां उत्तर-पूर्व के अधिकांश राज्य आर्थिक दिवालियेपन की स्थिति से गुजर रहे हैं। यहां विकसित एवं स्थापित उद्योगों की कमी है। यहां देश की जनसंख्या के मात्र चार प्रतिशत का निवास है किंतु उन्हें केंद्रीय सहायता के कुल अंश का बीस प्रतिशत प्राप्त होता है। इस प्रकार नक्सली हिंसा, पृथकतावादी उपद्रवों आदि के मूल में आर्थिक असंतुलन के प्रश्न निहित हैं।

राजनीतिक सत्ता प्राप्ति के माह में हमारे राजनीतिक दलों की तुष्टीकरण की नीति का सर्वोत्तम उदाहरण असम व त्रिपुरा में दिखाई पड़ता है। यह हमारी सरकार की कमजोरी रही कि वे अवैध शरणार्थियों को बाहर नहीं कर पाई चाहे वह अवैध आव्रजन बांग्लादेश के मुस्लिमों का रहा हो या फिर पाकिस्तानी शरणार्थियों का। 1947 में भारत विभाजन के उपरान्त पश्चिमी पाकिस्तान से आये शरणार्थी, 1950 के बंगाल के सांप्रदायिक दंगों, 1964 में पूर्वी पाकिस्तान के सांप्रदायिक दंगों, 1965 के भारत पाक युद्ध के दौरान असम में शरणार्थियों के बसने का क्रम बना रहा किंतु शरणार्थियों की बड़ी संख्या का संकट 1971 में भारत पाक युद्ध एवं बांग्लादेश के उदय के दौरान हुआ जब नब्बे लाख बंगाली शरणार्थी भारत आये। स्थानीय राजनीतिक दलों द्वारा इन शरणार्थियों को अपने वोट बैंक के रूप में देखा गया। पंजाब में 1995 से पूर्व एवं जम्मू-कश्मीर में 1989 के दौरान धर्म आतंकवाद के एक कारक के तौर पर उभरा। पंजाब में कुछ सिक्ख समर्थक खालिस्तान की मांग को लेकर आतंक फैलाते रहे। वहीं जम्मू-कश्मीर में कुछ उद्देश्यों को लेकर भी यही स्थिति सामने आयी है। एक ओर जम्मू-कश्मीर लिबरेशन फ्रंट कश्मीर को स्वतंत्र राज्य बनाना चाहता है वहीं दूसरी ओर हिजबुल मुजाहिद्दीन उसे पाकिस्तान के साथ मिलाना चाहता है। अनेक धार्मिक संगठनों जैसे स्टूडेण्ट इस्लामिक मूवमेंट ऑफ इंडिया, अलकायदा, तालिबान आदि भारत विरोधी गतिविधियों से जुड़े हुये हैं। भारत में पृथक समूह चेतना से ग्रसित मुसलमानों तथा संकीर्ण हिंदू राष्ट्रवाद ने देश के दो प्रमुख संप्रदायों के मध्य वैमनस्य को उपजाया है। एक ओर अल्पसंख्यकों विशेषतः मुस्लिम संप्रदाय का एक बड़ा भाग राष्ट्र की मुख्यधारा से नहीं जुड़ पाया वहीं दूसरी ओर संकीर्ण हिंदू राष्ट्रवाद के समर्थकों ने देश के बहुलतावादी स्वरूप को अस्वीकार कर दिया।

भारत में भौगोलिक, सामाजिक, धार्मिक बनावट की भिन्नता के कारण इस क्षेत्र में सामाजिक संस्कृति के निर्माण में सहायक तत्वों की कमी रही है। पूर्वोत्तर में लगभग दो सौ अनुसूचित जनजातियों एवं कबीलों का निवास है जिनकी पृथक-पृथक बोलियां हैं। प्राकृतिक विविधता एवं प्राकृतिक संसाधनों से समृद्ध भू-भाग में समान संस्कृति का विकास नहीं हो पाया है।

ब्रिटिश शासन के दौरान ईसाई मिशनरियों ने धर्मान्तरण को प्रोत्साहन दिया। इस प्रकार के सामाजिक ढांचे में विखण्डन व आतंक की अग्नि पनपना आसान था। केन्द्र की अविवेकपूर्ण नीतियों के कारण भी असंतोष की स्थितियों ने जन्म लिया है। तेरहवें संविधान संशोधन द्वारा नागालैण्ड को पृथक राज्य, 1972 में मणिपुर, मेघालय, त्रिपुरा को पूर्ण राज्य, 1986 में मिजोरम को राज्य के दर्जे के उपरान्त आज भी उल्फा, बोडोलैण्ड या गोरखालैण्ड की मांग निरन्तर बढ़ती स्थानीय महत्वाकांक्षाओं का ही प्रतिफल है।

—जनार्दन सिंह

अनुक्रम

पृष्ठभूमि

आतंकवाद क्या है?

साधारणत: आतंकवाद का अर्थ 'आतंक या भय' से लिया जाता है जो इसे शाब्दिक अर्थ तक सीमित करता है। लेकिन इस शोध प्रबन्ध में आतंकवाद के विषय को व्यापकता के साथ संदर्भित करके इसके अर्थ को व्यापक अर्थ में विश्लेषित करने का प्रयास किया है। शोधार्थी ने सरतोरी (1984) की 'मौलिक योजना की संरचना' के अर्थ के संदर्भ में आतंकवाद शब्द की व्याख्या की है। उनका मानना है कि किसी शब्द का अर्थ उसके विषय पर निर्भर करता है। जैसे स्कमिड और जोगमैन ने आतंकवाद शब्द का अर्थ 'अपराध, साम्प्रदायिकता, राजनैतिक अपराध, निर्दोष की हत्या' से लिया है जिसके अर्थ में अनेक सामूहिक लक्षण निहित है और इसकी अवधारणा में 'राजनैतिक उद्देश्यों का अस्तित्व, हिंसात्मक गतिविधियां, निर्दोषों का पीड़ितीकरण, अवैध गतिविधियां एवं भयभीत करना होता है।' इतने सारे लक्षणों के कारण ही आतंकवाद का अर्थ अनेकों अर्थ या बहुत सारे अर्थों में लिया जाता है। यह शब्द अपने शाब्दिक अर्थ में संभावित अर्थों की त्रुटियों एवं अनेकार्थतता की अव्यवस्था से ग्रसित है।

आतंकवाद की व्याख्या एवं अर्थ की स्पष्टता मौलिक योजना के अंतर्गत की गयी है। इसमें आतंकवाद को अलगाववाद, राज्यवाद, पर्यावरणवाद, विशिष्टवाद, धार्मिकवाद आदि अवधारणाओं के सन्दर्भ में विश्लेषित किया गया है। इसको साधारण अर्थ में संयुक्त राज्य अमेरिका के रक्षा विभाग द्वारा परिभाषित किया गया है कि "आतंकवाद एक

पूर्व-निर्धारित योजना के अंतर्गत अवैध हिंसा, धमकी एवं बल प्रयोग द्वारा सरकार या समाज को अपने राजनीतिक, धार्मिक या विचारात्मक लक्ष्यों को प्राप्त करने के लिए भयभीत करने से है।'' इस अर्थ को संयुक्त राष्ट्र की अस्थायी समिति ने सहमति प्रदान करके आतंकवाद के अर्थ में उन सभी अवैध एवं हिंसात्मक गतिविधियों को शामिल किया है जिससे किसी व्यक्ति या संपत्ति को भयभीत एवं आतंकित किया जाता है। लेकिन यह गौरतलब है कि वर्तमान सन्दर्भ में विश्लेषण करें तो आत्मघाती हमलों में मासूम बच्चों एवं महिलाओं को ही निशाना बनाया जाता है जिसका किसी से कोई लेना-देना नहीं होता है और उन्हीं की सबसे ज्यादा मौतें होती हैं। इस संदर्भ में आतंकवाद की अवधारणा एवं इसके अर्थ में कई मनोवैज्ञानिक, सामाजिक, राजनीतिक, आर्थिक एवं धार्मिक असमानताओं की उलझनें हैं। इसी संदर्भ में इस शब्द को इसके शाब्दिक अर्थ से कहीं व्यापक अर्थ में व्याख्या एवं विश्लेषण की आवश्यकता है। क्योंकि तभी हम इसका वैज्ञानिक एवं वस्तुपरक अध्ययन करने में सफल हो सकते हैं। इस संदर्भ में इसकी व्याख्या आतंकवाद की अवधारणा नामक द्वितीय अध्याय में करने की कोशिश की है।

आतंकवाद का अर्थ है विश्व के देशों में दहशत फैलाना जो पिछले एक दशक से एक प्रमुख चुनौती के रूप में उभरा है। आतंकवादी बेकसूर लोगों की सामूहिक हत्या, सार्वजनिक भवनों, रेलवे स्टेशनों, व्यापारिक केन्द्रों, दूतावासों एवं बाजारों में भीषण बम विस्फोट करके आतंक फैलाते हैं। उन्हें इस बात से बिल्कुल मतलब नहीं होता कि मरने वाले बिल्कुल निर्दोष हैं। आतंकवाद की जड़ें मुख्यतः पाकिस्तान एवं भारत सहित संपूर्ण दक्षिण तथा दक्षिण-पूर्व एशिया, अफगानिस्तान, रूस तथा अफ्रीका के कुछ भागों में अत्यंत गहरी हो गयी है। इसकी पराकाष्ठा का ज्वलंत उदाहरण 11 सितंबर, 2001 को अमेरिका में विश्व व्यापार केन्द्र पर एवं पेंटागन हुए हमलों में परिलक्षित हुआ है।

आतंकवाद का वस्तुतः उद्देश्य है अपने किए गए कार्यों के द्वारा लोगों में भय पैदा करना। ये लोग अपने आतंक में नए-नए तरीके के बदलाव लाते हैं। आतंकवादी अपनी ही संस्कृति को ज्यादा महत्व देते हैं।

इनका अपना एक अलग दृष्टिकोण तथा उद्देश्य होता है और वे अपने लोगों एवं अपने विचारों से अपनी संस्थाएं चलाते हैं।

आतंकवाद आज विश्व की एक बहुत विकराल समस्या है। इसने विश्व के लगभग सभी देशों के राजनैतिक, सामाजिक, सांस्कृतिक एवं आर्थिक क्षेत्रों को प्रभावित किया है। इसकी चपेट में लगभग सम्पूर्ण विश्व है। किसी भी तरह से आतंकवाद का उद्देश्य समय-समय पर लोगों में दहशत भरते रहना है। "वहीं दूसरी ओर संयुक्त राष्ट्र के संदर्भ में देखा जाए तो सामाजिक असुरक्षा की भावना के विकास के कारण अलगाववादी शक्तियों का विकास भी तीव्रगति से होता है और इसकी राह में आतंकवाद का जन्म होता है। इस आतंकवाद की श्रेणी में इस्लामी आतंकवाद रूपी समस्या एक बड़ी चुनौती के रूप में उभरी है।"

वर्तमान में आतंकवाद अमेरिका में विश्व व्यापार केन्द्र की इमारतों पर हुए हमले के रूप में परिलक्षित हुआ है। इसके अतिरिक्त 13 दिसम्बर, 2001 को भारतीय संसद पर हुए हमले ने भी लगभग सभी देशों में अंतर्राष्ट्रीय आतंकवाद के विरुद्ध संघर्ष के लिए एकजुट होने की प्रवृत्ति विकसित कर दी है। यद्यपि अमेरिका के नेतृत्व में विश्व के प्रमुख देशों ने आतंकवाद की समाप्ति के लिए अफगानिस्तान में संघर्ष किया। लेकिन इस कार्य में पूर्णतः सफलता प्राप्त करना वर्तमान संदर्भ में सरल नहीं है। इन परिस्थितियों में वैचारिक तथा राजनीतिक मतभेदों से हटकर विश्व के एकीकरण की अनिवार्यता स्वतः सिद्ध है। जहां तक भारत का प्रश्न है विगत तीन दशकों से आतंकवाद की समस्या से पीड़ित होने के कारण भारत ने इसे एक अंतर्राष्ट्रीय समस्या के रूप में विश्व पटल पर रखने का प्रयास किया।

शीतयुद्ध के दौरान संयुक्त राज्य अमेरिका ने अपने वैश्विक प्रभुत्व में वृद्धि के लिए कई प्रयास किए। इन प्रयासों ने 1960 के दशक में आतंकवाद की उत्पत्ति में प्रमुख भूमिका निभाई थी। इसके अतिरिक्त विकासशील देशों अथवा तृतीय विश्व के देशों में अंतर्राज्यीय युद्ध भी प्रारंभ हो गए थे। इस क्रम में कई देशों में स्थानीय तथा निजी सेनाओं का प्रादुर्भाव हुआ, उदाहरणस्वरूप जर्मनी की लाल वाहिनी तथा मेनहाफ गिरोह आदि।

विश्व के संदर्भ में देखा जाए तो जिन देशों में स्थानीय सेनाएं गठित की गयी थीं। उन सेनाओं तथा गिरोहों ने अत्याधुनिक हथियारों की सीमा पार तस्करी को प्रारम्भ किया। जिसका विस्तार अफ्रीका, दक्षिण एशिया तथा पूर्वी एशियाई क्षेत्रों में हुआ। कई अवसरों पर ऐसे गिरोहों को सरकारी संरक्षण प्राप्त हो जाने के कारण आतंकवाद की समस्या वस्तुतः सामाजिक कुरीति के रूप में विकसित हो गयी। इस बीच 1980 के दशक में मार्क्सवादी विचारधारा के आधार पर विश्व में हुए क्रान्तिकारी परिवर्तनों ने स्वतंत्रता की एक नई संकल्पना को सुदृढ़ बनाने में व्यापक सहायता प्रदान की थी। अरब राष्ट्रों तथा अन्य इस्लामी देशों में भी धार्मिक उन्माद में हुई अप्रत्याशित वृद्धि के कारण इस्लामी आतंकवाद की संकल्पना गत्यात्मक हो गयी।

वस्तुतः आतंकवाद का विकास अरब राष्ट्रों के अतिरिक्त अफगानिस्तान, पाकिस्तान तथा अन्य इस्लामी देशों में जेहाद की संकल्पना के साथ विकसित हुआ। जिसका उद्देश्य समाज की विभिन्न समस्याओं के विरुद्ध संघर्ष से था। इसी संदर्भ में अफगानिस्तान में लगभग 80 हजार जेहादियों को विशिष्ट प्रशिक्षण प्रदान करने के उद्देश्य से विश्व के अन्य देशों द्वारा लगभग 8 अरब डॉलर की धनराशि उपलब्ध कराने का अनुमान है।

अंतर्राष्ट्रीय आतंकवाद ने अपने विभिन्न स्वरूपों में सम्पूर्ण विश्व को प्रभावित किया है। इनमें स्वतंत्रता प्राप्ति, धर्मरक्षा, प्रजाति-संरक्षण तथा कई स्थानीय समस्याओं के आधार पर विकसित स्वरूप प्रमुख हैं। इन स्वरूपों को ही वस्तुतः आतंकवाद का उद्देश्य कहा जा सकता है।

आतंकवाद के स्वरूप का विश्लेषण

वर्तमान में आतंकवाद नये-नये स्वरूपों में नजर आ रहा है। जो ऐतिहासिक समय के गोरिल्ला युद्ध से आज के तकनीकी ज्ञान पर आधारित आत्मघाती हमले, बम विस्फोटों एवं रिमोट कंट्रोल द्वारा हमलों में तब्दील होकर मानव समाज को चुनौती दे रहा है। जैसे साइबर आतंकवाद, आतंकवाद का नया स्वरूप है जिसके कारण बैंगलोर से

असमियों को पलायन करना पड़ा। आतंकवाद अपने पारंपरिक स्वरूप से पूरी तरह रूपांतरित हो गया है। पारंपरिक रूप में आतंकवाद का स्वरूप राजनैतिक स्वरूप तक सीमित था जिसमें साम्राज्यवादी प्रवृत्ति से ग्रसित व्यक्ति अपने राजनीतिक विरोधियों के विरोध में आतंकी हमले करते थे।

लेकिन वर्तमान में आतंकवाद एक नए रूप में सामने आ रहा है, विशेषकर द्वितीय विश्वयुद्ध के बाद अंतर्राष्ट्रीय संबंधों में बदलाव आया है और इससे विश्व समाज एक विश्व राजनीतिक संरचना में तब्दील हुआ है। औपनिवेशिक शासन से आजादी मिलने के बाद विकासशील देशों में स्वतंत्रता, समानता एवं विकास जैसे मुद्दे उभरकर सामने आए हैं। इस बीच राज्य एवं समाज में फैली आर्थिक, सामाजिक असमानता एवं राजनीतिक विषमता ने अलगाववाद, पृथकतावाद, क्षेत्रवाद, नृजातियता एवं साम्प्रदायिकता की नई हिंसात्मक एवं अवैध गतिविधियों ने आतंकवाद के नए रूपों को जन्म दिया है। विशेषकर पश्चिम एशिया एवं अफ्रीका में विद्यमान अलोकतांत्रिक शासन प्रणाली एवं धार्मिक तथा नृजातिय विविधता ने आतंकवाद का एक नया स्वरूप विकसित किया। इस तरह से आतंकवाद के नये-नये रूप आर्थिक, सामाजिक, धार्मिक एवं राजनीतिक वैमनस्यों की पृष्ठभूमि में विकसित होते गए हैं और निरन्तर हो रहे हैं।

आतंकवाद के नये स्वरूपों को रोसनबॉम और सेदरबर्ग ने विश्लेषित किया है। जिसमें राजनीतिक आतंकवाद को अलगाववाद, सतर्कतावाद एवं राज्यवाद के रूप में वर्गीकृत किया। अलगाववाद व्यक्ति एवं राज्य के बीच अलगाव को रेखांकित करता है। समाज में फैली सामाजिक एवं आर्थिक असमानता अलगाववाद को बढ़ावा देता है। सतर्कतावादी स्वरूप व्यक्ति एवं व्यक्ति के बीच वैमनस्य के कारण होता है, जो एक सामाजिक समूह का दूसरे सामाजिक समूह से वैमनस्य के कारण सामने आता है। राज्यवाद के स्वरूप में राज्य एवं व्यक्ति के बीच जो असमानता होती है उससे यह उत्पन्न होता है। उन्होंने अपराधिक आतंकवाद एवं एक विशिष्ट प्रवृत्ति वाला आतंकवाद की श्रेणी भी विकसित की है। अपराधिक आतंकवाद में आतंकवादी की अपराधिक प्रवृत्ति प्रमुख भूमिका निभाती है तो विशिष्ट प्रवृत्ति वाले आतंकवादी स्वरूप में उस आतंकवादी की

मनोवैज्ञानिक स्थिति आतंकवाद को निर्धारित करती है जैसे पागलपन आदि। इसे मनोविकार भी कहते हैं।

आतंकवाद के उपरोक्त स्वरूपों के साथ आतंकवाद के धार्मिक स्वरूप को भी विश्लेषित किया है जैसे परमूट्टर के अनुसार धार्मिक आतंकवाद में धर्म के प्रति कट्टरता की प्रवृत्ति रखते हुए भावनात्मक रूप में धार्मिक लक्ष्यों को प्राप्त करने हेतु किसी व्यक्ति या समाज में भय या आतंक उत्पन्न करते हैं। लेकिन लेरनर और लेरनर ने आतंकवाद के धार्मिक स्वरूप को अलगाववाद की श्रेणी में विश्लेषित किया और इसे राजनीतिक आतंकवाद का एक भाग माना है।

वस्तुतः आतंकवाद का स्वरूप वर्तमान में अपने ऐतिहासिक आतंकवाद के राजनीतिक स्वरूप से पूरी तरह रूपांतरित हो गया है और अपने नये स्वरूप में अलगाववाद, पृथकतावाद, सतर्कतावाद, धार्मिकतावाद, साम्प्रदायिकता तथा नृजातिवाद के साथ राष्ट्रवाद की ओर भी उन्मुख हो गया है। आज भू-मण्डलीकरण एवं सूचना-प्रौद्योगिकी की आधुनिक संचार क्रांति ने आतंकवाद को एक नया स्वरूप प्रदान किया है। वर्तमान में विशेषकर 11/9 की आतंकवादी घटना में सूचना क्रांति एवं संचार माध्यमों के उपयोग एवं प्रसार ने व्यापक संदर्भ में आधुनिक आतंकवाद के स्वरूप को रूपांतरित किया है। विशेषकर जगदीश चतुर्वेदी ने इसका व्यापक विश्लेषण किया है। उन्होंने इस नये स्वरूप को 'आतंकवाद के माध्यम से साम्राज्यवाद' नामक नया शीर्षक दिया है। इस शोध प्रबंध में आतंकवाद के इस रूपान्तरित स्वरुप का विश्लेषण निम्न प्रकार से है।

वैश्विक आतंकवाद
एक अवधारणात्मक विश्लेषण

आतंकवाद एक व्यापक अवधारणा है जिसमें अनेक तरह की सामाजिक, आर्थिक, राजनैतिक और कानूनी उलझनें शामिल हैं। यदि हम एक या कुछ ही कानूनी संकल्पनाओं के आधार पर आतंकवाद की व्याख्या करेंगे तो इससे न केवल आतंकवाद की संभावित व्याख्याओं का स्तर कम होगा बल्कि इसका वैज्ञानिक अध्ययन करना भी कठिन होगा। क्योंकि इसलिए कोई भी वैज्ञानिक अध्ययन यह कोशिश करता है कि वह अधिकतम संकल्पनाओं की व्याख्याओं को सम्मिलित करे ताकि संदर्भित विषय के व्यापक एवं गहन अध्ययन के साथ ही एक व्यवस्थित विश्लेषण का मार्ग भी प्रशस्त हो सके। इस उद्देश्य के लिए आतंकवाद की संकल्पना की रचना का व्यापकता से आकलन करना आवश्यक है। इसके साथ ही आतंकवाद के संरचनात्मक अध्ययन में इसकी अवधारणा की रचना एवं उसकी मौलिक योजना को भी अपनाना आवश्यक है क्योंकि इससे न केवल आतंकवाद विषय की मौलिक रचना का अवधारणात्मक अध्ययन संभव होगा बल्कि इसका अर्थ भी स्पष्ट होगा।

अवधारणा की संरचना : मौलिक योजना

आतंकवाद की अवधारणा को स्पष्ट करने के लिए शोधार्थी ने सर्वप्रथम स्वयं अवधारणा की संरचना एवं उसकी मौलिक योजना का प्रयोग किया और इसे उदाहरणों द्वारा स्पष्ट किया जैसे कि यदि कोई व्यक्ति कोई शब्द किसी दूसरे व्यक्ति को कहता है तो उसे इस शब्द को समझने के लिए उसके मस्तिष्क में एक प्रक्रिया का उद्गम होता है और

उस शब्द का अर्थ उसके मस्तिष्क में कुछ तथ्यों पर निर्भर करता है जैसे कि संस्कृति, शिक्षा का स्तर, विचारधारा, वर्ग इत्यादि। उदाहरणस्वरूप यदि शब्द साधारण है जैसे कि 'कलम' तो इस शब्द को सुनने वाला इसकी विशेषता को सोचेगा कि यह वस्तु क्या है और फिर निष्कर्ष पर पहुंचेगा कि यह लिखने वाली एक 'कलम' है। एक अन्य उदाहरणस्वरूप जैसे कि भाववाचक शब्द 'लोकतंत्र' की अवधारणा को स्पष्ट करें तो इसके अर्थ एवं अवधारणा के संदर्भ में लोगों की समझ अलग-अलग होगी। यद्यपि लोकतंत्र का अर्थ स्पष्ट है कि लोगों द्वारा शासन। लेकिन लोकतन्त्र का वास्तविक अर्थ अन्य लोगों की समझ से मेल नहीं करेगा क्योंकि लोगों की अवधारणा इसके अर्थ से भिन्न-भिन्न हो सकती है और यह मत भिन्नता लोगों की शिक्षा, संस्कृति एवं विचारधारा पर निर्भर करती है। जैसे कि सरतोरी (Sartori, 1984) ने अपनी शोध की मौलिक योजना में किसी शब्द के अर्थ को स्पष्ट करते हुए उन्होंने सबसे पहले मस्तिष्क की प्रक्रिया और मूल योजना की त्रुटियों की व्याख्या की और इन त्रुटियों के उपाय भी उन्होंने बताए तथा अर्थ को समझने के बाद उन्होंने जटिल शब्द जैसे कि आतंकवाद को सही ढंग से परीक्षण किया और अपनी संरचना की मौलिक योजना को आरेखित एवं उसका आकलन करके उन्होंने 'शब्द', 'अर्थ' और 'विषय' के सम्बन्ध को बताकर आतंकवाद की अवधारणा को स्पष्ट किया।

सैद्धान्तिक मौलिक योजना

सरतोरी ने अपनी मौलिक योजना में 'शब्द' और 'विषय' के सम्बन्ध को अप्रत्यक्ष रूप से दर्शाया और बताया कि यह लोगों के मस्तिष्क में अर्थ की वजह से संभव है और यह मौलिक योजना जो कि ओरगडेन रिचर्डस ट्रेंगल (Orgaden Richards Triangle 1923) का सुधार रूप है जिसमें उन्होंने तीन मुख्य तत्त्व दिए थे जैसे कि-(1) चिन्ह (symbol) (2) सोच (thought) (3) विषय (subject) इसमें चिन्ह एक स्वर संबंधी शब्द का रूप है, सोच अर्थ के रूप में सम्मिलित है और विषय जो कि भाषाहीन मुद्दा जिसके बारे में वास्तविक वार्तालाप

चल रहा है। सरतोरी (Sartori's 1984) ने ओरगडेन और रिचर्डस (Orgaden & Richards) के कार्य में महत्त्वपूर्ण योगदान दिए तथा उसमें संशोधन करके उन्होंने 'शब्द' और 'विषय' के दोषित सम्बन्धों को खत्म किया और उन दो तत्त्वों शब्द और विषय (term & referent) के सम्बन्ध में उन्होंने मध्यस्थता पर जोर डाला। उन्होंने पहले तत्त्व 'शब्द' (term) को 'चिन्ह' (symbol) से बदल दिया और इसको अवधारणा के रूप में परिभाषित किया और उसने 'सोच' (thought) को अर्थ दिया और उसे शब्द के गुणों के साथ समझाया। अंत में, सरतोरी ने 'अर्थ' के तत्त्वों के सम्बन्ध को बताया कि 'शब्द' और 'अर्थ' का सम्बन्ध या तो स्पष्ट या फिर अस्पष्ट हो सकता है। 'अर्थ' और 'विषय' का सम्बन्ध सांकेतिक या असांकेतिक हो सकता है। उनका मानना है कि वास्तविक जीवन में कई ऐसे 'शब्द' हैं जिनके प्रति अनिश्चितता (त्रुटियां) है और इस अनिश्चितता को उन्होंने अपनी मौलिक योजना में दर्शाया है जिसे रेखाचित्र में स्पष्ट किया गया है जिसमें उन्होंने शब्द के अर्थ को संदेह में रखा है क्योंकि इसका अर्थ अलग-अलग लोगों के लिए भिन्न-भिन्न होता है। इसी संदर्भ में आतंकवाद भी एक संकल्पना (शब्द) है जिसकी अवधारणा को सरतोरी की मौलिक योजना में देख सकते हैं और इसीलिए इस शोध-प्रबन्ध में आतंकवाद शब्द को अवधारणा की मौलिक योजना के ढांचे में रखकर संतुलित करने का प्रयास किया है।

मौलिक योजना में आतंकवाद की अवधारणा

सामान्यतया जब हम आतंकवाद 'शब्द' को बोलते हैं तो इसका अर्थ विभिन्न लोग अलग-अलग तरीके से लगाते हैं। जैसे कि स्कमिड और जोगमैन-2005 (Schmid & Jongman-2005) के अनुसार इसका अर्थ अपराध, साम्प्रदायिकता, राजनैतिक अपराध एवं निर्दोषों की हत्या से संबंधित होता है और इसका प्रत्येक अर्थ उसके लक्षणों के समूह से सम्बन्ध रखता है। अतः आतंकवाद की अवधारणा में अनेक लक्षण हो सकते हैं जैसे कि राजनैतिक उद्देश्यों का अस्तित्व, हिंसा, निर्दोषों का

पीड़ितीकरण, अवैधानिकता, भयभीत करना इत्यादि। इतने सारे लक्षणों की वजह से इस शब्द का उपयोग अनेक रूपों में होता है। जैसे कि सरतोरी (Sartori, 1984) के अनुसार, आतंकवाद की अवधारणा को और इसके संभावित अर्थों को हमेशा त्रुटि के रूप में लिया है। इसलिए आतंकवाद और इसके अर्थों के कई मतलब होते हैं जिससे इसके अर्थ में अनेकार्थकता को जन्म मिलता है ।

क्रेनशा (Crenshaw-1995) के अनुसार, आतंकवाद एक संदेहपूर्वक परिवर्तनशील स्थिति है जिसको आसानी से एक रूप में माप नहीं सकते हैं, क्योंकि इसके अनेक स्वरूप हैं और यह हिंसा के अन्य रूपों से आसानी से अव्यवस्थित हो जाता है। जैसे कि आतंकवाद की अवधारणा की अनेकार्थकता या अव्यवस्था को स्पष्ट रूप से देख सकते हैं–

आतंकवाद शब्द का अर्थ

अर्थ–अलगाववाद राज्यवाद विशिष्टतावाद पर्यावारणवाद धार्मिकतावाद

विषय–आई.आर.ए. ई.टी.ए. स्टालिन वर्जिनीया टैंक ग्रीनपीस

(USSR) नरसंहार हिंसात्मक कार्य कैथोलिक प्रोटेस्टेन्ट नार्थ आयरलैंड विरोधी

मौलिक योजना में शब्दों को परिभाषा करना

'सरतोरी' ने सुझाव दिया कि अवधारणा को अच्छा बनाने के लिए उसको तब तक परिभाषित किया जाए जब तक कि उसका अर्थ स्पष्ट न हो जाए। सरतोरी ने आतंकवाद (Sartori 1984) की परिभाषा को दो भागों में बांटा है और उन्होंने मौलिक योजना का उपयोग करके आतंकवाद के अर्थ में त्रुटियों का निवारण परिभाषा द्वारा करने का प्रयास किया है, जो निम्न प्रकार से है। सुझावित परिभाषाओं का संशोधित स्वरूप।

आतंकवाद की परिभाषा और अवधारणा की संरचना

आतंकवाद को बेहतर ढंग से समझने से पहले इसके उद्‌गम पर

विचार करना आवश्यक होगा। साधारणत: अतिवाद ही आतंकवाद का प्रारम्भिक लक्षण है। यहां यह उल्लेखनीय है कि राजनीतिक मूल्यों के प्रति दुराग्रही मानसिकता ही अतिवाद या चरमपंथ को जन्म देती है, जो कालान्तर में आतंकवादी कृत्यों के लिए अभिप्रेरक का काम करती हैं। आतंकवाद की अवधारणा को वैधानिक दस्तावेजों से परिभाषित किया जा सकता है, जैसा कि टर्किश काउन्टर-टैररिषम एक्ट के अनुच्छेद-1 में आतंकवाद को परिभाषित किया कि "किसी भी तरह का कार्य जो एक या एक से ज्यादा व्यक्तियों या किसी संगठन द्वारा भय, दबाव, हिंसा, आतंक, अत्याचार, विरोध, धमकाकर, डराकर स्थापित व्यवस्था को बदलने के उद्देश्य से किया जाए", उसे आतंकवादी कार्य की संज्ञा दी जा सकती है।

आतंकवाद की सामान्य धारणा के अनुसार, "आतंकवाद हिंसा या हिंसा की धमकी के उपयोग द्वारा लक्ष्य प्राप्ति के लिए संघर्ष की एक विधि व रणनीति है तथा अपने शिकार में भय उत्पन्न करना इसका प्रमुख उदे्श्य है। यह वह क्रूर व्यवहार है जो मानवीय प्रतिमानों का पालन नहीं करता तथा प्रचार पाना जिसकी रणनीति का एक अनिवार्य तत्व हैं।" अनेक यूरोपीय देशों ने अपने-अपने अनुभवों के आधार पर आतंकवाद को परिभाषित करने की चेष्टा की है। ब्रिटेन के अनुसार, "आतंकवाद राजनीतिक, धार्मिक व वैचारिक प्रभुत्व स्थापित करने के उद्देश्य से भयादोहन का वह कृत्य हैं जिसमें जान-माल की आपार क्षति होती है।

मजहबी आतंकवाद की अवधारणा

आतंकवाद के कई स्वरूप हैं जिनमें मजहबी आतंकवाद भी प्रमुख है। आधुनिक विश्व में म़जहब के नाम पर आतंकवाद राजनीतिक हिंसा का नया प्रतिमान बन चुका है। सच कहा जाए तो संसार में जितना नरसंहार मजहब के नाम पर हुआ है उतना दुर्दांत आक्रमणकारियों द्वारा अपने राज्यों के विस्तार के लिए भी नहीं हुआ। यहां यह उल्लेखनीय है कि मजहबी आतंकवाद का विस्तार भले ही मजहब की रक्षा के नाम पर किया जाता हो लेकिन ज्यों-ज्यों इस आतंकवाद की जड़ें गहराती जाती

हैं, त्यों-त्यों आतंकवाद अपने आप में ही एक मजहब बन जाता है जिसका प्रत्यक्ष उदाहरण इस्लामी आतंकवाद है जो जिहाद की अवधारणा पर आधारित होकर आधुनिक, उदार व प्रगतिशील लोकतंत्र के लिए खतरनाक चुनौतियां पेश कर रहा है।

जिहाद : एक संक्षिप्त परिचय

जिहाद की अवधारणा इस्लाम धर्म का एक मूलभूत उसूल है। उसकी एक परिभाषा तो यह है जो लोग इस्लाम की प्रभुता स्वीकार नहीं करते उनके विरुद्ध युद्ध छेड़ना जिहाद है। आज सारे संसार में जो कुछ हो रहा है और पिछले साल मुंबई में जो कुछ हुआ उसे वे ही अंजाम दे रहे हैं जो अपने आपको जिहादी मानते हैं। उनका स्पष्ट मानना है कि यहूदी, ईसाई और हिन्दू इस्लाम के शत्रु हैं।

वास्तव में, अंतर्राष्ट्रीय समाज ने यह कोशिश की है कि आतंकवाद की एक संतुलित परिभाषा तक पहुंचे। फिर भी अंतर्राष्ट्रीय सांकेतिक परिभाषाएं जो उपलब्ध हैं वह कम मात्रा में सम्भावित विषयों को सम्मिलित करती है जैसे कि मृत्यु का कारण, गंभीर शारीरिक क्षति, सार्वजनिक या निजी सम्पत्ति की क्षति एवं राजनैतिक प्रोत्साहन आदि को शामिल नहीं करती है। अंतर्राष्ट्रीय परिभाषाओं के अभाव का कारण घोषित परिभाषाओं की कमी माना जा रहा है। आतंकवाद की अवधारणा की कठोरता और अत्यन्त विकृत होने के बावजूद संयुक्त राष्ट्र की आतंकवाद पर तदर्थ समिति (यू.एन. एडहाक कमिटी ऑन टेररिज्म 2001) ने इसकी एक क्रियाशील परिभाषा दी जैसे ''कोई व्यक्ति जो कि अधिनियम (कन्वेन्शन) के संदर्भ में अपराध करता है और अपने गलत इरादों के कारण (क) किसी व्यक्ति की हत्या या गंभीर शारीरिक क्षति पहुंचाता है, (ख) सार्वजनिक या निजी सम्पत्ति की क्षति जिसमें शामिल है—सार्वजनिक उपयोग के लिए स्थान, या सरकार या राज्य की सुविधाएं, सार्वजनिक परिवहन व्यवस्था, आधारभूत सुविधाएं, पर्यावरण और (ग) सम्पत्ति, जगह, सुविधाओं या व्यवस्थाओं को क्षति पहुंचाना जिसके परिणामस्वरूप भारी आर्थिक नुकसान से जनता को डराना या सरकार व

अंतर्राष्ट्रीय संस्थाओं पर दबाव डालना जैसे कार्य करे या करने का प्रयत्न करे।'' लेकिन यह परिभाषा भी आतंकवाद की अवधारणा की कठोरता और विकृतता को शामिल नहीं करती है क्योंकि इसमें आतंकवाद के सभी संभावित विषय सम्मिलित या प्रमाणित नहीं हैं। इसलिए, कुछ सरकारों ने उक्त परिभाषा पर अपनी आपत्ति दर्शायी। क्योंकि इसने राज्यों और राष्ट्रीय सैनिक बलों को एक नायक के रूप में सम्मिलित नहीं किया और न ही आतंकवादी और स्वतन्त्रता सेनानी के बीच कोई अंतर स्पष्ट किया। संयुक्त राज्य अमेरिका के रक्षा विभाग के अनुसार ''आतंकवाद एक पूर्वनिर्धारित योजना के अंतर्गत हिंसा, धमकी एवं बल के द्वारा सरकार एवं नागरिक-समाज को अपने राजनीतिक, धार्मिक या विचारात्मक लक्ष्यों को प्राप्त करने के लिए भयभीत करता है।'' इस परिभाषा में तीन तत्त्वों पर बल दिया गया है–हिंसा, भय और धमकी। ये प्रत्येक तत्त्व अपने शाब्दिक एवं अवधारणात्मक दोनों अर्थों में आतंक या भय फैलाने के संदर्भ में उपयोग किए जाते हैं। ये समाज और सरकार के विरुद्ध अपने राजनीतिक, धार्मिक एवं विचारात्मक ध्येयों की प्राप्ति के लिए 'आतंक' को एक उपकरण के रूप में उपयोग करके अपने लक्ष्यों को वह एक पूर्व निर्धारित योजना के अंतर्गत क्रियान्वित करते हैं। संयुक्त राज्य अमेरिका के विदेश विभाग ने भी आतंकवाद को एक पूर्व निर्धारित राजनीति से प्रेरित हिंसा के रूप में परिभाषित किया जो अपने गैर लड़ाकू सैनिकों के विरुद्ध आतंक फैलाते हैं, जिसमें सामान्यतः नागरिक समाज ही शामिल होता है।

आतंकवाद की परिभाषा को यदि अमेरिकी सरकार के दायरे से बाहर विश्लेषण करे तो आतंकवाद को व्यापक रूप से संयुक्त राष्ट्र द्वारा (1992) में परिभाषित किया गया है–''ऐसी हिंसात्मक कार्यवाही का बारंबार होना जो राजनीतिक, आपराधिक या पागलपन के द्वारा प्रेरित हो और व्यक्ति समूह या राज्य को हिंसा द्वारा चिंताग्रस्त या भयभीत करे लेकिन इसका मुख्य लक्ष्य किसी की हत्या करना नहीं है।'' बुनियादी तौर पर किसी देश की स्थापित वैधानिक व्यवस्था के खिलाफ हिंसात्मक कार्यवाही को आतंकवादी गतिविधियों में शामिल किया जा सकता है

लेकिन एक सामान्य आदमी की नजर में राजनीतिक, सामाजिक व आर्थिक उद्देश्यों की पूर्ति के लिए की गई नियमित हिंसा आतंकवाद की श्रेणी में आती है।'' इजराइल के पूर्व प्रधानमंत्री बेंजामिन नेतन्याहू के शब्दों में ''राजनीतिक लक्ष्यों की प्राप्ति के लिए भय पैदा करने हेतु जान-बूझकर किया गया विध्वंसात्मक कृत्य आतंकवाद है।'' इस परिभाषा को 1978 में येरूशलम में आयोजित एक अंतर्राष्ट्रीय सेमिनार में भी मान्यता दी गयी थी। तथापि आतंकवाद को सही-सही परिभाषित करना काफी कठिन है, क्योंकि एक कहावत है कि एक व्यक्ति के लिए गोरिल्ला लड़ाकू दूसरे के लिए स्वतंत्रता सेनानी होता है या एक असफल स्वतंत्रता सेनानी आतंकवादी कहलाता है, जबकि एक सफल आतंकवादी अपने देश में एक स्वतंत्रता सेनानी होता है। अमर्त्यसेन के अनुसार ''आतंकवादी एक आतंकी हिंसा की स्थिति को बनाता है जो आतंकवादी ग्रुपों के द्वारा ही अपने नियमों से संचालित एवं निर्देशित होती है, अर्थात् आतंकवाद का आशय आतंकी या भययुक्त हिंसा से है जो नागरिक समाज को भयभीत करती है।'' अतएव आतंकवाद की परिभाषा में आतंक एवं अवैध हिंसा आदि प्रमुख तत्व शामिल होते हैं।

आतंकवाद के अर्थ में बदलाव

आतंकवाद की अवधारणा का सर्वप्रथम उपयोग फ्रांस की क्रांति (1789) के बाद हुआ परन्तु इसके स्वरूप और व्याख्या में निरन्तर बदलाव आ रहा है और समयानुसार आतंकवाद की अवधारणा के अर्थ को विश्व में भिन्नता से लिया जा रहा है। अतएव आतंकवाद की अवधारणा के विभिन्न बदलाव इस प्रकार हैं जैसे कि सांसारिक बदलाव, स्थानिक परिवर्तन और संस्थागत बदलाव।

लौकिक बदलाव

यद्यपि आतंकवाद की अवधारणा का सर्वप्रथम उपयोग फ्रांस की क्रांति (1789) के बाद हुआ है। लेकिन यह सापेक्ष रूप से एक नयी घटना को निर्दिष्ट करता है। कुछ गतिविधियां हैं जो फ्रांस की क्रांति के

पहले आतंकवाद को दर्शाती है जैसे कि 66–70 ईसा पूर्व (ए.डी.) के मध्य में शिकारियों की घटनाएं जो कि कट्टरवादी यहूदी सम्प्रदाय से संबंधित थी जिन्होंने रोम के विरुद्ध धार्मिक अवकाश के दिन लोगों पर हमला बोलकर विद्रोह छेड़कर आतंक फैलाया था। (Weinzierl 2004, Ford 1985) फ्रांस की क्रांति के बाद, मैक्समिलियन रोब्सपियरे और जैकोबिन के नियंत्रण में गठित सार्वजनिक सुरक्षा समिति ने आतंकी युग को 1793 और 1794 के मध्य में वर्णित किया। लेकिन आतंकवाद को फ्रांस की क्रांति के बाद अराजकतावाद के शासन के दौरान अपनाया गया था। ऑक्सफोर्ड डिक्शनरी के अनुसार, आतंकवाद और आतंकवादी शब्द का सर्वप्रथम अंग्रेजी भाषा में प्रयोग 1795 में फ्रांस की क्रांति के पश्चात् आतंकी युग के रूप में किया था और थर्मोडोरियन प्रतिक्रिया जो सार्वजनिक सुरक्षा समिति के रोब्सपियरे और मुख्य सदस्यों के विरुद्ध 27 जुलाई, 1794 को हुई थी, इस घटना से आतंकवाद का स्वरूप सकारात्मक से नकारात्मक की ओर मुड़ गया। सन् 1900 के पूर्व कई ऐसे स्थान थे जहां आतंकवाद बड़े स्तर पर फैला हुआ था। इस काल के दौरान, वार्डला ने आतंकवादी संगठन और अराजकतावादी आतंकवाद के मध्य अंतर स्पष्ट किया। उन्होंने आतंकवादी देशों में आयरलैंड, सर्बिया, मेसोडोनिया, फ्रांस, इटली और स्पेन को रखा। उनके अनुसार, ''1930 के दशक में आतंकवाद का उपयोग लोगों की हत्या करने के लिए किया जाता था जैसे कि फ्रांस के विदेश मंत्री की हत्या, क्रोशियन अलगाववादी ने की। अंतर्राष्ट्रीय स्तर पर घटनाओं के कारण राष्ट्र-संघ (लीग ऑफ नेशन्स) ने दो अंतर्राष्ट्रीय अधिवेशनों (कन्वेंशन्स) को अपनाया जिससे आतंकवाद को रोकने और दंडित किए जाने के लिए अंतर्राष्ट्रीय आपराधिक न्यायालय (इन्टरनेशनल क्रिमिनल कोर्ट) की स्थापना हुई। लेकिन इस न्यायालय के निर्णयों का पालन द्वितीय विश्वयुद्ध छिड़ने से रुक गया। कार्ल मार्क्स, लेनिन और माओ की विचारधाराओं से प्रभावित होकर 'क्रांतिकारी काडर संस्थाओं' का गठन हुआ और इन्होंने सामाजिक क्रांति का रूप अपनाकर अपना संघर्ष 1970 के दशक तक जारी रखा।

लेकिन वामपंथी आतंकवाद इसी समय तक सीमित नहीं था

बल्कि पूरे शीत युद्ध तक फैला हुआ था और इसने संयुक्त राष्ट्र के अन्दर और बाहर रहकर आन्दोलन छेड़ा। 1980 दशक के पूर्व और मध्य में राज्य प्रेरित आतंकवाद की ओर दोबारा ध्यान चला गया जिसमें आत्मघाती बम विस्फोटकों का प्रयोग अमेरिकन राजदूतों और मध्यपूर्व देशों के सैनिकों को लक्ष्य बनाकर किया जाता था और 1990 के दशक में ग्रे एरिया फिनोमिना (Gray-area phenomenon) सामने आया जिसके तहत गैर राज्यवादी कारकों और गैर सरकारी क्रियात्मक संस्थाओं ने राष्ट्रवादी राज्यों की स्थिरता को आशंकित किया। द्वितीय विश्वयुद्ध के दौरान इसका तात्कालिक परिणाम यह हुआ कि गोरिल्ला युद्ध चरम सीमा पर पहुंच गया लेकिन आतंकवाद के विस्तार में कमी आई और 1940 और 1950 के अंत में आतंकवाद का झुकाव क्रांतिकारी आतंकवाद के रूप में औपनिवेशिक संघर्षों की ओर मुड़ गया। 1960 के अंत और 1970 के दशक में आतंकवाद का फैलाव बढ़ गया जिसमें कि राष्ट्रवादी और प्रजातिवादी, अलगाववादी समूह, विचारधारा से प्रेरित संगठन, राष्ट्रवादी, अल्पसंख्यक, बहिष्कारित संगठन जैसे कि फिलिस्तीन लिबरेशन संस्था (पी.एल.ओ.), इत्यादि का उद्‌भव हुआ। इस दौरान न ही सिर्फ राष्ट्रवादी समूह बल्कि वामपंथी उग्रवादी भी विशेष रूप से यूरोप और लैटिन अमेरिका में आतंक फैलाने में व्यस्त थे। इसी दौरान संयुक्त राज्य अमेरिका के कुछ वामपंथी उग्रवादी समूहों ने वियतनाम में अमेरिका के दखल की भी आलोचना की थी। इन घटनाओं पर हॉफमेन ने आतंकवाद के विकास पर टिप्पणी करते हुए लिखा है कि "आतंकवाद के शाब्दिक अर्थ को दोबारा उपराष्ट्रीय हिंसा की घटनाओं ने बदलकर इसे एक से अधिक राज्यों या गैर राज्य संघर्षों का एक बड़ा हिस्सा बना दिया है। इस बदलाव का महत्व विशेष रूप से 11 सितम्बर, 2001 के आतंकवादी हमले में दिखाई देता है इसके मद्देनजर अमेरिका की सरकार ने आतंकवाद के विरुद्ध अनेक प्रयास किए और अलकायदा जो कि आतंकवादी संगठन है, उसके विरुद्ध ठोस कदम उठाए।

अमेरिकी राष्ट्रपति बुश ने कहा कि "अमेरिकी सरकार की आतंक विरुद्ध लड़ाई अलकायदा से होगी लेकिन यह वहीं तक समाप्त नहीं

होगी।'' 11 सितम्बर, 2001 के हमले के तुरन्त बाद अमेरिकी सरकार ने अलकायदा जो कि अफगानिस्तान में विद्यमान था उसके विरुद्ध सैनिक कार्यवाही शुरू की और ये कार्यवाहियां चलते-चलते ईराक तक पहुंच गई। इस संकट से निपटने के लिए कानून लागू करने वाले प्राधिकरणों और सैनिक व्यवस्थाओं ने अपनी शक्तियों का प्रयोग किया जिससे जहां नागरिक व राष्ट्रीय सुरक्षा को बढ़ावा मिला लेकिन इससे कहीं-कहीं नागरिक अधिकार भी सीमित हो गए। वस्तुतः एक और सैनिक कार्यवाही से लोकतांत्रिक सरकारों की कानूनी-व्यवस्था को मजबूती मिली लेकिन दूसरी ओर इससे नागरिकों की स्वतंत्रता भी बाधित हुई। 19वीं सदी में आयरलैंड में जमींदारों एवं कृषकों के बीच आंदोलन को आतंकवाद माना जाता था जबकि शोषित जनता इनको राष्ट्रवादी आंदोलनों की उपाधि देती थी। 19वीं सदी के अंत और प्रथम विश्वयुद्ध से पहले उस समय की वरिष्ठ शक्तियों को ही आतंकवादियों की संज्ञा दी जाती थी जैसे कि अरमेनियनस, इमरो, क्रोशियन, अलगाववादी आदि। वहीं प्रथम विश्वयुद्ध के बाद संयुक्त शक्तियों को ही आतंकवादी संगठन मानते थे जैसे कि नाजीवाद और फासीवाद। 1940-1950 और 1960-1970 के दौरान क्रांतिकारी आंदोलनों के स्वभाव में अंतर आया विशेषकर 1940-50 के दौरान क्रांतिकारी आन्दोलन जो कि औपनिवेशिक शक्तियों के विरोध में होते थे उसमें शामिल क्रान्तिकारियों को स्वतंत्रता सेनानी की संज्ञा नहीं दी जाती थी, क्योंकि औपनिवेशक शक्तियां जो कि श्रेष्ठ शक्तियां थीं नहीं चाहती थीं कि अन्य देशों व अंतर्राष्ट्रीय संस्थाओं से क्रांतिकारी आंदोलनों को सद्भावना और सहायता मिले। इसलिए उन्होंने इन्हें आतंकवादी भी घोषित नहीं किया।

1960-70 में क्रांतिकारी संगठन सम्पूर्ण विश्व में फैल गए थे। जैसे कि फिलीस्तीन लिबरेशन ऑरगेनाजेशन (पी.एल.ओ.), ईटीए जो कि क्रमानुसार इजराइल और स्पेन में विद्यमान थे और यह श्रेष्ठ शक्तियों से लड़ रहे थे। स्वतंत्रता के लिए संघर्ष 1940-50 के गैर औपनिवेशिक आंदोलनकारियों और इन 1960-70 के क्रान्तिकारियों में कोई खास अंतर नहीं था। एक अन्य मुद्दा जिसमें आतंकवाद की अवधारणा की व्याख्या

क्षेत्र के आधार पर करने पर भी समस्या आती है जैसे कि 1972 के म्यूनिख ओलम्पिक (Munich Olympics) के दौरान फिलिस्तीन के बन्दूकधारियों ने 11 इजराइली धावकों को मार दिया था। इसमें आतंकवाद की अवधारणा की व्याख्या क्षेत्रियता के आधार पर की गयी। इस उदाहरण के आधार पर हॉफमैन ने आतंकवाद पर पश्चिमी देश और गैर पश्चिमी देशों में अंतर क्षेत्रियता के आधार पर बताया। लेकिन विश्व के कई देशों ने संयुक्त राष्ट्र महासचिव कुर्ट वाल्डहाइम (Kurt Weldheim) की सराहना की जिसने इस घटना को आतंकवादी हमले का नाम दिया और संयुक्त राष्ट्र में इस घटना की अवहेलना का प्रस्ताव पारित करने में अहम् भूमिका निभायी। दूसरी ओर, कुछ अफ्रीकी और एशियाई देशों ने इस घटना को स्वतन्त्रता सेनानियों के संदर्भ में देखा। अत: यासीर अराफत फिलिस्तीन लिबरेशन संगठन के अध्यक्ष ने कहा कि ये लोग विदेशी दबाव और शोषण से छुटकारा पाना चाहते हैं और इनको वे सारे अधिकार देना चाहिए जिससे वे इससे निजात पा सकें इसलिए इनको बल या शक्ति दी जानी चाहिए।

आतंकवाद की अवधारणा में संस्थागत बदलाव

किसी भी देश में आतंकवाद से निपटने के लिए कई संस्थाएं होती हैं चाहे उस देश की सरकार केन्द्रीयकृत हो या विकेन्द्रीयकृत, लेकिन आतंकवाद से लड़ने में इन संस्थाओं की अपनी निर्धारित सीमाएं होती हैं। इन देशों में आतंकवाद की परिभाषाओं में भी भिन्नता है जैसे कि केन्द्रीयकृत देशों में सिर्फ एक ही आतंकवाद की परिभाषा है जैसे कि टर्की में जबकि विकेन्द्रीयकृत सरकारों (उदाहरणत: यू.एस.) के विभागों और अभिकरणों में उनकी अपनी-अपनी परिभाषाएं होती हैं। संयुक्त राज्य अमेरिका (USA) में विकेन्द्रीयकृत सरकार है जिसमें संघीय सरकार पूरे देश के लिए कानून बनाती है साथ ही एजेंसियां और विभाग कुछ विनियम अपने आप भी बना सकते हैं। इसलिए वहां आतंकवाद की परिभाषा अलग-अलग विभागों द्वारा पृथक-पृथक रूप से दी गई है। केन्द्रीकृत देशों में सरकार के विरुद्ध कार्य करने, मौलिक अधिकारों,

आजादी और लोक व्यवस्था के विपरीत अवैध आंदोलन छेड़ने को आतंकवाद में सम्मिलित करते हैं। दूसरी ओर, संयुक्त राज्य अमेरिका के राज्य विभाग लड़ाकू सैनिकों के विरुद्ध हमले को आतंकवाद में रखते हैं। वहीं एफ.बी.आई. (FBI) के अनुसार, व्यक्ति, सम्पत्ति या राजनैतिक, सामाजिक व्यवस्था के विरुद्ध उठाए गए कदमों को आतंकवाद में रखा जाता है।

आतंकवाद के प्रकार

आतंकवाद की अवधारणा के आधार पर आतंकवाद का वास्तविक स्वरूप और उसकी श्रेणियां स्पष्ट होती हैं। किसी भी विषय की श्रेणियां या उसके प्रकार अध्ययन को गहराई से करने के लिए प्रेरित करते हैं विषय को श्रेणीकृत करने से अध्ययन का व्यवस्थित रूप सामने आता है। जैसे कि मीहान के अनुसार "विज्ञान एक व्यवस्थित एवं तार्किक अध्ययन है जो निम्नतर से शुरू होकर विषय के व्यवस्थित स्पष्टीकरण और व्यवस्थित क्रम तथा व्यवहारिक रूप को प्रस्तुत करता है।" और इस उद्देश्य के लिए हम श्रेणीयकरण या प्रकारवाद का उपयोग करते हैं। प्रकारवाद किसी यूनिट का निश्चित श्रेणियों में अध्ययन करता है और विशेष श्रेणी में एक साथ उसकी विशेषताओं को उस श्रेणी में शामिल करता है।

श्रेणियों की भिन्नता के बावजूद आतंकवाद की एक सामान्य श्रेणी विकसित करनी चाहिए। आतंकवाद की श्रेणी को अक्सर सामान्य रूप में प्रयोग करते हैं, आतंकवाद 'हिंसात्मक' रूप में किसी व्यक्ति, समुदाय, सरकार या देश के विरुद्ध, किसी व्यक्ति समूह या संगठन द्वारा किया जाता है और इसका ध्येय 'भय' पैदा करना होता है। लेकिन आतंकवाद की एक सामान्य परिभाषा न होने के परिणामस्वरूप आतंकवाद को श्रेणियों में वर्गीकृत करना एक समस्या है। इसलिए आतंकवाद की ऐसी श्रेणियां वर्गीकृत की जा सकती हैं जो एक-दूसरे पर परस्पर निर्भर एवं संबंधित है।

स्मीथ और जंगमेन ने आतंकवाद को 10 श्रेणियों में विभाजित

करने का प्रयास किया है–

1. अभिनव के आधार पर
2. पीड़ितीकरण के आधार पर
3. कारण के आधार पर
4. पर्यावरणवाद के आधार पर
5. साधन पर आधारित
6. राजनीति उन्मुख आधारित
7. प्रेरणात्मक आधार पर
8. मांग पर आधारित
9. उद्देश्य आधारित
10. लक्ष्य आधारित

आतंकवाद की उपरोक्त श्रेणियों में राजनीति उन्मुख श्रेणी मुख्य है जो वर्तमान शोध-प्रबन्ध में विश्लेषण का आधार है और वर्तमान में आतंकी घटनाओं में भी उक्त श्रेणी का वर्चस्व है। राजनीति उन्मुख आतंकवाद की श्रेणी ने आतंकवाद की अवधारणा को राजनीतिक प्रेरणा से विकसित किया। इस श्रेणी ने आतंकवाद की अन्य श्रेणियों को प्रभावित करके उनसे परस्पर निर्भरता का संबंध स्थापित करके आतंकवाद को पूर्णरूप से राजनीतिक स्वरूप में सामने लाने में मदद की है।

आतंकवाद के श्रेणीकरण के उपरोक्त वर्गीकरण को संशोधित कर वर्तमान के नये स्वरूप में ला सकते हैं। इस शोध-प्रबन्ध में हम इसे अन्य श्रेणियों के साथ अपना सकते हैं जैसे निम्न रेखाचित्र में रोसनबॉम और सेदरबर्ग (1976), गनोर (2006) और कोफा (2001) द्वारा दर्शाया गया है।

आतंकवाद

राजनीतिक आतंकवाद, आपराधिक आतंकवाद, विशिष्ट प्रवृत्ति वाला आतंकवाद, अलगाववादी आतंकवाद, सतर्कतावादी आतंकवाद, राज्यवादी आतंकवाद (व्यक्तिवाद vs राज्य) (व्यक्तिवाद vs व्यक्तिवाद) (राज्य vs व्यक्तिवाद) अवधारणा एवं उसके श्रेणीकरण को एक नया

रूप देती है जिसे आतंकवाद से संबंधित इस शोध-प्रबन्ध में व्यापक रूप से अपनाया गया है और इसने शोध को विस्तृत रूप प्रदान किया है। इस शोध में आतंकवाद की राजनीतिक, आपराधिक एवं विशिष्ट श्रेणी में अंतर स्पष्ट किया है जिससे आतंकवाद की अवधारणा के राजनीतिक एवं आपराधिक रूप का विश्लेषण हुआ है। इसके साथ ही विशिष्ट प्रवृत्ति वाला आतंकवाद भी सामने आया है जिसमें व्यक्ति की प्रकृति का विशेष महत्त्व होता है। इसमें व्यक्ति आतंकवाद को एक पागलपन या सनकीपन की प्रवृत्ति में अपनाकर किसी देश या समाज में आतंक फैलाता है। यह एक मनोवैज्ञानिक विकार है जो व्यक्ति विशिष्ट में आतंक की भावना को उसके दिमाग में पनपाता है और व्यवहारिक संसार में आतंक या भय पैदा करता है। आपराधिक आतंकवाद को अवैधानिक तरीकों से व्यक्तिगत लाभों को प्राप्त करने के रूप में देखा जाता है जबकि विशिष्ट आतंकवाद भावनात्मक रूप में सामूहिक प्रेरणा के रूप में विकसित होता है। दूसरी ओर राजनीतिक आतंकवाद पूर्व निर्धारित योजना के अंतर्गत आतंक या हिंसा के द्वारा राजनीतिक विरोधियों का विरोध कर राजनीतिक लक्ष्यों को प्राप्त करता है।

राजनीतिक आतंकवाद

इस शोध साहित्य में आतंकवाद की अवधारणा का विश्लेषण करने के लिए राजनीतिक आतंकवाद की श्रेणी के साथ इसकी विभिन्न उपश्रेणियों को भी विश्लेषित किया गया है। राजनीतिक आतंकवाद विश्व में शोध साहित्य का विषय रहा है अतः इसने इस शोध को भी आधार प्रदान किया है। इस संदर्भ में स्किमीड और ग्राफ (1982) के अध्ययन को यहां उद्धृत करना उपयुक्त होगा।

राजनीतिक आतंकवाद को तीन मुख्य रूपों में वर्गीकृत किया है-(1) अलगाववादी (2) सतर्कतावादी और (3) राज्य आतंकवादी।

स्किमीड और ग्राफ ने अपने अध्ययन में बताया है कि राजनीतिक आतंकवाद का यह वर्गीकरणकर्ता और लक्ष्य के बीच संबंधों पर आधारित है। इसके संबंधों को निम्न तालिका में दर्शाया गया है-

अलगाववाद एवं सतर्कतावाद राज्यहीन कर्ता पर आधारित है लेकिन लक्ष्य के आधार पर अलगाववाद राज्यवादी बन जाता है लेकिन सतर्कतावाद कर्ता एवं लक्ष्य दोनों में राज्यहीन से संबंधित है। वहीं राज्य आतंकवाद कर्ता या अभिनव की दृष्टि से राज्यवादी लेकिन लक्ष्य की दृष्टि से अराज्यवादी हो जाता है। वस्तुतः यह श्रेणियां एक-दूसरे पर परस्पर निर्भर होने के बावजूद पुनः कर्ता एवं अपने-अपने लक्ष्यों के आधार पर भिन्न-भिन्न हो जाती है। इस कारण इस शोध साहित्य में यह श्रेणियां राजनीतिक आतंकवाद के वर्तमान स्वरूप एवं उसके नये-नये प्रतिरूपों को प्रकट करती है। लेकिन वास्तविक रूप में यह श्रेणियां आतंकवाद को अपने अभिनव जिसे कर्ता कहते हैं और लक्ष्य के रूप में राज्य विरुद्ध हिंसात्मक गतिविधियों के रूप में सामने आता है।

1. अलगाववादी आतंकवाद

लेरनर और लेरनर ने अलगाववादी आतंकवाद को सामाजिक, राजनीतिक संरचना के विरुद्ध हिंसात्मक गतिविधियों की तैयारी के रूप में परिभाषित किया जो वर्तमान व्यवस्था के विरुद्ध योजना बनाता है। इस श्रेणी में दक्षिणपंथी राज्य व्यवस्था के अंदर सभी को समान अवसर उपलब्ध करवाने के उद्देश्य से संगठित होकर आतंक का सहारा लेते हैं, इसका आधार आर्थिक है, जबकि वामपंथी का आधार सामाजिक है। इस श्रेणी में धार्मिक आतंकवाद को विशेष रूप से प्रकट किया गया है लेकिन इसका स्वरूप भिन्न है और इसका उद्देश्य भी अन्य श्रेणियों से अलग है। जैसे कि परलमूट्टर (Perlmuttr) के अनुसार धार्मिक आतंकवाद का उद्देश्य हिंसात्मक गतिविधियों द्वारा किसी व्यक्ति, व्यक्ति समूह, नागरिक समाज, राज्य या सरकार को भयभीत एवं आतंकित करके अपने धार्मिक उद्देश्यों को आगे बढ़ाना है। वस्तुतः धार्मिक आतंकवाद सतर्कतावादी श्रेणी के अंतर्गत राज्यवादी आतंकवाद का भाग है, इसलिए इसका अंतिम लक्ष्य राज्यवाद का विरोध कर अपने धार्मिक लक्ष्यों की पूर्ति करना है।

स्किमीड और डे ग्राफ ने अलगाववादी आतंकवाद को तीन उप-श्रेणियों में विभाजित किया है-

(अ) सामाजिक क्रांन्तिकारी आतंकवाद (वामपंथी, दक्षिणपंथी, धार्मिक)–क्रान्तिकारी आतंकवाद पूरी तरह से राज्य विरोधी संगठन होते हैं और वर्तमान स्थिर राज्य व्यवस्था को अस्थिर करके इसकी जगह सामाजिक व्यवस्था को स्थापित करना चाहते हैं। यह मार्क्सवादी विचारधारा पर आधारित है तथा इसमें वामपंथी संगठनों का वर्चस्व है। इनका उद्देश्य हिंसात्मक गतिविधियों द्वारा राज्य को खत्म करके सामाजिक व्यवस्था जिसे मार्क्स साम्यवाद कहते हैं, को स्थापित करना है। लेकिन यहां यह स्पष्ट है कि मार्क्सवाद और सतर्कतावाद दोनों में मूलभूत विचारात्मक भेद है। मार्क्सवाद एक विचारधारा है, इसकी तुलना सतर्कतावादी आतंकवाद से नहीं कर सकते हैं क्योंकि सतर्कतावादी आतंकवाद का आधार कोई विचारधारा नहीं बल्कि हिंसा या आतंक फैलाना है।

(ब) पृथकतावादी आतंकवाद (पुनर्स्थापनावादी, प्रजातिवादी, राष्ट्रवादी, पृथकतावादी)–पृथकतावादी आतंकवाद भी अलगाववादी आतंकवाद के अंतर्गत वर्गीकृत किया गया है। इसमें पुनर्स्थापनावादी, प्रजातिवादी, राष्ट्रवादी तथा आयरलैण्ड के पृथकतावादी ग्रुपों को शामिल कर सकते हैं। ये भी अलगाववादी के रूप में राज्य से पृथकतावाद का समर्थन करते हैं। लेकिन आतंक या भय के द्वारा राज्य का विरोध करने के बावजूद इनका मूल उद्देश्य राज्य की सीमाओं में वापस आकर पुनर्स्थापना की मांग करना है। क्योंकि ये अलगाववाद के अंतर्गत प्रजाति, राष्ट्र व राज्य से पृथक हो गये हैं और अब राज्य की सीमाओं में वापसी के लिए राज्य के विरुद्ध आतंक व हिंसात्मक गतिविधियों का सहारा लेते हैं। इसमें प्रजातिवादी या आयरलैण्ड समूह (आई.आर.ए.) प्रमुख हैं। ये वर्तमान में विदेशी नियमों के अंतर्गत अपना जीवनयापन कर रहे हैं, विशेषकर संयुक्त राष्ट्र के पुनर्स्थापन विभाग के नियमों के तहत शासित हैं। विल्किसन (Wilkinson 1992) के अनुसार राष्ट्रवादी समूहों को अपने राज्य की सीमाओं के अंदर राजनीतिक आत्मनिर्भरता एवं स्वतंत्रता की खोज में राज्य के अंदर या विदेश में संघर्ष करते हुए देख सकते हैं। इनका मकसद राष्ट्रवादी भावना के साथ राज्यवादी लक्ष्यों को प्राप्त करना है।

(स) विषयवादी आतंकवाद–यह एक अस्थिर आतंकवाद समूह

है जो किसी एक विषय के आधार पर वर्तमान सरकार के विरोध में खड़ा हो जाता है जैसा कि स्किमीड और डे ग्राफ ने इसे अहमवादी या विषयवादी आतंकवाद कहा। वहीं नॉकोस (Nacos, 2006) ने पर्यावरण, जानवरों एवं महिलाओं के अधिकारों जैसे प्रमुख विषयों के विरुद्ध लड़ने वाले समूहों को इसके अंतर्गत रखा है। लेकिन इनकी योजना या सिद्धांत संकुचित क्षेत्र तक ही सीमित होते हैं।

2. सतर्कतावादी आतंकवाद

सामान्यतः सतर्कतावादी आतंकवाद अराज्यवादी समूहों को संदर्भित करता है जो अवैध हिंसा, भय और आतंक के द्वारा व्यक्ति और अन्य गैर-राज्यवादियों के विरुद्ध समाज में हिंसात्मक कार्यवाहियां करते हैं। यह समूह उस समय विकसित होता है जब राज्य या सरकार अप्रभावशाली और भ्रष्टाचारी हो जाती है। यद्यपि सतर्कतावादी ग्रुप अपने ऐतिहासिक आधार पर अतिरिक्त वैधानिक स्थायित्व व प्रभुत्व को स्थापित करते हैं एवं गैर राज्यवादी कर्ता और अन्य गैर राज्यवादियों के लक्ष्यों के विरुद्ध आतंकवादी हिंसात्मक गतिविधियां संचालित करते हैं।

रोसनबॉम और सेदरबर्ग (1976) ने सतर्कतावादी आतंकवाद को तीन उपश्रेणियों में विभाजित किया है–

(अ) अपराध उन्मुख सर्तकतावादी–ये समूह उन लोगों पर हमला करते हैं जो राज्य की वैधानिक संरचना में विश्वास करते हैं और सरकार की उन गतिविधियों को प्रभावित करते हैं जो लोगों एवं संपत्ति की सुरक्षा में विश्वास करती है।

(ब) सामाजिक नियंत्रित ग्रुप सतर्कतावादी आतंकवाद–ये उपसमूह अपने सामाजिक मूल्यों एवं परिस्थिति की समाज में पुनः वितरण की वकालत करते हैं। जैसे अफ्रीका महाद्वीप में इसकी सक्रियता को देख सकते हैं।

(स) शासित नियंत्रण सतर्कतावादी आतंकवाद–ये उपसमूह व्यक्तिगत या सार्वजनिक संगठनों की हिंसात्मक गतिविधियों द्वारा शासित सरकार द्वारा संचालित नियमों पर विरोध प्रकट करते हैं।

3. राज्यवादी आतंकवाद

वर्तमान में आतंकवाद को राज्यवादी आतंकवाद की घटनाओं द्वारा बढ़ावा मिल रहा है। वर्तमान शोध में भी इस समूह को विशेष महत्व दिया गया है क्योंकि कहीं न कहीं वैश्विक आतंकवाद में राज्यवादी या राज्य द्वारा संचालित आतंकी घटनाएं प्रमुख रूप से शामिल हैं। इसमें आतंकी हमला एक राज्य द्वारा दूसरे राज्य के विरुद्ध किया जाता है। राज्य आतंकवाद की अवधारणा में एक विशेष बहस वर्तमान शोध साहित्यों में एक स्वतंत्रता सेनानी और आतंकवादी के बीच द्विविभाजन की भी रही है। इस चर्चा को क्रेनशॉव, गेनोर (2006), और बॉकोस (2006) ने विशेष रूप से प्रस्तुत किया है। राज्य आतंकवाद में राज्य के अंदर एवं बाहर दोनों जगह हिंसात्मक या आतंकी हमलों की व्यापक चर्चा की है। शोध साहित्य में इस उपसमूह को यानी राज्य आतंकवाद को सरकार या राज्य द्वारा समर्थित आतंकवाद की अवधारणा के रूप में विश्लेषित किया है। इसमें यह चर्चा उभर कर सामने आयी है कि इस उपसमूह की गतिविधियां राष्ट्रीय एवं अंतर्राष्ट्रीय स्तर तक होती है और यह समूह किसी विशेष राज्य में हिंसात्मक गतिविधियों द्वारा वहां के नागरिकों व सम्पत्ति को नुकसान पहुंचाकर सरकार को भी भयभीत करता है।

वर्तमान में उपलब्ध शोध साहित्यों में भी राज्य आतंकवाद को सरकार द्वारा समर्थित अवधारणा के रूप में अपनाया है। क्रेनशॉव ने यहां तर्क दिया कि सरकार और उसके एजेन्ट राज्य आतंकवाद को अपने आन्तरिक राज्य या किसी अंतर्राष्ट्रीय सरकार के विरुद्ध अपनाते हैं और अपने लक्ष्यों की पूर्ति करते हैं। इसी बात को जेनकिंस (Jenkins 2003) ने भी स्पष्ट किया कि सरकार राज्य आतंकवाद को एक क्रांतिकारी रूप में अन्य देशों की सरकार आतंकवाद को सरकार विरोधी उपकरण के रूप में कैसे अपनाएगी? यह श्रेणी आतंकवाद फैलाने के अपने लक्ष्यों की पूर्ति आसानी से कर सकती है, क्योंकि इसे सरकारी मशीनरी का पूरा समर्थन मिला होता है जिससे आसानी से हिंसात्मक गतिविधियां करके किसी को भी भयभीत कर सकती है। जैसे कि अमेरिकी इतिहासकार (1999) ने इस बात की पुष्टि की है कि राज्य आतंकवाद बहुत ही

सहज तरीका या उपकरण है जिसे आसानी से किसी भी सरकार के विरुद्ध कोई भी सरकार इस्तेमाल कर सकती है। यह एक सैनिक संघर्ष का आसान विकल्प है। उन्होंने राज्य आतंकवाद की अवधारणा को ऐतिहासिक आधार पर अवलोकित किया और स्पष्ट किया कि आतंकवादी अवधारणाओं में सर्वप्रथम राज्य द्वारा संचालित हिंसात्मक गतिविधियों के उपयोग के उदाहरण मिलते हैं। इस अवधारणा में यह समूह राज्य का एजेण्ट होता है और राज्य की ओर से राज्य के राजनीतिक विरोधियों के विरोध में आतंक फैलाकर उनको भयभीत करता है। क्रॉम्बस (Combs 2006) ने इसमें राज्य के अभिकर्ताओं द्वारा सितम्बर, 1793 और जुलाई, 1794 के बीच में फ्रांस की क्रांति के बाद फ्रांस में की गई हिंसात्मक गतिविधियों को भी शामिल किया है। इस श्रेणी में राज्य के अभिकर्ताओं द्वारा अपने विरोधियों चाहे वे राज्य के नागरिक या नागरिक समूह हो के विरुद्ध हिंसात्मक गतिविधियां शामिल होती हैं। गेनोर ने बताया कि राज्य आपराधिक संगठनों के विरुद्ध हिंसात्मक कार्यवाहियों में शामिल होता है विशेषकर युद्ध के संदर्भ में और मानवता के विरुद्ध अपराध में राज्य की हिंसात्मक कार्यवाही को वैधिक मान्यता है, लेकिन अन्य रूप में यह आतंकवाद की अवधारणा को पुष्ट करेगा। वर्तमान में हम देखते हैं कि राज्य विभिन्न आतंकवादी संगठनों को बढ़ावा देने के लिए आतंकी समूहों के संगठनों की वित्तीय सहायता, विचारधाराओं के रूप में समर्थन तथा सैनिक सहायता आदि रूपों में उनको बढ़ावा देता है अत: यह आतंकवाद की अवधारणा को पुष्ट करता है।

राज्य आतंकवाद की अवधारणा में रुम्मेल ने भी राज्य की आतंक फैलाने वाली गतिविधियों में नयी हिंसात्मक कार्यवाहियों को शामिल किया है जिसमें राज्य या सरकार अपने निवासियों के विरुद्ध प्रजाति, नृजाति, धार्मिकतावाद एवं भाषायी आधार पर हिंसात्मक कार्यवाहियां करती है। इस अवधारणा में जनसंहार को भी शामिल किया जा सकता है जिसमें कोई व्यक्ति अपने राजनीतिक उद्देश्यों के लिए जनसंहार करता है। इसे निवासियों के नरसंहार की संज्ञा दी है। यदि कोई व्यक्ति, व्यक्ति समूह अपने राजनीतिक प्रतिद्वन्द्वी या विरोधी की हत्या करके अपने

राजनीतिक लक्ष्यों को प्राप्त करता है तो इसे राज्य आतंकवाद में 'राजनीतिक नरसंहार' कहा जाता है। जनसंहार में सामूहिक हत्या होती है। अर्थात् निवासी नरसंहार, राजनीतिक नरसंहार एवं जनसंहार जैसे नये उपवर्गों ने राज्य आतंकवाद को एक नया मोड़ दिया और इन आतंकी या हिंसात्मक घटनाओं ने 'सरकारी आतंकवाद' या राज्यवादी आतंकवाद की अवधारणा को और ठोस आधार प्रदान किया। रुम्मेल ने इस उपवर्ग नरसंहार और जनसंहार को भी अपनी पुस्तक में सरकारी आतंकवाद के रूप में वर्गीकृत किया है। इस शोध में राज्य आतंकवाद में एक विशिष्टीकृत आतंकवादी उपसमूह को भी शामिल किया है, जिसका आधार मनोवैज्ञानिक है। इस शोध-प्रबन्ध में राज्यवादी आतंकवाद की अवधारणा को और व्यापकता प्रदान करने के लिए अंतर्राष्ट्रीय आतंकवाद पर अस्थायी समिति (1973) द्वारा स्वीकृत परिभाषा को अपनाया गया है–"आतंकवाद व्यापक स्तर पर रूपान्तरित आधुनिक साधनों के साथ सम्पूर्ण जनमानस पर आधिपत्य या उनके आन्तरिक मामलों में हस्तक्षेप करता है एवं एक राज्य दूसरे राज्य की सम्प्रभुता के विरुद्ध राज्य आतंकवाद को राज्य के एजेन्ट के रूप में उपयोग करता है।" उपरोक्त परिभाषा के आधार पर राज्य आतंकवाद तीन वर्गों में सामने आता है। जिसे कौफा ने वर्गीकृत किया है–

1. **सरकारी आतंकवाद**–यह सरकार द्वारा समर्थित होता है।
2. **अंतर्राष्ट्रीय राज्य आतंकवाद**–यह अंतर्राष्ट्रीय स्तर से घोषित होता है।
3. **शासित आतंकवाद**–यह राज्य के अंदर से ही उत्पन्न होता है।

उपरोक्त वर्गीकरण भी इस शोध-प्रबन्ध में आतंकवादी अवधारणा के विश्लेषण को व्यापकता प्रदान करता है और राज्य आतंकवाद की अवधारणा की पुष्टि करता है।

आतंकवादी अवधारणा की अन्य हिंसात्मक अवधारणाओं के साथ परस्पर अंतर्निर्भरता–प्रत्येक हिंसात्मक कार्यवाही को हम आतंकवादी कार्यवाही नहीं मान सकते हैं। आतंकवादी कार्यवाही में किसी

विशेष उद्देश्य की प्राप्ति के लिए नागरिक समाज, समुदाय या सरकार के विरुद्ध आतंक या भय उत्पन्न करने के लिए हिंसा करते हैं जबकि अन्य गतिविधियों में हिंसा व्यक्तिगत उद्देश्य तक सीमित होती है। हेक्केर का भी मानना है कि आतंकवादी अवधारणा अन्य हिंसात्मक अवधारणाओं से भिन्न है और अन्य सभी हिंसात्मक कार्यवाहियों को आतंकवादी कार्यवाही में शामिल नहीं कर सकते हैं। उनका मानना है कि आतंकवादी ऐसे साधनों का उपयोग करते हैं जिससे उनके निश्चित उद्देश्यों की पूर्ति होती है। लेकिन यह सत्य है कि आतंकवाद की सर्वमान्य परिभाषा स्वीकृत नहीं है। अन्य अवधारणाओं को भी इसके साथ समझना चाहिए। जैसे स्वतंत्रता सेनानी, गुरिल्ला युद्ध, साधारण अपराध, क्रांति या संग्राम जैसे सामाजिक एवं धार्मिक क्रांति, साम्प्रदायिकता आदि। इन अवधारणाओं को आतंकवादी अवधारणा से पृथक रूप में देखना चाहिए। यह सत्य है कि इन सभी में 'हिंसा' एक सामान्य तत्व है। फिर भी आतंकवाद की अवधारणा में हिंसा आतंक या भय पैदा करने के उद्देश्य से होती है न कि किसी की हत्या करना उद्देश्य होता है। जबकि अन्य अवधारणा में हत्या या जनसंहार स्वयं अपने आप में उद्देश्य होते हैं। क्रेनशॉव और हॉफमेन ने भी इस बात पर बल दिया कि हमें आतंकवाद की अवधारणा का अन्य अवधारणाओं के साथ घालमेल नहीं करना चाहिए विशेषकर गुरिल्लावार, युद्ध, सैनिक कार्यवाही, स्वतंत्रता सेनानी, साम्प्रदायिकता, सामान्य अपराध या सामाजिक एवं धार्मिक सुधार की क्रांतियां आदि, तभी आतंकवाद की अवधारणा को आसानी एवं ठीक प्रकार से समझ सकेंगे।

विश्व के प्रमुख आतंकवादी संगठन

वर्तमान में वैश्विक आतंकवाद के निरन्तर प्रसार और बढ़ती आतंकवादी घटनाओं से यह स्पष्ट प्रतीत होता है कि वैश्विक आतंकवाद को बढ़ावा विश्व में फैली आतंकवादी संगठनात्मक संरचना से मिल रहा है, क्योंकि बिना भौतिक आधार या संगठनात्मक संरचना के वैश्विक आतंकवाद का प्रसार मुश्किल है। विचारात्मक सोच को मूर्त रूप उसकी संगठनात्मक संरचना से ही संभव है। वैश्विक आतंकवाद अपने संगठनात्मक संरचना के गठन के बिना अपने लक्ष्यों को अंतिम रूप नहीं दे सकता है। अपने लक्ष्यों को मूर्त रूप देने के लिए आतंकवादी अपने संगठनों का निर्माण करते हैं और वह उसका विस्तार या फैलाव ठीक उसी प्रकार करते हैं जैसे वर्तमान की सूचना प्रौद्योगिकी की क्रांति में इंटरनेट द्वारा सूचना का जाल सम्पूर्ण विश्व में फैला है। इस वैश्विक आतंकवादी संरचना में बड़े, छोटे एवं मझोले आतंकवादी संगठन अपने स्थानीय, क्षेत्रिय, प्रादेशिक, राष्ट्रीय एवं अंतर्राष्ट्रीय विवादों एवं मुद्दों के आधार पर संगठित होकर अपने विरोधियों के विरुद्ध देश के अंदर या अंतर्राष्ट्रीय स्तर पर भय एवं आतंक के उद्देश्य से अवैध हिंसात्मक गतिविधियां संचालित करते हैं। वैश्विक स्तर पर इन आतंकवादी संगठनों का निर्माण अपने-अपने लक्ष्यों एवं उद्देश्यों के आधार पर होता है। क्षेत्रिय व प्रादेशिक असमानता, जाति, नृजाति, प्रजाति विभेदता, आर्थिक-सामाजिक असमानता, राजनीतिक द्वन्दता, राष्ट्रीय अंतर्राष्ट्रीय विवाद, साम्प्रदायिक तथा धार्मिक वैमनस्य तथा राष्ट्रवाद की प्रबलता प्रमुख विवाद है और इन विवादों के आधार पर अपने विरोधियों को आतंकित या भयभीत करने के उद्देश्य से आतंकवादी संगठनों का निर्माण हुआ है। इसके अतिरिक्त आतंकवादी संगठनों का निर्माण धार्मिक कट्टरता के साथ

वामपंथ, दक्षिणपंथ, नाजीवाद एवं फासीवाद की विचारात्मक प्रवृत्ति के आधार पर भी हुआ है। अतएव संगठनात्मक दृष्टि से आतंकवादी संगठनों की स्थापना को छोटे, मझोले या बड़े संगठनों के रूप में सम्पूर्ण विश्व में देख सकते हैं और इनका फैलाव और विस्तार भी सम्पूर्ण विश्व में हुआ है।

विश्व के प्रमुख आतंकवादी संगठन

विश्वभर में आतंकवादी सगंठनों की स्थापना निरन्तर होती रही है। लेकिन इनको सूचीबद्ध करना एक कठिन कार्य है, क्योंकि इनका आधार कहीं सामाजिक-आर्थिक विषमता है तो कहीं राजनीतिक-धार्मिक विविधता है और कहीं जाति, नृजाति, राष्ट्रीयता तथा साम्प्रदायिकता इसलिए इनको सूचीबद्ध एवं वर्गीकृत करना एक सरल कार्य नहीं है। आतंकवाद की अवधारणा एवं परिभाषा के आधार पर इनकी सूची को इस शोध में स्पष्ट करने की कोशिश की है। इनका आधार अलग-अलग देशों में अलग-अलग रहा है और इनका उद्देश्य भी अपने-अपने संगठनों की विचारधारा एवं क्षेत्रिय विशेषता के आधार पर रहा है लेकिन सर्वमान्य तथ्य यह है कि अवैध गतिविधियों एवं हिंसात्मक कार्यों से किसी व्यक्ति, समूह या देश को भयभीत या आतंकित करना इनका प्रमुख उद्देश्य रहा है। अब हम विभिन्न देशों द्वारा जारी की गई आतंकवादी संगठनों की सूची देखेंगे जिससे पता चलेगा कि विश्व में आतंकवादी संगठनों का जाल कितना विस्तृत व घना है।

संयुक्त राज्य अमेरिका द्वारा घोषित आतंकवादी संगठन

संयुक्त राज्य अमेरिका के राज्य विभाग ने अंतर्राष्ट्रीय आतंकवादी संगठनों की सूची अपने विभाग की वेबसाइट पर प्रदर्शित की है। यह सूची इमिग्रेशन एवं नेशनल एक्ट की धारा 2191 के अनुसार है जो अंतर्राष्ट्रीय आतंकवाद के विरुद्ध कदम उठाता है। इस अधिनियम की धारा वैश्विक आतंकवाद के प्रसार एवं विस्तार के लिए जिम्मेदार कारकों जैसे वित्तीय एवं राजकीय समर्थन पर नियंत्रण करता है और आतंकवादी गतिविधियों को जड़ से समाप्त करने का प्रयास करता है।

संयुक्त राज्य अमेरिका के राज्य विभाग द्वारा जारी विश्व के प्रमुख

आतंकवादी संगठनों की सूची राज्य विभाग अमेरिका की वेबसाइट (www.state. gov) पर उपलब्ध है। आतंकवादी संगठनों की सूची का विवरण इस प्रकार है–

- आई.एस.आई.एस
- अबदलाह अजम ब्रिगेडस (ए.ए.बी.)
- अबू निदाल संगठन (ए.एन.ओ.)
- अबू सय्याफ ग्रुप (ए.एस.जी.)
- अल–अक्सा मार्यर्स ब्रिगेड (ए.ए.एम.एस.)
- अल शहाबाद (ए.एस.)
- अबसार अल असलम (ए.ए.आई.)
- असबात अल अनसार (ए.ए.एन.)
- अयूम शिंरिक्यो (ए.यू.एम.)
- बासक्यू फादरलैण्ड और लिबर्टी (ई.टी.ए.)
- कम्युनिस्ट पार्टी ऑफ द फिलिपींस (न्यू प्यूपल्स आर्मी) (सी.सी.पी./एन.पी.ए.)
- कन्टीन्यूटी आयरिश रिपब्लिकन आर्मी (सी.आई.आर.ए.)
- गामा अल–इस्लामिया (इस्लामिक ग्रुप)
- हमास (इस्लामिक प्रतिशोध आन्दोलन)
- हरकत उल–जिहाद इस्लाम (बंग्लादेश)
- हरकत उल मुजाहिद्दीन
- हिज्बुलाह (पार्टी ऑफ ग्रांड)
- इस्लाम जिहाद यूनियन (आई.जे.यू.)
- इस्लामिक मूवमेंण्ट ऑफ उज्बेकिस्तान (आई.एम.यू.)
- जैश ए मोहम्मद (जे.ई.एम.)
- जेमाह इस्लामिया संगठन (जे.आई.)
- जेमाह अनशुरूत तॉहेद (जे.ए.टी.)
- काहाने चाई (काच)
- कताब हिज्बुल्ला (के.एच.)
- कोंगरा–मेल (के.जी.के.)

- लश्कर ए तैय्यबा (एल.ई.टी.)
- लश्कर इ जांगवी (एल.जे.)
- लिट्टे (एल.टी.टी.ई.)
- लिबियन इस्लामिक फाइरिंग ग्रुप (एल.आई.एफ.जी.)
- मोरोक्ला इस्लामिक कम्युनिस्ट ग्रुप (एम.आई.डी.जी.)
- मुजाहिद्दिन-इ-सालक संगठन (एम.ई.के.)
- नेशनल लिबरेशन आर्मी (ई.एल.एन.)
- फिलिस्तीन लिबरेशन फ्रण्ट (पी.एल.एफ.)
- फिलिस्तीन इस्लामिक जिहाद (पी.आई.जे.)
- पापूलर फ्रण्ट फार द लिबरेशन ऑफ फिलिस्तीन (पी.एफ. एल.पी.)
- पी.एफ.एल.पी. जनरल कमाण्ड (एफ.एल.पी.जी.सी.)
- अलकायदा इन ईराक (ए.क्यू.आई.)
- अलकायदा (ए.क्यू.)
- अलकायदा इन द अरबन पेनूसूलिया (ए.यू.पी.)
- अलकायदा इन द इस्लामिक मेग्हरेब (ए.आई.एम.)
- रियल आई.आर.ए. (आर.आई.आर.ए.)
- क्रांतिकारी आर्म फोर्स ऑफ कोलम्बिया (एफ.ए.आर.सी.)
- क्रांतिकारी संगठन 17 (सत्रह) नवम्बर (17 एन.)
- क्रांतिकारी प्यूपिल्स लिबरेशन पार्टी (के.पी.एल.पी.)
- क्रांतिकारी संघर्ष (आर.एस.)
- शीनिंग पाथ (एस.एल.)
- यूनाइटेड सेल्फ डिफेन्स फोर्स ऑफ कोलम्बिया (ए.यू.सी.)
- हरकत उल जिहाद इस्लाम (हूजी)
- तेहरीक तालीबान पाकिस्तान (टी.टी.पी.)
- जुदलाह (जे.एल.)
- आर्मी ऑफ इस्लामिक (ए.ओ.आई.)
- इंडियन मुजाहिद्दीन (आई.एम.)

इन अंतर्राष्ट्रीय आतंकवादी संगठनों की पहचान अमेरिका के राज्य

विभाग के आतंकवाद विरोधी ब्यूरो द्वारा की जाती है। यह ब्यूरो विश्व के आतंकवादी संगठनों की गतिविधियों पर निरन्तर निगरानी रखता है और इनकी वैश्विक आतंकवादी गतिविधियों का आकलन करके यह सूची जारी करता है। यह आकलन उनकी संगठनात्मक संरचना की क्षमता, आतंकी हमलों एवं निरन्तर अवैध हिंसा जारी रखने के आधार पर करता है। ब्यूरो इनका आकलन करके स्टेट सचिव को भेजता है, स्टेट सचिव अटार्नी जनरल एवं ट्रेजरी सचिव से सलाह करता है, फिर कांग्रेस की स्वीकृति और राष्ट्रपति की अनुमति के बाद फेडरर रजिस्टर में सूचीबद्ध किया जाता है।

आई.एन.ए. (INA) की धारा 219 के अनुसार राज्य विभाग के ब्यूरो द्वारा आतंकवादी संगठनों के आकलन में निम्नलिखित मापदण्ड निर्धारित किए गये हैं।

- संगठन विदेशी अवश्य होना चाहिए,
- संगठन को आतंकवादी गतिविधियों में अवश्य शामिल होना चाहिए एवं
- संगठन की आतंकवादी गतिविधियों से संयुक्त राज्य अमेरिका की सुरक्षा को खतरा होना आवश्यक है।

अमेरिकी राज्य विभाग की सूची में अंकित आतंकवादी संगठनों को या उससे जुड़े व्यक्तियों को अवैध व्यक्ति माना जाता है और अमेरिका में उनके आने पर प्रतिबंध के साथ-साथ उनकी वित्तीय सहायता एवं सम्पत्ति पर भी प्रतिबंध लगाया जाता है। यह विभाग हिंसात्मक घटनाओं के विरुद्ध कार्यवाही में संबंधित देशों को वैधानिक एवं राजनीतिक रूप से सहयोग प्रदान करता है। आतंकवादी संगठनों की गतिविधियों से आम जनता को परिचित करवाता है एवं उसको रोकने के लिए जनचेतना भी जागृत करता है।

भारत सरकार द्वारा घोषित आतंकवादी संगठन

विकीपीडिया द्वारा भारत सरकार द्वारा प्रतिबंधित आतंकवादी संगठनों की सूची प्रदर्शित की गयी है। यह सूची निम्नलिखित है–

1. असम में संयुक्त लिबरेशन फ्रंट ऑफ असम (उल्फा)
2. नेशनल डेमोक्रेटिक फ्रंट ऑफ बोडोलैंड (एन.डी.ई.आर.)
3. यूनाइटेड नेशनल लिबरेशन फ्रंट (यूनिलेफ)
4. पीपुल्स लिबरेशन आर्मी (पी.एल.ए.)
5. लीग क्रांतिकारी पार्टी (एल.के.पी.)
6. कम्यूनिस्ट पार्टी (सी.पी.)
7. मणिपुर पीपुल्स लिबरेशन फ्रंट (एम.पी.एल.एफ.)
8. मणिपुर रिवोल्यूशनरी पीपुल्स फ्रंट (आर.पी.एफ.)
9. के.वाय.के.एल. (के.वाई.के.एल.)
10. ऑल त्रिपुरा टाइगर फोर्स (ए.टी.टी.एफ.)
11. त्रिपुरा नेशनल लिबरेशन फ्रंट (एन.एल.एफ.टी.)
12. नेशनल लिबरेशन काउंसिल (एन.एल.सी.)
13. मेघालय में राष्ट्रीय स्वयंसेवी परिषद (ए.एन.वी.ओ.)
14. बब्बर खालसा इंटरनेशनल (बी.के.आई.)
15. खालिस्तान कमांडो फोर्स (के.सी.एफ.)
16. इंटरनेशनल सिख यूथ फेडरेशन (आई.एस.वाई.एफ)
17. लश्कर-ए-तैयबा (एल.ई.टी.)
18. जैश-ए-मोहम्मद (जे.ई.एम.)
19. हरकत-उल-मुजाहिद्दीन (एच.यू.एम.)
20. हिज्ब-उल-मुजाहिद्दीन (एच.यू.एम.)
21. अल-उमर-मुजाहिद्दीन (ए.यू.एम.)
22. जम्मू और कश्मीर इस्लामिक फ्रंट (जे.के.आई.एफ.)
23. लिट्टे (एल.टी.टी.ई.)
24. छात्र इस्लामिक मूवमेंट ऑफ इंडिया (सिमी)
25. अंजुमन (ए.जे.)
26. भारत की कम्यूनिस्ट पार्टी (मार्क्सवादी लेनिनवादी) (सी.पी. आई.)
27. माओवादी कम्यूनिस्ट सेंटर (एम.सी.सी.)
28. अल बदर (भारत) (ए.बी.)

29. जमीयत उल (जेड.यू.)

30. अल कायदा (ए.के.)

31. डूखतान-ए-मिल्लत (डी.ई.एम.)

32. तमिलनाडु लिबरेशन आर्मी (टी.एन.एल.ए.)

33. तमिल नेशनल रिटोवला सैनिक (टी.एन.आर.टी.)

34. अखिल भारतीय नेपाली एकता समाज (ए.बी.एन.ई.एस.)

35. भारत की कम्यूनिस्ट पार्टी (माओवादी) (सी.आई.पी.एम.)

36. इंडियन मुजाहिद्दीन (आई.एम.)

भारत सरकार के गृह मंत्रालय की खुफिया एजेंसी द्वारा उपरोक्त प्रतिबंधित आतंकवादी संगठनों की सूची जारी की गयी है। यह सूची संयुक्त राष्ट्र की आतंकवादी गतिविधियों की रोकथाम और दमन के अभिकरण के अधीन एवं सुरक्षा परिषद के प्रस्ताव आदेश 2007 तथा सुरक्षा परिषद अधिनियम 1947 की धारा दो के तहत राष्ट्र और राज्यों की प्रतिबद्धता के अंतर्गत है। इसमें समय-समय पर संशोधन करके आतंकवादी संगठनों के नामों को हटाने एवं जोड़ने का काम होता रहता है। भारत में यह कार्य भारत सरकार के गृह मंत्रालय की खुफिया एजेंसी द्वारा सम्पूर्ण देश में आतंकवादी गतिविधियों के आधार पर किया जाता है। आतंकवादी संगठन हिंसात्मक एवं अवैध गतिविधियां भारत की भूमि पर एवं भारत के लोगों के विरुद्ध या उनकी सम्पत्ति या अन्य क्षति द्वारा देश के अंदर या बाहर आतंकित या भयभीत करने के उद्देश्य से करते हैं। इन्हीं आधारों पर भारत सरकार इनकी गतिविधियों को प्रतिबंधित करके उनको प्राप्त होने वाली आर्थिक, भौतिक एवं वित्तीय सहायता को रोकता है, और उनकी अवैध हिंसात्मक गतिविधियों को निगरानी के व्यापक दायरे में लाकर उनके इन कार्यों को प्रतिबंधित करने का प्रयास करता है।

भारत में घटित आतंकवादी घटनाओं का विवरण विकीपीडिया के

अनुसार दिया गया है जैसे विमान अपहरण (1999), भारतीय संसद पर हमला (13 दिसम्बर, 2001), श्रीनगर में धमाका (2002), अक्षरधाम मंदिर में (2002), रफीगंज रेलगाड़ी एवं मुंबई बम धमाका (2002), करनूल गाड़ी पर हमला (2003), मुम्बई (2003), अयोध्या

(2005), दिल्ली (2005), जौनपुर गाड़ी (2006), वाराणसी (2006), जामा मस्जिद, डोडा नरसंहार (2006), मुंबई (2006), मालेगांव, पश्चिम बंगाल गाड़ी (2007), समझौता एक्सप्रेस, मक्का मस्जिद हैदराबाद, अजमेर दरगाह, उ.प्र. (2008), जयपुर, बंग्लौर, अहमदाबाद (2008), दिल्ली (2008), मालेगांव, अगरतला, इम्फाल (2008), मुंबई (2009), गुवाहाटी (2010), बंगलौर, पूणे, जामा-मस्जिद, दिल्ली, वाराणसी (2010), मुंबई (2011), दिल्ली (2012) (इजराइली दूतावास), हैदराबाद बम धमाका फरवरी (2013) में आतंकवादियों द्वारा बम धमाके या आतंकी हमले हुए हैं।

भारत में सबसे ज्यादा आतंकवादी घटनाएं पश्चिम भारत के मुंबई शहर में हुई है। यहां आतंकवादी घटनाओं में मरने वालों में आम नागरिकों की संख्या सबसे ज्यादा है। विकीपीडिया पर उपलब्ध सूचना के अनुसार मुंबई में आतंकवादी घटनाएं एक कालक्रम में नीचे दर्शित हैं–

- 12 मार्च, 1993 को मुंबई में श्रृंखलाबद्ध बम विस्फोटकों में 257 हत्याएं,
- 6 दिसम्बर, 2002, घाटकोपर बम विस्फोट में 2 लोगों की हत्या,
- 27 जनवरी, 2003, विले पार्ले में साइकिल में बम विस्फोट में 1 व्यक्ति की हत्या,
- 14 मार्च, 2003 ट्रेन में बम विस्फोट से 10 की जानें गयीं,
- 28 जुलाई, 2003 में घाटकोपर में 4 की हत्या,
- 25 अगस्त, 2003 में 50 की हत्या,
- 11 जुलाई, 2006, ट्रेनों में लगातार बम विस्फोट,
- 26 नवम्बर, 2008, व्यापक हमलों (ताज होटल) में 172 लोगों की हत्या,
- जुलाई, 2011, बम विस्फोट में 26 की हत्या हुई।

इसके अतिरिक्त भारत में आतंकवादी हमलों में जम्मू एण्ड कश्मीर, उत्तर और पश्चिमोत्तर भारत, बिहार, बंगाल और असम तथा दिल्ली ऐसे क्षेत्र हैं जहां आतंकवादी घटनाएं निरन्तर देखने को मिलती हैं। पूर्व में विध्वंसक आतंक झेल चुका पंजाब सौभाग्य से वर्तमान में शांत

हो गया है। दिल्ली, मुंबई एवं अन्य क्षेत्रों में आतंकवादी घटनाओं में बाह्य शक्तियों के अतिरिक्त आन्तरिक विद्रोही भी सक्रिय तत्व रहे हैं जैसे–बिहार में नक्सलवादी व असम में बोडो, भारत के दक्षिण में लिट्टे के प्रभाव को देख सकते हैं। लिट्टे ने ही भारत के पूर्व प्रधानमंत्री राजीव गांधी की हत्या की थी। पंजाब के आतंकवादी समूह के सहयोग से पूर्व प्रधानमंत्री इंदिरा गांधी की हत्या हुई थी। संसद पर हमला एवं मुंबई बम काण्ड एवं ताज होटल पर हुए हमलों में बाहरी आतंकवाद का हाथ स्पष्ट हो गया है। वर्तमान में भारत आतंकवादी घटनाओं से पूरी तरह से ग्रसित एवं पीड़ित है। विशेषकर आम नागरिकों की हत्या बड़ी संख्या में होने से आम नागरिक भयभीत एवं आतंकित हैं।

अंतर्राष्ट्रीय आतंकवादी संगठन एवं उनसे प्रभावित क्षेत्र

शोधार्थी ने विषय के उद्देश्य को ध्यान में रखकर विश्वभर में फैले अंतर्राष्ट्रीय आतंकवादी संगठनों की वैश्विक सूची का विश्लेषण करने का प्रयास इस शोध-प्रबन्ध में किया है। इसके लिए विश्व स्टेटमेन ओ. आर.जी. का सन्दर्भ लिया गया है, जिस पर अंतर्राष्ट्रीय आतंकवादी संगठनों की सूची दर्शायी गयी है। इससे वैश्विक आतंकवादी संगठनों एवं उनसे प्रभावित देशों और क्षेत्रों का विश्लेषण करने हेतु व्यापक जानकारी प्राप्त हुई है। विश्व स्टेटमेन ओ.आर.जी. के अनुसार वैश्विक आतंकवादी संगठन का विवरण, उसकी स्थापना, क्षेत्र, प्रभावित देश एवं प्रमुख गतिविधियों का विवरण निम्नलिखित है। शोधार्थी द्वारा इस सूची को शामिल करने से इस शोध के उद्देश्यों को व्यापकता मिली है। इस शोध से वैश्विक आतंकवाद के विरुद्ध विश्व साहित्य के विश्लेषण में सहायता एवं वैश्विक आतंकवाद के विरुद्ध लड़ाई में एक व्यापक अंतर्राष्ट्रीय सहयोग एवं समन्वय सामने आएगा।

आतंकवाद से प्रभावित क्षेत्रों का वर्णन

आतंकवाद से प्रभावित क्षेत्रों के अध्ययन से यह स्पष्ट है कि वर्तमान में कोई भी देश या वैश्विक क्षेत्र आतंकवाद की गतिविधियों से

अछूता नहीं है। यह अलग बात है कि कुछ क्षेत्र या देश प्रमुख हैं, जहां आतंकवादी गतिविधियां निरन्तर जारी हैं और बड़े स्तर पर जनसंहार हुआ है एवं सम्पत्ति को आतंकवादी घटनाओं से क्षति पहुंची है। लेकिन यह सत्य है कि आतंकवादी घटनाओं का दायरा इतना व्यापक है कि आतंकवादी अपने राजनीतिक उद्देश्यों की प्राप्ति के लिए घरेलू सीमाओं को लांघकर अंतर्राष्ट्रीय सीमाओं तक छलांग लगा लेते हैं और जन-धन को बड़े स्तर पर क्षति पहुंचाकर अपने विरोधियों में भय एवं आतंक फैलाते हैं और अपनी अवैध गतिविधियों के माध्यम से अपने पारंपरिक एवं तात्कालीन लक्ष्यों की पूर्ति करते हैं। इस शोध प्रबन्ध में आतंकवाद के प्रमुख क्षेत्रों को अंतर्राष्ट्रीय आतंकवादी संगठनों के लक्ष्यों के अनुरूप विश्लेषित किया गया है। वैश्विक आतंकवाद से प्रभावित क्षेत्रों का विश्लेषण निम्न प्रकार से किया जा सकता है–जो कि अनुसंधान डॉट काम (टेररिस्ट रिसर्च डॉट काम) के विश्लेषण पर आधारित है–

दक्षिण एशिया–अंतर्राष्ट्रीय आतंकवाद के प्रभावित क्षेत्रों में दक्षिण एशिया एक प्रमुख प्रभावित क्षेत्र के रूप में सामने आया है। इसमें सबसे ज्यादा प्रभावित भारत एवं पाकिस्तान हैं। इसके साथ श्रीलंका और बांग्लादेश में भी आतंकवादी घटनाएं निरन्तर होती रहती हैं। दक्षिण एशिया में आतंकवाद के प्रसार में उनको वित्तीय एवं भौतिक सहायता की जमीनी हकीकत भी काफी समर्थन करती हैं। इसलिए यहां आतंकवादी गुट अपने लक्ष्यों को आसानी से अंजाम देते हैं। राष्ट्र प्रमुखों की हत्या भी इस क्षेत्र में आतंकवाद के परिणामस्वरूप हुई जिनमें बेनजीर भुट्टो, राजीव गांधी, इंदिरा गांधी, भण्डार नायके एवं अली जुल्फीकार भुट्टो प्रमुख हैं, जिनकी हत्या आतंकवादियों द्वारा की गई। इस क्षेत्र की राजनीतिक-अस्थिरता, आर्थिक-सामाजिक विषमता तथा धार्मिक एवं जातीय भिन्नता आतंकवाद को बढ़ाने में अहम भूमिका निभाती है।

अफगानिस्तान–अफगानिस्तान बहुत ही सामरिक बिंदु पर स्थित है जो एक भू-स्थलरुद्ध देश (landlocked) है जो दक्षिण और पूर्व में क्रमशः पाकिस्तान और ईरान द्वारा और उत्तर पूर्व में तुर्कमेनिस्तान, उज्बेकिस्तान, और उत्तर में ताजिकिस्तान और चीन से सीमांकित है।

अमेरिका एवं रूस अपने राजनीतिक लक्ष्यों की पूर्ति हेतु इस क्षेत्र में आतंकवाद को बढ़ाने के लिए दोषी हैं। रूस का मुकाबला करने के लिए अमेरिका ने इस क्षेत्र में तालिबान को जन्म दिया जो बाद में 11 सितम्बर, 2001 की घटना में स्वयं अमेरिका के लिए ही भस्मासुर बनकर सामने आया। वर्तमान में अफगानिस्तान में तालिबान के विरुद्ध नाटो द्वारा अमेरिका के नेतृत्त्व में एक व्यापक आतंकवाद विरोधी कार्यवाही चल रही है। अफगानिस्तान 1990 से ही इस्लामिक आतंकी गतिविधियों का प्रमुख केन्द्र था जो वर्तमान में तालिबान और अलकायदा के रूप में अमेरिका के लिए एक चुनौति बन गया है। ओसामा बिन लादेन के मारे जाने से आतंकवादी गतिविधियों पर रोकथाम के कुछ उपाय इस क्षेत्र में वर्तमान में दिखायी दे रहे हैं।

ईरान–ईरान लंबे समय तक इस्लामिक आतंकवाद का मुख्य केन्द्र बना रहा है। यहां हरकत उल मुजाहिद्दीन और इस्लामिक मूवमेंट ऑफ उज्बेकिस्तान प्रमुख आतंकवादी संगठन थे। इन्हें सरकारी खुफिया एजेन्सियों से सहायता एवं सामग्री मिलने से आतंकवादी घटनाओं को आसानी से अंजाम देने में सहायता मिलती है।

ईराक–अमेरिका द्वारा हमले एवं सद्दाम हुसैन की हत्या के बाद यहां इस्लामिक आतंकवाद को संरक्षण न मिलने से आतंकवादी गतिविधियों में कमी आयी है, लेकिन इसके बावजूद आतंकवाद की घटनाएं निरन्तर जारी हैं। यहां प्रमुख संगठनों में अल इस्लाम, अल फारुक ब्रिगेड, ईराकी प्रतिरोधी इस्लामिक फ्रंट और जमात-जिहाद अल प्रमुख हैं।

पाकिस्तान–दक्षिण एशिया में पाकिस्तान सक्रिय वैश्विक आतंकवाद का प्रमुख केन्द्र बना हुआ है। यहां प्रमुख संगठनों में लश्कर-ए तैयबा, जैश ए मोहम्मद, लश्कर ए अल कायदा, अल बदर, हरकत उल अंसार एवं मोहम्मद जमात उल आर्मी आदि हैं। पाकिस्तान कश्मीर में आतंकवादी गतिविधियों को बढ़ावा देने में पूरा समर्थन करता है और इस क्षेत्र में आतंकी हमलों में पाकिस्तान समर्थित आतंकवादी गुटों का हाथ रहा है। इस विषय को भारत सरकार ने सबूतों के साथ अंतर्राष्ट्रीय स्तर पर उठाया है।

सीरिया–अंतर्राष्ट्रीय आतंकवाद को बढ़ावा देने में सीरिया भी एक प्रमुख देश है यहां वैश्विक आतंकवाद को समर्थन एवं सहायता उल्लेखनीय रूप से मिलती है। आतंकवाद के रिसर्च केन्द्र ने बताया कि फिलीस्तीनी एवं ईराकी आतंकवाद का शरण स्थल सीरिया है जहां से हमास, पी.एल.जी. और फिलिस्तीन लिबरेशन फ्रंट को वित्तीय सहायता एवं अंतर्राष्ट्रीय समर्थन जारी है।

सूडान–इस देश में इस्लामिक आतंकवादी समूहों को प्रशिक्षण एवं वित्तीय सहायता देने के केन्द्र स्थापित हैं। हिजबुल्लाह, फिलीस्तीन इस्लामिक जिहाद, अबू निदाल, हमास तथा अन्य छोटे-छोटे संगठन यहां से सहायता एवं प्रशिक्षण प्राप्त करते हैं।

उपरोक्त वैश्विक आतंकवादी संगठनों के केन्द्र के अतिरिक्त भी सम्पूर्ण विश्व में आतंकवादी संगठनों की स्थापना हुई है और वे वैश्विक आतंकवाद को बढ़ावा दे रहे हैं।

प्रमुख 20 देशों का आकलन वर्ष 1970 से 2018 तक वैश्विक आतंकवादी हमलों के आधार पर किया गया है। यह सूची इन देशों में कुल देशों में आतंकवादी हमलों के प्रतिशत को अंकित करती है जिसमें अमेरिका, इटली, अल्जीरिया, लेबनान और दक्षिण अफ्रीका का प्रमुख स्थान है। जबकि वर्तमान वर्षों से संबंधित है जिसमें अफगानिस्तान, पाकिस्तान, ईराक, यमन, सिरिया, मिश्र तथा लीबिया प्रमुख देश हैं जिनमें आतंकवादी हमले सबसे ज्यादा हुए हैं और इस दशक में सबसे ज्यादा जन-धन की हानि भी यहां ही हुई है।

उपरोक्त विश्लेषण से स्पष्ट होता है कि वैश्विक आतंकवाद के हमले सम्पूर्ण विश्व में जारी हैं और इसने विश्व के सभी देशों एवं क्षेत्रों को प्रभावित किया है। इनके संगठन भी किसी न किसी रूप में विश्वभर में देखे जा सकते हैं, लेकिन कुछ प्रमुख संगठन दक्षिण एशिया एवं अफ्रीका में स्थित हैं जिनका संगठनात्मक ढांचा अधिक विस्तृत व मजबूत है विशेष रूप से वर्तमान दशकों में इनका प्रसार इन क्षेत्रों में अधिक हुआ है। इसीलिए वर्तमान दशक में आतंकवादी हमले अफगानिस्तान, पाकिस्तान, ईराक, ईरान, सूडान, सीरिया एवं लीबिया तथा भारत में प्रमुख

रूप से हुए हैं। जबकि वर्ष 1970-2018 तक आतंकवादी हमले अमेरिका, अल्जीरिया, इटली, लेबनान, अफ्रीका, इजराइल, श्रीलंका में अधिक हुए थे। वस्तुतः वैश्विक आतंकवाद की संरचना एवं संगठनात्मक ढांचे की रूपरेखा वर्तमान दशक में बदल गयी है।

संयुक्त राष्ट्र का वैश्विक आतंकवाद के विरुद्ध संघर्ष

वर्तमान में आतंकवादी समस्या ने सम्पूर्ण विश्व में विकराल रूप धारण कर लिया है। यद्यपि आतंकवादी हमले तो सम्पूर्ण विश्व में विभिन्न रूपों में होते रहे हैं, लेकिन वर्तमान समय में विशेषकर 20वीं सदी के उत्तरार्द्ध में इसमें तीव्रता आयी और जैसे-जैसे हम 21वीं सदी की ओर बढ़ते गये इसके स्वरूप का भी रूपान्तरण होता गया। फलतः आज यह अपने प्रारम्भिक स्वरूप से पर्याप्त भिन्न हो चुका है। सूचना-प्रौद्योगिकी का विकास, संचार-क्रांति, परिवहन विकास, मादक-द्रव्यों की तस्करी, नवउपनिवेशवाद, वैश्वीकरण, भौतिकतावादी जीवन, तथा धार्मिक, भाषायी, प्रजातीय भिन्नता के प्रति कट्टरता, साम्प्रदायिकता तथा राष्ट्रीय चेतना की बढ़ोत्तरी ने आतंकवाद के पुराने स्वरूप को पूरी तरह बदल दिया है। वर्तमान में आत्मघाती हमलों, विध्वंसक बम विस्फोटों एवं रासायनिक, जैविक हथियारों के उपयोग ने विशेषकर 11 सितम्बर, 2001 को अमेरिका में आतंकवादी हमले तथा भारत में बम्बई एवं इंग्लैण्ड के लंदन में हुए हमलों ने सम्पूर्ण विश्व में मानव समाज को भयभीत कर दिया है। आज विश्व में कोई भी देश या नागरिक इससे सुरक्षित नहीं है। इसलिए इसके निवारण के लिए एक व्यापक वैश्विक रणनीति की आवश्यकता है। धर्म के साथ जुड़ने से तो यह समस्या और भी अधिक गंभीर हो जाती है जैसे कि अफगानिस्तान में तालिबान। इस वैश्विक समस्या के समाधान के व्यापक पहलू के सन्दर्भ में संयुक्त राष्ट्र की विशेष भूमिका का अवलोकन स्वयं सिद्ध है। विश्व शान्ति की संस्थापना हेतु कार्यरत संयुक्त राष्ट्र जैसी अंतर्राष्ट्रीय संस्था द्वारा आतंकवाद के विरोध में उठाए गए कदमों एवं वैश्विक रणनीति का विश्लेषण शोध का केन्द्रीय विषय है।

आतंकवाद के विरुद्ध संयुक्त राष्ट्र की भूमिका

संयुक्त राष्ट्र ने अपनी स्थापना के समय से ही आतंकवाद के विरुद्ध कार्य योजना को प्रतिबद्धता के साथ अपनाया है। यहां तक कि लीग ऑफ नेशंस ने 1934 में आतंकवाद की रोकथाम एवं निवारण पर एक अंतर्राष्ट्रीय एजेंडे को मंजूरी दी थी जिसे 1937 के अधिवेशन में अपनाया भी गया था। लीग ऑफ नेशंस द्वारा 1937 के अधिवेशन में अपनाए गए एजेंडे को संयुक्त राष्ट्र ने अपने चार्टर के अनुच्छेदों में दोहराकर अंतर्राष्ट्रीय स्तर पर आतंकवादी गतिविधियों के विरुद्ध अपनी प्रतिबद्धता को स्वीकारा। संयुक्त राष्ट्र के चार्टर का अनुच्छेद 2(4) किसी देश की क्षेत्रिय अखण्डता व राजनीतिक स्वतंत्रता के विरुद्ध बल प्रयोग पर प्रतिबन्ध लगाता है। इससे स्पष्ट होता है कि बाहरी समूह द्वारा किसी भी प्रकार के बल या आतंक से किसी देश की आन्तरिक अखण्डता व राजनीतिक स्वतंत्रता के विरुद्ध बल प्रयोग प्रतिबंधित है, इस तरह की गतिविधियों से न केवल नागरिकों की स्वतंत्रता बाधित होती है, बल्कि राष्ट्र की एकता एवं अखण्डता को भी क्षति पहुंचती है। इस तरह का बल प्रयोग संयुक्त राष्ट्र की दृष्टि से अवैध एवं गंभीर अपराध के अंतर्गत आता है। संयुक्त राष्ट्र के चार्टर के अनुच्छेद 2(7) में मानवता के आधार के अलावा किसी अन्य कारण से किसी राष्ट्र के आंतरिक मामले में दखलंदाजी को भी प्रतिबंधित किया गया है। इस तरह की किसी भी गतिविधि को कानून की दृष्टि से अवैध माना गया है।

संयुक्त राष्ट्र ने इस बात पर विशेष बल दिया कि ये कानून सभी देशों के लिए बाध्यकारी है चाहे वे इससे सहमत हों या असहमत। ये प्रतिबद्धताएं सभी अवैध गतिविधियों को प्रतिबंधित करती हैं। वस्तुतः ये कानूनी प्रतिबद्धताएं संयुक्त राष्ट्र को आतंकवाद के विरुद्ध या आतंकवाद की रोकथाम के लिए विश्वस्तर पर एक व्यापक दृष्टि प्रदान करती हैं और यह अन्य देशों को आतंकवादी गतिविधियों को न केवल रोकने के लिए प्रतिबद्ध करती हैं बल्कि इस तरह की गतिविधियों को किसी अन्य देश के विरुद्ध संचालित करने से भी रोकती हैं।

आतंकवाद के विरुद्ध अपनी प्रतिबद्धता संयुक्त राष्ट्र समय-समय

पर दोहराता रहा है। 1963 के बाद से इस विश्वव्यापी समस्या पर चिंतन विशेष रूप से संयुक्त राष्ट्र की महासभा एवं सुरक्षा परिषद में बढ़ता गया है। इस दौरान आतंकी हमलों के स्वरूप में भी काफी बदलाव आने लगा था और आतंकी हमले व्यापक स्तर पर सामने आए थे। शोधार्थी ने 1963 के बाद संयुक्त राष्ट्र द्वारा उठाए गए कानूनी उपायों की चर्चा की है। इसके साथ ही शोध प्रबंध में संयुक्त राष्ट्र की वैश्विक रणनीति जो आतंकवाद के विरुद्ध अपनाई गयी है उसकी व्यापक चर्चा की है। सबसे पहले हम कानूनी उपायों विशेषकर उन चौदह प्रमुख कानूनों का अवलोकन करेंगे, जो वैश्विक आतंकवाद के विरुद्ध संयुक्त राष्ट्र की भूमिका को संदर्भित करते हैं। इन कानूनी प्रावधानों का विश्लेषण निम्नवत है–

1. विमान अधिवेशन–अपराधों पर प्रतिबंध की प्रतिबद्धता, 1963 विमानों की उड़ानों की सुरक्षा की प्रतिबद्धता को दोहराते हुए 1963 में संयुक्त राष्ट्र के तहत विमानों की उड़ानों में अपराध और कुछ अन्य अपराधों को रोकने के लिए सदस्य देशों ने इस अधिवेशन में स्वीकृत प्रावधानों को लागू करने की प्रतिबद्धता जारी की। इसमें उड़ानों की सुरक्षा की जांच पर बल दिया गया तथा विमान कमांडर को अधिकृत किया गया कि वह उड़ानों की सुरक्षा में विश्वास पैदा करे और अपराधों के नियंत्रण में सहयोग प्रदान करे।

2. विमानों की अवैध जब्ती के दमन एवं निवारण पर कन्वेंशन, 1970 इस कन्वेंशन में अंतर्राष्ट्रीय विमानों की सुरक्षा के उपाय एवं विमानों की अवैध जब्ती पर नियंत्रण एवं अवैध बल प्रयोग के विरुद्ध उठाए गए उपायों पर बल दिया गया ताकि अवैध बल प्रयोग या आतंकवादियों द्वारा विमानों के अपहरण पर रोक लग सके। इस कन्वेंशन में सदस्य देशों ने अंतर्राष्ट्रीय विमानों में घटित अपराधों पर नियंत्रण एवं अपराधों के विरुद्ध उठाए गए कदमों पर समझौता किया और अंतर्राष्ट्रीय स्तर के मानकों के अनुसार विमानों की सुरक्षा के उपाय को अपनाने पर बल दिया ताकि विमानों की अवैध जब्ती एवं विमानों के अंदर अवैध बल प्रयोग तथा आतंकी हमलों पर नियंत्रण या रोकथाम लग सके। इस

कन्वेंशन में अपराधियों को कठोर दंड एवं उनके प्रत्यर्पण की आवश्यकता तथा उनकी हिरासत और उनके विरुद्ध मुकदमे चलाने में संबंधित देशों की सहायता एवं अंतर्राष्ट्रीय कानून की आवश्यकता पर सहमति प्रकट की गई।

विमानों की अवैध जब्ती पर नियंत्रण एवं उपाय के संबंध में सन् 2010 में संयुक्त राष्ट्र के सदस्यों द्वारा एक प्रोटोकाल पर हस्ताक्षर किए गए जो 1970 के विमान अपहरण कन्वेंशन का पूरक है। इसमें विमानों के अंदर बढ़ती जा रही अपराधिक प्रवृत्ति एवं अवैध अपहरण के विरुद्ध उपायों एवं कदमों के दायरे का विस्तार करना तथा आधुनिक साधनों के माध्यमों से उन पर नियंत्रण के उपायों को शामिल करना है। इस प्रोटोकाल में विमान अपहरण एवं इससे संबंधित अपराधों के विभिन्न रूपों को भी शामिल किया गया है। इसमें साजिश या खतरों की संभावनाओं की घटनाओं को भी सम्मिलित किया गया है, जो बीजिंग कन्वेंशन का भाग था। वस्तुतः इस अधिनियम के द्वारा विमानों की अवैध जब्ती से संबंधित आतंकवादी घटनाओं को नियंत्रित करने का प्रयास किया गया है।

3. नागरिक विमानों की सुरक्षा के खिलाफ गैरकानूनी अपराधों के दमन के लिए 1971 में कन्वेंशन इसमें नागरिक विमानों की सुरक्षा एवं नागरिकों की आतंकवादी हमलों से सुरक्षा पर व्यापक विचार-विमर्श किया गया है और विमानों में एक विस्फोटक सुरक्षा डिवाइस बनाने की कार्य योजना को मंजूरी प्रदान की गई ताकि विमानों के अंदर विस्फोटकों एवं खतरों से सुरक्षा की संभावना को सुनिश्चित किया जा सके।

इस कन्वेंशन में भी अंतर्राष्ट्रीय अपराधों को नियंत्रित करने के लिए अपराधियों के खिलाफ तीव्र कार्यवाहियों में अंतर्राष्ट्रीय सहयोग तथा परस्पर तालमेल पर बल दिया गया, अपराधियों को सजा देने के लिए कठोर दंडात्मक कार्यवाही एवं प्रत्यर्पण संधि को अपनाने पर बल दिया गया। इसमें संबंधित देशों पर अन्य कानूनी उपायों को अपनाने पर भी जोर दिया गया।

4. राजनयिकों एवं अंतर्राष्ट्रीय व्यक्तियों की सुरक्षा पर अंतर्राष्ट्रीय

कन्वेंशन 1973 संयुक्त राष्ट्र की महासभा ने 1973 के अपने प्रस्ताव में उन व्यक्तियों को आतंकवादी घटनाओं से सुरक्षा एवं रोकथाम पर बल दिया है, जो अंतर्राष्ट्रीय संगठनों में कार्यरत हैं या राजनयिकों के रूप में किसी देश का प्रतिनिधित्व करते हैं, इसमें राजनीतिज्ञ एवं राज्य प्रमुख तथा उनके परिवार भी शामिल हैं। यह विदेशी नागरिकों को अंतर्राष्ट्रीय स्तर पर आतंकवादी हमलों से सुरक्षा प्रदान करने की प्रतिबद्धता सदस्य राष्ट्रों में निहित करता है। सम्मेलन में सदस्य राष्ट्रों ने संयुक्त राष्ट्र के इस प्रस्ताव में वचनबद्धता दोहरायी कि वे विदेशी राजनयिकों एवं अंतर्राष्ट्रीय संगठनों मे काम करने वाले नागरिकों की सुरक्षा के प्रति कटिबद्ध हैं।

संयुक्त राष्ट्र एवं उसके सदस्य देशों ने इस बात को स्वीकार किया कि आतंकवादी घटनाओं में सामान्यतः विदेशी नागरिकों की हत्या व अपहरण होता है। इस बात को स्वीकार करके उनकी सुरक्षा एवं संरक्षण के उपाय अंतर्राष्ट्रीय कानूनों एवं मानकों के अनुसार अपनाने पर सहमति दी और इसके नियंत्रण के लिए कानूनी ढांचा अपनाने पर भी बल दिया। इस कन्वेंशन में सदस्य देशों ने अंतर्राष्ट्रीय संगठनों, इमारतों एवं राजनयिकों के भवनों को व्यापक सुरक्षा मुहैया करवाने पर सहमति जतायी है। इस उद्देश्य के लिए अंतर्राष्ट्रीय सहयोग पर भी बल दिया गया।

5. बंधक कार्यवाही के खिलाफ अंतर्राष्ट्रीय सम्मेलन, 1979 संयुक्त राष्ट्र द्वारा 1979 में अंतर्राष्ट्रीय स्तर पर बंधक कार्यवाही के खिलाफ एक अंतर्राष्ट्रीय सम्मेलन आयोजित किया गया है। महासभा ने अपने प्रस्ताव में बंधक कार्यवाही को एक गंभीर अपराध माना और इसके अंतर्गत उन सभी कार्यों को शामिल किया जिसमें कोई व्यक्ति किसी व्यक्ति या व्यक्तियों के समूहों को अवैध शर्तों या उद्देश्यों के लिए मजबूर करता है, जान-बूझकर रोकता है, मारता है, घायल या धमकाने का सहारा लेकर उसे मजबूर करके एक स्थान से दूसरे स्थान पर ले जाता या रोकता है। इन सब कृत्यों को बंधक अपराध के अंतर्गत माना गया है। अतएव संयुक्त राष्ट्र के सदस्यों ने इस कन्वेंशन में बंधक कार्यवाही को एक गंभीर अपराध मानते हुए इसकी रोकथाम एवं नियंत्रण में अंतर्राष्ट्रीय सहयोग पर बल दिया।

6. परमाणु सामग्री की भौतिक सुरक्षा पर कन्वेंशन, 1980 आतंकवादी हमलों में 1980 के पश्चात् परमाणु सामग्री का उपयोग होने से अंतर्राष्ट्रीय समुदाय इससे भयभीत होने लगा कि यदि परमाणु अस्त्र अंतर्राष्ट्रीय आतंकवादियों के हाथों लग गए तो सम्पूर्ण मानव समाज को खतरा हो सकता है। संयुक्त राष्ट्र ने परमाणु सामग्री की सुरक्षा एवं नियंत्रण पर एक अंतर्राष्ट्रीय सम्मेलन आयोजित किया और सम्मेलन में परमाणु सामग्री के भौतिक नियंत्रण एवं उसकी सुरक्षा पर आपसी सहमति सदस्य देशों में बनाने की कोशिश की गई। सदस्य देशों ने इस बात पर सहमति प्रदान की कि किसी परमाणु सामग्री पर अवैध कब्जे, दुरुपयोग एवं स्थानांतरण को एक गंभीर अपराध माना जाएगा। इसकी चोरी या इस सामग्री से किसी की मृत्यु या संपत्ति को नुकसान को भी एक जघन्य अपराध के दायरे में लाया गया। परमाणु सामग्री आतंकवादियों के हाथों में न जा सके इसके लिए संयुक्त राष्ट्र ने गंभीरता दर्शायी और परमाणु सामग्री का अनुचित उपयोग रोकने के लिए तथा इसके समुचित नियंत्रण के लिए सदस्य देशों को इसके लिए व्यापक कार्यवाही करने एवं कानूनी ढांचा बनाने हेतु प्रतिबद्ध किया। आतंकवादियों के आधुनिक तरीकों से भयभीत होकर अंतर्राष्ट्रीय समुदाय ने इस बात पर विश्वास जताया कि परमाणु सामग्री आतंकवादियों के हाथों में आ जाने से सम्पूर्ण मानव जाति का जीवन अंधकारमय हो जाएगा और कोई एक आतंकी गतिविधि सम्पूर्ण मानवजाति का नाश कर सकती है। इसलिए संयुक्त राष्ट्र के प्रस्ताव के साथ सदस्य देशों ने अंतर्राष्ट्रीय स्तर पर परमाणु सामग्री के नियंत्रण पर एक व्यापक कार्ययोजना के साथ सहमति जतायी। संयुक्त राष्ट्र ने परमाणु सामग्री के समुचित नियंत्रण पर गंभीरता दर्शाते हुए परमाणु सामग्री की भौतिक सुरक्षा के लिए अभिसमय में निम्न संशोधन किया। इस संशोधन में इस बात पर बल दिया कि अमेरिका परमाणु सामग्री का शांतिपूर्ण तरीके से घरेलू उपयोग, भंडारण एवं अच्छी तरह से उपयोग एवं परिवहन की सुविधा और सामग्री की रक्षा सुनिश्चित करने के साथ अन्य सदस्य देशों के साथ समझौता तय करेगा। यदि कोई देश परमाणु सामग्री के अंतर्राष्ट्रीय मानकों का उल्लंघन करता है तो अमेरिका उस देश पर

प्रतिबंध लगा सकता है और यह प्रस्ताव संयुक्त राष्ट्र में भी रखा जा सकता है।

इस संशोधन में परमाणु सामग्री के अवैध इस्तेमाल, चोरी या परमाणु सामग्री की तस्करी पर नियंत्रण एवं रोकथाम के लिए अन्वेषण पर आपसी सहमति प्रदान की गई है। वस्तुतः यह अभिसमय परमाणु सामग्री के अवैध इस्तेमाल पर नियंत्रण के साथ ही घरेलू एवं अनिवार्य ऊर्जा के उपयोग की छूट भी प्रदान करता है। लेकिन परमाणु सामग्री के नियंत्रण के कानूनी उपायों एवं अंतर्राष्ट्रीय संधियों पर संबंधित देशों में व्यापक सहमति का अभाव प्रकट होता है। विशेषकर अमेरिका का रवैया इसमें प्रमुख है। वर्तमान में ईरान, उत्तर कोरिया तथा अमेरिका के बीच परमाणु संधि पर मतभेद सामने आए हैं। वहीं एन.पी.टी. एवं सी.टी.बी.टी. पर भारत और अमेरिका में विरोध सामने आए हैं। इसके बावजूद विश्व के सभी देश इस बात पर सहमत हैं कि मानव जीवन की सुरक्षा के लिए परमाणु सामग्री पर एक विशिष्ट एवं नैतिक ढांचे के अधीन नियंत्रण ही मानव जाति के हित में है।

7. हवाई अड्डों की सुरक्षा पर प्रोटोकॉल, 1988 (मॉन्ट्रियल कन्वेंशन) इस प्रोटोकॉल में अंतर्राष्ट्रीय स्तर पर नागरिक विमानों की सुरक्षा को ध्यान में रखते हुए आतंकवादी घटनाओं एवं अन्य अवैध कार्यवाहियां जो नागरिक विमानों एवं हवाई अड्डों में होती है, उन पर नियंत्रण एवं रोकथाम के उपाय पर एक कार्ययोजना पर चर्चा की गयी है इसमें सदस्य राष्ट्रों से अपेक्षा की गयी है कि वह नागरिक हवाई अड्डों पर व्यापक सुरक्षा का इंतजाम करें।

8. समुद्री कन्वेंशन, 1988 समुद्री नेविगेशन की सुरक्षा के लिए समुद्र में आतंकवादी कार्यवाही के दमन एवं नियंत्रण पर एक अंतर्राष्ट्रीय समझौता संयुक्त राष्ट्र के तत्वाधान में हुआ इसमें अंतर्राष्ट्रीय कानून के अनुसार समुद्री नेविगेशन की सुरक्षा के उपायों एवं उसके उच्चस्तरीय आधुनिक मानकों को तय किया गया ताकि समुद्री जहाजों में आतंकवादी घटनाओं एवं अवैध कार्यों को रोका जा सके। इसमें इस बात पर सहमति व्यक्त की गयी कि यदि जहाज में किसी व्यक्ति या व्यक्ति समूह के

साथ जान-बूझकर अवैध कृत्य, व्यवहार या धमकी तथा भय के द्वारा किसी जहाज पर नियंत्रण किया जाता है तो वह अपराध माना जाएगा। सदस्य राष्ट्रों से आग्रह किया गया कि वे समुद्री जहाजों संबंधित अवैध कार्यों को नियंत्रित करने एवं उसके निवारण के लिए घरेलू एवं अंतर्राष्ट्रीय स्तर पर सहयोग स्थापित करे। इस अधिनियम को सन् 2005 में प्रोटोकॉल के तहत संशोधित किया गया है और जहाजों में रखी गयी सामग्री एवं वस्तुओं को भी व्यापक नियंत्रण में लाया गया है। इसके नियंत्रण के लिए नियंत्रण बोर्ड की प्रतिस्थापना की गयी है।

9. प्लेटफार्म सुरक्षा प्रोटोकॉल, 1988 अंतर्राष्ट्रीय विमानों के प्लेटफार्मों की सुरक्षा के लिए भी अंतर्राष्ट्रीय स्तर पर संयुक्त राष्ट्र द्वारा कदम उठाए गए हैं। अंतर्राष्ट्रीय विमानों के प्लेटफार्मों पर आतंकवादी हमलों से आम नागरिकों को पीड़ित होना पड़ता है। इसमें देशी एवं विदेशी नागरिक दोनों शामिल हाते हैं। इस पर ध्यान देते हुए संयुक्त राष्ट्र की महासभा ने विचार-विमर्श के बाद सदस्य देशों से प्लेटफार्म की सुरक्षा के लिए एक प्रोटोकॉल पर हस्ताक्षर करवाए। इस बात को ध्यान में रखते हुए सदस्य देशों ने अंतर्राष्ट्रीय कानून के मापदण्डों एवं मानकों के अंतर्गत विमानों की सुरक्षा के लिए विभिन्न कदम उठाए। शोध-प्रबन्ध में इस बात पर सहमति जताई गई है कि उक्त प्रोटोकॉल के सहमति पत्र से अंतर्राष्ट्रीय विमानों के प्लेटफार्मों की सुरक्षा के लिए उच्च प्रौद्योगिकी एवं तकनीकी सुरक्षा उपकरणों के उपयोग से आतंकवादी घटनाओं पर निगरानी रखने में सहायता मिली है लेकिन यह भी सत्य है कि अविकसित एवं पिछड़े देशों में आधुनिक मानकों का अभाव है, जो आतंकवाद की घटनाओं को रोकने में एक प्रमुख बाधा है।

10. प्लास्टिक विस्फोटक कन्वेंशन इस कन्वेंशन में प्लास्टिक विस्फोटक सामग्री के उपयोग एवं उसके नियंत्रण के लिए विचार-विमर्श किया गया। इसमें इस बात पर सहमति बनी की प्लास्टिक विस्फोटक सामग्री पर नियंत्रण के उपाय सदस्य देश अपनाएंगे।

11. आतंकवादी हमला कन्वेंशन, 1997 आतंकवादी घटनाओं में निरन्तर वृद्धि एवं हमलों में आत्मघाती बमों एवं विस्फोटक सामग्री के

लगातार उपयोग से भयभीत विश्व की चिंता ने संयुक्त राष्ट्र को इस बात पर मजबूर किया कि आतंकवादी बम विस्फोटकों के दमन एवं नियंत्रण के लिए अंतर्राष्ट्रीय प्रयास किए जाएं। इसमें अवैध या जान-बूझकर बम विस्फोट या आत्मघाती हमलों से किसी व्यक्ति, समूह, स्थान या सार्वजनिक स्थानों को नुकसान को अपराध मानकर इन पर नियंत्रण एवं रोकथाम के लिए व्यापक कार्ययोजना पर सदस्य देशों ने सहमति प्रकट की।

संयुक्त राष्ट्र के तत्वाधान में आतंकवाद विरोधी गतिविधियों एवं कार्ययोजनाओं के अवलोकन से स्पष्ट होता है कि वर्तमान आतंकवादी घटनाओं में बम विस्फोटों विशेषकर आत्मघाती हमलों में निरंतर बढ़ोतरी हो रही है। आत्मघाती हमलों में लिट्टे के हमले, ईरान, ईराक एवं अफगानिस्तान में अलकायदा के हमले तथा भारत में लश्कर एवं मुजाहिद्दीन के बम विस्फोटक हमले प्रमुख हैं। इन हमलों का उद्देश्य न केवल जन-धन की हानि करना बल्कि संबंधित सरकार या देश को भयभीत या आतंकित करना प्रमुख होता है। इन हमलों में आधुनिक तकनीकों का प्रयोग होने से सरकारों को इन पर नियंत्रण में अपेक्षित सफलता नहीं मिल रही है। संयुक्त राष्ट्र ने इन घटनाओं को गंभीरता से लिया और सदस्य देशों को इनके नियंत्रण एवं रोकथाम हेतु स्थानीय वैधानिक ढांचे का निर्माण, पुलिस बलों को प्रशिक्षण एवं सुरक्षा एजेन्सियों को व्यापक तकनीकी ज्ञान मुहैया करवाने पर बल दिया। इसके बावजूद बम विस्फोटों एवं आत्मघाती हमलों में ही विश्व के अनेक प्रमुख राजनीतिज्ञों एवं राष्ट्र प्रमुखों की हत्या हुई जैसे पूर्व प्रधानमंत्री राजीव गांधी एवं बेनजीर भुट्टो आदि। विश्व में कई ऐसे उदाहरण हैं जिनमें आतंकवादी हमलों एवं बम विस्फोटों में आम नागरिक शिकार हुए हैं। इस प्रकार के हमले आतंकवादी भावना के प्रति कट्टरता एवं प्रतिबद्धता के द्योतक होते हैं जो क्रूरता की हदें पार कर जाते हैं।

12. आतंकवादी वित्तपोषण कन्वेंशन, 1999 अंतर्राष्ट्रीय समुदाय ने इस बात में विश्वास व्यक्त किया कि अंतर्राष्ट्रीय आतंकवाद किसी न किसी माध्यम या सहायता से संचालित होता है, विशेषकर वित्तीय

सहायता के बिना आतंकवादी घटनाएं संभव नहीं है। इस बात को ध्यान में रखते हुए इस शोध प्रबन्ध में संयुक्त राष्ट्र द्वारा आयोजित अंतर्राष्ट्रीय आतंकवादी वित्तपोषण सम्मेलन में लिए निर्णयों का अवलोकन एवं विश्लेषण किया गया है। संयुक्त राष्ट्र ने वित्त पोषण को आतंकवादी घटनाओं का मुख्य घटक माना और इसके सभी रूपों को चाहे प्रत्यक्ष हों या अप्रत्यक्ष या किसी भी धार्मिक, सामाजिक, सांस्कृतिक, राजनीतिक या शैक्षणिक रूप में हों, आतंकवादियों के वित्तीय पोषण द्वारा किसी न किसी आतंकी कार्यवाही को बढ़ावा मिलता है आतंकवादी कार्य में संलग्न ऐसे सभी माध्यमों को नियंत्रित एवं रोकने का प्रावधान संयुक्त राष्ट्र करता है। इसमें नशीले पदार्थों की तस्करी एवं अन्य अवैध कार्य जो किसी व्यक्ति या समूह द्वारा किसी देश, समाज, समूह के विरुद्ध अवैध उद्देश्यों की पूर्ति हेतु किया गया हो, उसे भी वित्तीय पोषण माना गया। इन कृत्यों को नियंत्रित करने के लिए अंतर्राष्ट्रीय सहयोग की अपेक्षा की गयी।

13. परमाणु आतंकवाद कन्वेंशन, 2005 परमाणु आतंकवाद के भय से भयभीत अंतर्राष्ट्रीय समुदाय परमाणु आतंकवाद पर नियंत्रण एवं रोकथाम हेतु आम सहमति के लिए संयुक्त राष्ट्र की महासभा के प्रस्ताव के अधीन एकत्र हुए और विश्व को परमाणु आतंकवाद से छुटकारा या इसकी आशंका पर नियंत्रण एवं उपाय के लिए सहमति प्रकट की।

इस कन्वेंशन में सहमति प्रकट की कि परमाणु संयंत्रों एवं परमाणु सामग्री पर समुचित विधिक ढांचे द्वारा नियंत्रण आवश्यक है, ताकि परमाणु सामग्री आतंकवादियों के हाथों में न लग सके। परमाणु ऊर्जा संयंत्रों और परमाणु रिएक्टरों की सुरक्षा की व्यापक कार्ययोजना के साथ परमाणु सामग्री के उपयोग पर उचित नियंत्रण लगाना आवश्यक है। इसमें इस बात पर सहमति व्यक्त की कि परमाणु सामग्री अंतर्राष्ट्रीय मापदण्डों एवं मानकों के अनुसार 'अंतर्राष्ट्रीय परमाणु ऊर्जा एजेन्सी' (आई.ए.ई.ए.) के दायरे एवं नियंत्रण में होनी चाहिए और उसके द्वारा निर्देशित शर्तों के अनुसार सुरक्षा का इंतजाम होना आवश्यक है। परमाणु आतंकवाद की घटना में संयुक्त राष्ट्र के अधीन कानूनों के अनुसार प्रत्यार्पण संधि पर

हस्ताक्षर तथा अपराधियों की साझा जांच में अंतर्राष्ट्रीय सहयोग की अपेक्षा पर भी एक व्यापक चर्चा इस कन्वेंशन में शामिल की गई।

14. अंतर्राष्ट्रीय नागर विमान सुरक्षा सम्मेलन, 2010 इस सम्मेलन में चर्चा की गयी कि किसी व्यक्ति या समुदाय द्वारा विमानों की उड़ानों पर अवैध नियंत्रण करने एवं उसमें सवार यात्रियों को शारीरिक चोट पहुंचाने या हत्या करने को जघन्य अपराध की श्रेणी में शामिल किया जाना चाहिए। इसमें विमानों के अंदर जैविक, रासायनिक और परमाणु हथियारों द्वारा किसी को शारीरिक चोट और नुकसान पहुंचाने या नागरिक विमान के अपहरण को अवैध कृत्य घोषित किया गया है। इस सम्मेलन में विमानों की अवैध जब्ती, खतरनाक सामग्री के उपयोग तथा हवाई अड्डों पर आतंकवादी हमलों को अपराध के अंतर्गत माना गया। इसमें किसी विमान को किसी निर्देश, संकेत या दबाव में किसी अनिश्चित या पूर्व निर्धारित स्थान पर उतारना अंतर्राष्ट्रीय अपराध के अंतर्गत माना गया है। आतंकवाद विरोधी गतिविधियों पर वर्तमान में संयुक्त राष्ट्र अपने सदस्य देशों के साथ व्यापक विचार-विमर्श की प्रक्रिया निरन्तर जारी रखे हुए है और महासभा एवं सुरक्षा परिषद के संकलित प्रस्तावों में आतंकवाद की कड़ी निंदा की है। इसके साथ ही अपराधियों के प्रत्यार्पण एवं उनको दण्डित करने में अंतर्राष्ट्रीय सहयोग की मांग की है।

संयुक्त राष्ट्र के महासचिव के पांच सूत्रिय रणनीति का प्रस्ताव संयुक्त राष्ट्र के तात्कालिक महासचिव कोफी अन्नान ने अंतर्राष्ट्रीय आतंकवाद के विरुद्ध लड़ाई में संयुक्त राष्ट्र की भूमिका को आगे बढ़ाते हुए आतंकवादी घटनाओं पर नियंत्रण एवं रोकथाम के लिए अपने पांच सूत्रिय सुझाव दिए (जो मैड्रिड ट्रेन बम विस्फोट के बाद आए) इन्हें सितंबर, 2005 के शिखर सम्मेलन के पूर्ववर्ती माना गया इसमें राज्यों की विधिक क्षमता के विकास पर बल दिया गया ताकि आतंकवादियों से मुकाबला संबंधित राज्य कर सके। इसमें यह भी सम्मिलित है कि आतंकवादी हमलों की पहचान तथा उनको समर्थन करने वाले राज्यों की पहचान करके उनको नियंत्रित करने का प्रयास किया जाए तथा आतंकवादी हमलों में मानवाधिकारों की सुरक्षा के उपाय सुनिश्चित किए जाएं। इन

प्रस्तावित पांच स्तंभों के क्रियान्वयन के लिए व्यापक वैधानिक ढांचे के निर्माण एवं प्रबल राजनीतिक इच्छा शक्ति की अपेक्षा अंतर्राष्ट्रीय समुदाय एवं संबंधित राज्यों से की गयी थी।

सितम्बर, 2005 में विश्व शिखर सम्मेलन

इस सम्मेलन में पहली बार अंतर्राष्ट्रीय समुदाय ने एकजुट होकर स्पष्ट शब्दों में व्यापक स्तर पर आतंकवादी घटनाओं की निंदा की और दुनिया के नेताओं ने तात्कालिक महासचिव कोफी अन्नान के पांच स्तंभ के प्रस्ताव को वैश्विक आतंकवाद के विरुद्ध अंतर्राष्ट्रीय रणनीति के रूप में अपनाया और विश्व के नेताओं ने यह विश्वास जताया कि भविष्य में क्षेत्रिय, राष्ट्रीय और अंतर्राष्ट्रीय स्तर पर व्यापक, समन्वित और नियमित रूप से आतंकवाद के विरुद्ध एक प्रतिक्रिया के रूप में एकजुट होंगे। इसी सम्मेलन के आधार पर एक समिति गठित की गयी, जिसकी रिपोर्ट 2 मई, 2006 में वैश्विक आतंकवाद विरोधी रणनीति की सिफारिश के साथ विश्व पटल पर आयी। इस विश्व रणनीति में कोफी अन्नान के प्रस्तावों को ही आगे बढ़ावा दिया गया है।

आतंकवाद के विरुद्ध वैश्विक रणनीति

संयुक्त राष्ट्र की अंतर्राष्ट्रीय आतंकवाद के विरुद्ध वैश्विक रणनीति पर 8 सितम्बर, 2006 में सदस्य देशों के बीच समझौता हुआ। इस रणनीति में चार प्रमुख स्तंभों को आतंकवाद के विरुद्ध अपनाया गया। यह रणनीति संयुक्त राष्ट्र द्वारा प्रस्तावित संकल्प पर आधारित है। इसमें सितम्बर, 2005 के शिखर सम्मेलन की प्रतिबद्धता को दोहराया गया। इसमें मुख्य रूप से चार विषयों को आतंकवाद के विरुद्ध वैश्विक रणनीति में शामिल किया गया है, जो इस प्रकार हैं–

1. आतंकवाद के प्रसार के लिए अनुकूल परिस्थितियों का पता लगाने एवं रोकथाम के उपाय करना,
2. आतंकवाद को रोकने और आतंकवाद का मुकाबला करने के लिए उपाय करना,

3. राज्यों द्वारा आतंकवाद को रोकने और उसका मुकाबला करने की वैधानिक क्षमता का निर्माण और इस संबंध में संयुक्त राष्ट्र प्रणाली की भूमिका को मजबूत बनाने के उपाय करना तथा
4. सभी के लिए मानव अधिकारों के लिए सम्मान सुनिश्चित करने के उपायों और आतंकवाद के खिलाफ लड़ाई में कानून के शासन के उपयोग की सिफारिश करना।

प्रथम—आतंकवाद के प्रसार के लिए अनुकूल परिस्थितियों का पता लगाना एवं उसके रोकथाम के उपाय करना यह वैश्विक रणनीति का प्रथम चरण है जिसमें वैश्विक आतंकवाद के प्रसार के लिए अनुकूल परिस्थितियों का अवलोकन किया गया है। विश्व समुदाय ने आतंकवाद के प्रसार की परिस्थितियों के आकलन के लिए सहमति प्रदान की। इसमें इस बात पर चर्चा की गयी कि ऐसी कौन-सी प्रमुख परिस्थितियां हैं जिनके कारण वैश्विक आतंकवाद का प्रसार होता है। इस उद्देश्य को ध्यान में रखते हुए विश्व समुदाय ने यह महसूस किया कि राज्यों के बीच लंबे समय से चले आ रहे अनसुलझे संघर्ष, कानून के शासन की कमी, मानव अधिकारों का उल्लंघन एवं पीड़ितों का अमानवीयकरण, साम्प्रदायिक, जातीय, राष्ट्रीय, धार्मिक भेदभाव, राजनीतिक बहिष्कार, सामाजिक-आर्थिक विषमताएं, अच्छे प्रशासन की कमी, अलगाववाद, क्षेत्रियतावाद, नक्सलवाद तथा पृथकतावाद आदि ऐसे प्रमुख कारण हैं जिसके फलस्वरूप अंतर्राष्ट्रीय आतंकवाद को बढ़ावा मिला है। ये परिस्थितियां राष्ट्रीय तथा अंतर्राष्ट्रीय स्तर पर तो एक से अधिक राज्यों के बीच फैली हैं। उन कारणों को भी इसमें शामिल करने का प्रयास किया गया जो अंतर्राष्ट्रीय आतंकवाद के लिए अनुकूल परिस्थितियां निर्मित करते हैं, जिसमें आतंकवाद का माहौल पनपता है। इसमें नृजातीय, प्रजातीय वैमनस्य एवं नस्लीय भेदभाव जैसे कारण सम्मिलित हैं जिससे कोई व्यक्ति या राष्ट्र किसी समुदाय या राष्ट्र के विरुद्ध आतंकवाद की परिस्थितियां निर्मित कर आतंकवाद के विकास के लिए माहौल विकसित करता है।

इन अनुकूल परिस्थितियों का पता लगाने के बाद संयुक्त राष्ट्र द्वारा

जारी वैश्विक रणनीति के प्रथम चरण में इन परिस्थितियों को पनपने न देने एवं आतंकवाद के विकास को रोकने के उपायों में उपर्युक्त परिस्थितियों को रोकने की रणनीति को अपनाने पर विश्व समुदाय ने संयुक्त राष्ट्र के साथ सहमति प्रदान की है। इसमें निम्न उपायों को शामिल किया गया है–

1. सदस्य राष्ट्रों से कहा गया कि वे अपने रणनीतिक एवं आपसी अंतर्राष्ट्रीय आपसी विवादों को सुलझाने का यथाशीघ्र प्रयास करे। आपसी विवादों को सुलझाने की पहल यथाशीघ्र करके आपसी विचार-विमर्श द्वारा विवादों को हल करने का प्रयास करे और जारी संघर्षों को रोकने के लिए समुचित कदम उठाएं। रणनीति में आपसी विवादों के समाधान में बातचीत, मध्यस्थता, सुलह, न्यायिक निपटान के उपाय, कानून के शासन का स्थायित्व, संयुक्त राष्ट्र की क्षमता का उपयोग, लंबे समय से चले आ रहे संघर्षों को दूर करने का दृढ़ संकल्प के साथ राजनीतिक इच्छाशक्ति तथा शांतिपूर्ण वातावरण का निर्माण आदि शामिल हैं। इन रणनीतिक कदमों के माध्यम से ही आतंकवाद के प्रसार को रोकने में सफल हुआ जा सकता है। इसके लिए संयुक्त राष्ट्र के सदस्य राष्ट्रों को अपने आपसी पारम्परिक विवादों को भूलकर आपसी भाईचारे की भावना के साथ ईमानदारी एवं निष्ठापूर्ण भावना के साथ आगे बढ़ना चाहिए तभी आतंकवाद को रोकने में सफलता हासिल होगी।

2. संयुक्त राष्ट्र ने अपनी रणनीति के प्रथम कदम में आतंकवाद की गतिविधियों पर रोक एवं उनकी अनुकूल परिस्थितियों पर अंकुश लगाने के प्रयासों में संबंधित राष्ट्रों के बीच आपसी भाईचारा विकसित करने हेतु यह कहा कि संयुक्त राष्ट्र विश्व की सभ्यताओं, संस्कृतियों, लोगों और धर्मों के बीच आपसी संवाद, सहिष्णुता और समझ को बढ़ावा देने का अपना प्रयास निरन्तर जारी रखेगा। संयुक्त राष्ट्र विभिन्न राज्यों में उनके धर्मों, धार्मिक मूल्यों, विश्वासों और सद्भाव को बढ़ावा देने के लिए अंतर्राष्ट्रीय कार्यक्रम संचालित करेगा और यह भी प्रयास करेगा कि विभिन्न सभ्यताओं के बीच गठबंधन एवं आपसी सद्भाव बना रहे ताकि उनमें वैमनस्य पैदा न हो और आपसी संघर्ष न हो क्योंकि यह आपसी

वैमनस्य आतंकवाद को पनपने का कारण एवं उसके विकास की अनुकूल परिस्थितियां निर्मित करता है।

3. संयुक्त राष्ट्र का यह प्रयास होगा कि वह विश्व में विभिन्न राज्यों के बीच शांति व न्याय कायम करे। इसके साथ ही मानव विकास, धार्मिक सहिष्णुता एवं उनके धार्मिक मूल्यों और विश्वासों को प्रोत्साहित करके विभिन्न संस्कृतियों के बीच भाईचारा उत्पन्न करे तथा उनके सम्मान को बढ़ावा देने का प्रयास करे। इसके लिए उचित शिक्षा एवं सार्वजनिक जागरूकता समाज के सभी धर्मों में फैलाने और संयुक्त राष्ट्र के शैक्षिक, वैज्ञानिक और सांस्कृतिक संगठनों के माध्यम से देशों में आपसी विश्वास एवं विभिन्न संस्कृतियों में वार्ता तथा संवाद का वातावरण विकसित करने का प्रयास करेगा।

4. संयुक्त राष्ट्र सदस्य राष्ट्रों को संयुक्त राष्ट्र सहस्राब्दिक विकास के लक्ष्यों को बढ़ावा देने के लिए प्रोत्साहित करेगा और सदस्य देशों के आर्थिक व सामाजिक विकास को बढ़ावा देगा।

5. अंतर्राष्ट्रीय कानूनों एवं मापदण्डों के अनुसार आतंकवादी गतिविधियों को विकसित करने वाले कारकों को पहचान कर उनका कानून के शासन एवं आपसी विवाद समाधान के साथ निवारण का प्रयास करेगा।

6. उन कारकों की भी पहचान की गयी है जिसमें आर्थिक-सामाजिक विकास के अभाव में आतंकवाद को बढ़ावा मिलता है इसमें गरीबी उन्मूलन, निरंतर आर्थिक विकास तथा स्थायी विकास (संस्टेनेबल डेवलपमेंट) के लिए वैश्विक समृद्धि के प्रति प्रतिबद्धता की पुष्टि की गयी क्योंकि गरीबी की लाचारी भी आतंकवाद के वातावरण को पनपने में सहायक है।

7. सामाजिक विकास के लिए बेरोजगारी का उन्मूलन करना आवश्यक माना गया क्योंकि इससे नौजवानों का आतंकवादी गुटों या संगठनों में आर्थिक तंगी या गरीबी के कारण भर्ती होने पर अंकुश लगेगा।

8. आतंकवाद के विरुद्ध कार्यवाही में आपसी सहयोग व सहायता

के लिए कानूनी ढांचे के अंतर्गत मानव अधिकारों के संरक्षण और गुड गवर्नेंस के साथ निरंतर आर्थिक और सामाजिक विकास के समर्थन में संयुक्त राष्ट्र से निरन्तर प्रोत्साहन मिलता रहेगा।

9. इसमें इस बात को भी शामिल किया गया कि आतंकवाद के शिकार लोगों को मानवीय एवं कानूनी सहायता की व्यवस्था तथा आतंकवादी स्थानों की पहचान करके स्वैच्छिक राष्ट्रीय प्रणाली (वोल्यून्टरी नेशनल सिस्टम) के तहत उनको रोकने का प्रयास करना तथा आतंकवाद के खिलाफ अंतर्राष्ट्रीय एकजुटता को बढ़ावा देने के लिए वैश्विक अभियान और उसकी निंदा के लिए नागरिक सहायता को बढ़ावा देने के प्रयास करना भी शामिल है।

द्वितीय–आतंकवाद को रोकने एवं उससे मुकाबला करने के उपाय संयुक्त राष्ट्र द्वारा आतंकवाद के विरुद्ध वैश्विक रणनीति के द्वितीय पहलू में आतंकवाद को रोकने एवं उससे मुकाबला करने के उपायों पर विश्व समुदाय ने आपसी सहमति को स्वीकार किया और इसके लिए निम्नलिखित कदम उठाने की प्रतिबद्धता जारी की।

1. आतंकवादी संगठनों के निर्माण से बचें एवं उनको सुविधा एवं वित्त पोषण में भाग लेने वाले संगठनों या लोगों को अप्रोत्साहित करें। आतंकवादी गतिविधियों को रोकने के लिए उचित व्यवहारिक कदम उठाने को सुनिश्चित करने के लिए अपने-अपने क्षेत्रों का आतंकवादी प्रतिष्ठानों या प्रशिक्षण शिविरों में इस्तेमाल नहीं होने दें। आतंकवादी कृत्यों एवं संगठन निर्माण के लिए अन्य राज्यों या अपने नागरिकों के खिलाफ होने वाली तैयारियों को रोकने का प्रयास करें।

2. आतंकवाद के खिलाफ लड़ाई में सहयोग हेतु अंतर्राष्ट्रीय कानून के तहत अपराधियों को प्रत्यार्पित करने या मुकदमा चलाने में सभी देशों को समर्थन देना।

3. आतंकवादी कृत्यों को अंजाम देने वालों के खिलाफ मुकदमा चलाने या प्रत्यार्पण करने में राष्ट्रीय और अंतर्राष्ट्रीय कानूनी प्रावधानों के अनुसार कार्य करें जैसे विशेष रूप से मानव अधिकार कानून, शरणार्थी कानून और अंतर्राष्ट्रीय मानवीय कानून आदि। आतंकवाद को समाप्त

करने के लिए एक प्रभावी आपसी न्यायिक सहायता और प्रत्यार्पण समझौते को लागू किया जाएगा और कानूनी प्रवर्तन एजेंसियों को मजबूत बनाने का प्रयास किया जाएगा।

4. आपसी सहयोग में तेजी लाने के लिए उपयुक्त समय पर और सही जानकारी का आदान-प्रदान आतंकवाद की रोकथाम के लिए बढ़ाना आवश्यक है।

5. अपराधों के सभी पहलुओं में जैसे नशीले पदार्थों की तस्करी, विशेष रूप से छोटे हथियारों और हल्के हथियारों में अवैध हथियारों के मानव पोर्टेबल वायु रक्षा प्रणाली, काला धन और तस्करी सहित सभी अवैध गतिविधियों को आतंकवाद के साथ जोड़ा जा सकता है। आतंकवादियों द्वारा परमाणु, रासायनिक, जैविक, रेडियोलॉजिकल और अन्य सामग्री के इस्तेमाल से मुकाबला करने हेतु राज्यों के बीच समन्वय व सहयोग को मजबूत करना आवश्यक है।

6. अंतर्राष्ट्रीय संगठित अपराधों के खिलाफ संयुक्त राष्ट्र सम्मेलनों को बढ़ावा देना और प्रमुख प्रोटोकॉलों को लागू करने पर विचार-विमर्श करना।

7. शरणार्थियों के लिए उचित उपाय करने के पहले यह सुनिश्चित करना कि शरणार्थी का दर्जा एक तरह से निर्धारित प्रावधानों के बाहर तो नहीं है।

8. आतंकवाद विरोधी तंत्र या केन्द्रों को मजबूत बनाने के लिए उनको मौजूदा जनादेश के साथ लगातार संयुक्त राष्ट्र की ड्रग्स और अपराध शाखा की ओर से अंतर्राष्ट्रीय संगठनों को सुविधाजनक बनाने के लिए प्रोत्साहित करने का प्रावधान करना।

9. यह स्वीकार किया गया कि आतंकवाद के विरुद्ध एक अंतर्राष्ट्रीय केंद्र बनाने के लिए विचार किया जा सकता है विशेषकर आतंकवाद के खिलाफ लड़ाई को बढ़ाने के प्रयासों के एक हिस्से के रूप में।

10. आतंकवाद के विरुद्ध लड़ाई में राज्यों को व्यापक अंतर्राष्ट्रीय वित्तीय सहायता, कार्य बल, मनी लॉन्ड्रिंग और आतंकवादी वित्त पोषण

न हो इस पर विशेष सिफारिशों, अनुशंसाओं तथा मानकों को राज्यों में लागू करने में सहायता एवं प्रोत्साहित करने की आवश्यकता है।

11. संयुक्त राष्ट्र अपने सदस्य राज्यों के साथ आतंकवादी घटनाओं पर एक व्यापक डेटाबेस तैयार करता है और इसको नियंत्रण के लिए अंतर्राष्ट्रीय अपराध पुलिस संगठन के साथ निरंतर सहयोग करता है।

12. आतंकवाद विरोधी कार्यवाही में संयुक्त राष्ट्र के साथ काम करने के लिए गोपनीयता के साथ अंतर्राष्ट्रीय कानून के तहत अन्य दायित्वों, अधिकार और मानवाधिकारों के सम्मान के अनुपालन करने के लिए नये तरीकों का पता लगाने में सहयोग करना जैसे–

- अंतर्राष्ट्रीय और क्षेत्रिय स्तर पर आतंकवाद विरुद्ध प्रयासों में समन्वय के लिए इंटरनेट पर अपनी सभी अभिव्यक्तियों और;
- आतंकवाद के प्रसार से निपटने के लिए एक उपकरण के रूप में इंटरनेट का उपयोग करना ताकि अपराधियों को पहचानने में राज्यों को सहायता मिल सके।

13. अंतर्राष्ट्रीय आतंकवाद को रोकने में अंतर्राष्ट्रीय सहयोग पर बल देना इसके लिए द्विपक्षीय, बहुपक्षी, क्षेत्रिय, उप-क्षेत्रिय और अंतर्राष्ट्रीय वार्तालाप के साथ आतंकवाद को रोकने का प्रयास करना। इसमें परमाणु, जैविक एवं रासायनिक हथियारों की रोकथाम पर विशेष ध्यान दिया गया। अतः छोटे हथियारों, हल्के हथियारों, पारम्परिक गोला बारूद, विस्फोटक, रासायनिक जैविक परमाणु व रेडियो हथियारों को पहचानने में राज्यों को सहायता प्रदान करना शामिल है।

14. संयुक्त राष्ट्र की आतंकवाद विरोधी समिति और उसके कार्यकारी निदेशालय ने संयुक्त राज्य अमेरिका के साथ काम करने के लिए जारी अनुरोध पर कानूनी प्रावधानों और प्रशासनिक उपाय के साथ आतंकवादियों द्वारा हवाई यात्रा में हिंसात्मक गतिविधियों से संबंधित कार्यवाही के लिए सर्वोत्तम विधियों की पहचान करना है और जब भी संभव हो आधुनिक तकनीकी द्वारा अंतर्राष्ट्रीय नागर विमानन संगठन, विश्व सीमा शुल्क संगठन और अंतर्राष्ट्रीय आपराधिक पुलिस संगठनों को सहयोग प्रदान करना।

15. आतंकवाद विरोधी समिति ने सुरक्षा परिषद के संकल्प 1267 (1999) को सुनिश्चित करने के लिए अल-कायदा और अन्य के खिलाफ संयुक्त राष्ट्र के अधीन प्रतिबंधों एवं संगठनों से जुड़े व्यक्तियों और संस्थाओं के प्रमुखों की हवाई यात्राओं पर प्रतिबंध लगाने की बात की गई। इस संबंध में राज्यों से जानकारी साझा करने के लिए प्रोत्साहित करते हुए व्यापक रूप से अंतर्राष्ट्रीय अपराध पुलिस संगठन के सहयोग के साथ संयुक्त राष्ट्र के अधीन आतंकवाद पर नियंत्रण लगाने पर बल दिया।

16. हर स्तर पर प्रयासों एवं सहयोग रूप में यात्रा दस्तावेजों में परिवर्तन या धोखाधड़ी रोकने एवं पता लगाने में राज्यों को सहयोग प्रदान करना।

17. इस संबंध में यह सुनिश्चित हुआ कि अंतर्राष्ट्रीय अपराध पुलिस संगठन चोरी और अवैध यात्रा के डेटाबेस को एकत्र करने में एवं इसका आतंकवाद विरोधी उपकरण के रूप में उपयोग करने के लिए आतंकवाद से संबंधित प्रासंगिक जानकारी को साझा करने का प्रयास करेगा।

18. संयुक्त राष्ट्र द्वारा अवैध गतिविधियों की समीक्षा करने और मौजूदा अंतर-एजेंसी सहायता के समन्वय तंत्र में प्रभावशाली सुधार करके आतंकवादी हमलों को विशेष रूप से परमाणु, रासायनिक, जैविक या रेडियाधर्मी हथियारों या सामग्री के उपयोग के विरोध में एक प्रतिक्रिया की योजना बनाने हेतु समन्वय सुधार तथा राहत कार्यों का समर्थन करना। इस संबंध में महासभा और सुरक्षा परिषद से सहयोग के लिए आवश्यक है कि वह सामूहिक हथियारों के उपयोग को प्रतिबंधित करते हुए आतंकवादी हमलों की घटनाओं के दौरान सहायता के लिए दिशानिर्देश विकसित करे।

19. आतंकवाद को रोकने के लिए सभी के लिए बुनियादी ढांचे विकसित करे और सार्वजनिक स्थानों पर आतंकवादी हमलों और अन्य आपदाओं से सुरक्षा और संरक्षण में सुधार के कदमों में राज्य को सहायता प्रदान करना।

तृतीय : आतंकवाद को रोकने और आतंकवाद का मुकाबला करने में राज्यों की क्षमता का निर्माण और उपायों को मजबूत बनाने में संयुक्त राष्ट्र प्रणाली की भूमिका-संयुक्त राष्ट्र ने स्वीकार किया कि सभी राज्यों में क्षमता निर्माण वैश्विक आतंकवाद विरोधी प्रयास का एक मूल तत्व है। राज्य क्षमता के विकास द्वारा आतंकवाद का मुकाबला करने और संयुक्त राष्ट्र प्रणाली के भीतर समन्वय और सहयोग को बढ़ाने में निम्नलिखित कदमों की आवश्यकता है–

1. आतंकवाद का मुकाबला करने में सदस्य राज्यों को संयुक्त राष्ट्र द्वारा सहयोग प्रदान करना और उन्हें तकनीकी सहायता परियोजनाओं पर विचार करने के लिए प्रोत्साहित करना। इसके लिए धन के अतिरिक्त स्त्रोतों का पता लगाने तथा संयुक्त क्षेत्र के निर्माण कार्यों जैसे बंदरगाह, नागरिक उडयन आदि को सुरक्षा पहुंचाने के विषयों पर विचार हेतु प्रोत्साहित करना।

2. अंतर्राष्ट्रीय, क्षेत्रिय और उपक्षेत्रिय संगठनों द्वारा आतंकवाद से मुकाबला करने हेतु प्रदान की गई क्षमता निर्माण में साझा ढांचे का लाभ लेते हुए आतंकवादी गतिविधियों को रोकने का प्रयास करना और इस क्षेत्र में आतंकवाद को रोकने में अंतर्राष्ट्रीय समुदाय के प्रयासों को प्रोत्साहित करना।

3. आतंकवाद से मुकाबले करने के लिए उपयोगी तंत्र स्थापित करना और इस क्षेत्र में राज्यों की रिपोर्टिंग आवश्यकताओं को युक्तिसंगत करना तथा रिपोर्टिंग के दोहराव को खत्म करने के उपाय खोजना और महासभा के विभिन्न आदेशों का सम्मान करना एवं सुरक्षा परिषद और उसकी सहायक एजेंसियों को आतंकवाद का मुकाबला करने में सहयोग प्रदान करना।

4. नियमित रूप से अनौपचारिक बैठक बुलाने के लिए उपाय करना और सदस्य राज्यों के बीच सहयोग और तकनीकी सहायता तथा लगातार जानकारी का आदान-प्रदान करना। संयुक्त राष्ट्र के आतंकवाद से निपटने के निकायों, प्रासंगिक विशेष एजेंसियों, अंतर्राष्ट्रीय, क्षेत्रिय, उपक्षेत्रिय संगठनों आदि को प्रोत्साहित करना। 'क्षमता के लिए प्रासंगिक'

प्रस्तावों को लागू करना।

5. संयुक्त राष्ट्र के संस्थागत एवं आतंकवाद विरोधी सचिवालय के भीतर काम करने के लिए समन्वय रखना एवं संयुक्त राष्ट्र के आतंकवाद विरोधी संस्थागत प्रयासों में जुटना।

6. संयुक्त राष्ट्र की आतंकवाद विरोधी समिति और इसके कार्यकारी निदेशालय द्वारा संयुक्त राज्य अमेरिका के साथ आपसी बातचीत को आगे बढ़ाना और आतंकवाद से मुकाबला करने के क्षेत्र में सुधार जारी रखने को प्रोत्साहित करना। इसके अतिरिक्त अंतर्राष्ट्रीय, क्षेत्रिय और उप-क्षेत्रिय संगठनों के साथ मिलकर काम करने के साथ ही सभी द्विपक्षीय और बहुपक्षीय सहायता प्रदाताओं के साथ जानकारी साझा करने का प्रयास करना।

7. आतंकवाद को रोकने के लिए संयुक्त राष्ट्र की ड्रग्स और अपराध शाखा एवं आतंकवाद विरोधी समिति और इसके कार्यकारी निदेशालय एवं संबंधित राज्यों को तकनीकी सहायता की सुविधा उपलब्ध कराना तथा अंतर्राष्ट्रीय सम्मेलनों में आतंकवाद विरोधी संयुक्त राष्ट्र के प्रस्तावों के कार्यान्वयन पर बल देना।

8. आतंकवाद विरोधी गतिविधियों में अंतर्राष्ट्रीय मुद्रा कोष, विश्व बैंक, संयुक्त राष्ट्र के कार्यालय ड्रग्स और अपराध पर अंतर्राष्ट्रीय अपराध पुलिस संगठन के साथ सहयोग बढ़ाएं तथा उनका अंतर्राष्ट्रीय मानदंडों और दायित्वों के साथ पालन करने के लिए तथा आतंकवाद का मुकाबला करने में मदद करने के लिए उन्हें प्रोत्साहित करना।

9. आतंकवाद को रोकने के लिए अंतर्राष्ट्रीय परमाणु ऊर्जा एजेंसी के साथ सहयोग करना और रासायनिक हथियार निषेध के लिए संबंधित राज्यों की क्षमता का निर्माण करना और परमाणु, रासायनिक या रेडियोधर्मी सामग्री को आतंकवादियों द्वारा दुरुपयोग को रोकने के लिए संबंधित राज्यों की सुविधाओं में सुरक्षा सुनिश्चित करने के लिए मदद करना और एक ऐसी सामग्री विकसित करना जो हमले की घटना में प्रभावी ढंग से प्रतिक्रिया व्यक्त कर सके।

10. विश्व स्वास्थ्य संगठन द्वारा आतंकवादी गतिविधियों को रोकने

में अपनी तकनीकी सहायता की मदद करने के लिए, राज्यों को अपने सार्वजनिक स्वास्थ्य के दुष्प्रभावों को रोकने के लिए और आतंकवादियों द्वारा जैविक हमलों से मुकाबला करने के लिए संबंधित राज्यों को प्रोत्साहित करना।

11. संयुक्त राष्ट्र प्रणाली के दायरे में काम करने के लिए आतंकवाद विरोधी सीमा प्रबंधन प्रणालियों, सुविधाओं और संस्थाओं में सुधार एवं आधुनिकीकरण के लिए क्षेत्रिय और अंतर्राष्ट्रीय स्तर पर समर्थन जारी करना।

12. आतंकवादी गतिविधियों को रोकने के लिए अंतर्राष्ट्रीय समुद्री संगठन, विश्व सीमा शुल्क संगठन और अंतर्राष्ट्रीय नागर विमानन संगठन के द्वारा अमेरिका के साथ अपने सहयोग को मजबूत बनाने के लिए परिवहन सुरक्षा के क्षेत्रों में किसी भी राष्ट्रीय खामियों की पहचान करना और आतंकवाद को रोकने में सहायता के लिए उन्हें प्रोत्साहित करना।

13. संयुक्त राष्ट्र के सदस्य राज्यों और अंतर्राष्ट्रीय, क्षेत्रिय और उप-क्षेत्रिय संगठनों के साथ मिलकर आतंकवादी संगठनों के स्थानों की पहचान करना और राज्यों को आतंकवादी हमलों को रोकने के लिए प्रोत्साहित करना और अंतर्राष्ट्रीय अपराध पुलिस संगठन के महासचिव के साथ काम करके इस आशय के लिए प्रस्ताव प्रस्तुत कर सकते हैं कि इस संबंधित क्षेत्र में सार्वजनिक-निजी भागीदारी को विकसित करने के महत्व को बढ़ावा मिले।

चतुर्थ–सभी के मानव अधिकारों के लिए सम्मान सुनिश्चित करने के उपाय करना और आतंकवाद के खिलाफ लड़ाई में कानून के शासन का उपयोग करना। संयुक्त राष्ट्र ने अपनी चतुर्थ वैश्विक रणनीति के तहत आतंकवाद के विरुद्ध लड़ाई में मानव अधिकारों के संरक्षण एवं सम्मान की प्रतिबद्धता को दोहराया है कि किसी भी आतंकवादी कार्यवाही में मानव अधिकारों का संरक्षण आवश्यक है। इसके लिए सदस्य देशों से कहा गया कि वह आधारभूत या मौलिक कानूनी ढांचे के अंतर्गत आतंकवाद का विरोध करके मानव अधिकारों का सम्मान करे। इसके लिए वैश्विक रणनीति में निम्नलिखित शामिल हैं–

1. इस संबंध में महासभा का संकल्प प्रस्ताव मौलिक रूप से यह प्रावधान करता है कि ''मानव अधिकारों एवं स्वतन्त्रता के संरक्षण'' को प्रमुख प्राथमिकता आतंकवादी विरोधी गतिविधियों में देना चाहिए।

2. राज्यों को यह सुनिश्चित करना चाहिए कि आतंकवाद का मुकाबला करने के लिए किए गए उपायों को विशेष रूप से मानव अधिकार कानून, शरणार्थी कानून और अंतर्राष्ट्रीय मानवीय कानून के दायरे में रहते हुए उचित दायित्वों एवं पूरी निष्ठा के साथ लागू करे और उनका उल्लंघन न हो।

3. आतंकवाद विरोधी गतिविधियों में मानव अधिकार कानून, शरणार्थी कानून और अंतर्राष्ट्रीय मानवीय कानूनों को लागू करने के पहले अच्छी तरह से अंतर्राष्ट्रीय मापदण्डों पर विचार करना चाहिए।

4. एक प्रभावी कानून के आधार पर आतंकवादी गतिविधियों को रोकने हेतु संबंधित राज्य के लिए एक राष्ट्रीय आपराधिक न्याय प्रणाली को विकसित करना जो अंतर्राष्ट्रीय दायित्वों के साथ यह सुनिश्चित कर सके कि कानून का शासन सुनिश्चित हो। किसी भी व्यक्ति या आतंकवादी कृत्यों के जुर्म में न्याय का समर्थन हो तथा मानव अधिकार और मौलिक स्वतंत्रता के सम्मान के साथ मुकदमा चलाने का प्रावधान होना चाहिए।

5. मानव अधिकारों के समर्थन के साथ अंतर्राष्ट्रीय स्तर पर आतंकवाद के खिलाफ कार्यवाही में सभी के मानव अधिकारों के संरक्षण की प्रतिबद्धता को दोहराना।

6. कार्ययोजना की परिचालन क्षमता को मजबूत बनाने का समर्थन करने के लिए संयुक्त राष्ट्र मानवाधिकार उच्चायुक्त की मौजूदगी पर विशेष जोर देने के साथ कार्ययोजना में मानव अधिकारों की रक्षा पर बल देना। अंतर्राष्ट्रीय मानव अधिकारों के प्रति जागरुकता पैदा करने के लिए राज्यों द्वारा प्रमुख भूमिका निभाने हेतु राष्ट्रीय कानून प्रवर्तन अधिकारों पर राज्यों के अनुरोध पर कानून बनाने की सिफारिश।

7. मानव अधिकारों के संवर्धन एवं बुनियादी स्वतंत्रताओं के संरक्षण पर 'विशेष दूत' की भूमिका का समर्थन किया गया। राज्यों के

प्रयासों का समर्थन जारी रखना सरकारों को ठोस सलाह देना तथा संयुक्त राष्ट्र व क्षेत्रिय संगठनों के साथ इन मुद्दों पर रिपोर्टिंग करना।

उपरोक्त विवरण से स्पष्ट है कि आतंकवाद के विरुद्ध संयुक्त राष्ट्र द्वारा अपनाई गई वैश्विक रणनीति एवं आतंकवाद के विरुद्ध लड़ाई में सदस्य राष्ट्रों द्वारा प्रदान किया जा रहा सहयोग एवं सहायता सराहनीय है। सदस्य देशों ने उक्त आतंकवाद विरोधी रणनीति को अपने वैधानिक ढांचे के तहत अपनाने की वचनबद्धता को दोहराया। इससे अंतर्राष्ट्रीय स्तर पर एक सहयोगात्मक रवैया आतंकवाद के विरुद्ध सामने आया है और इससे आतंकवाद की गतिविधियों को रोकने में एक विश्वव्यापी वातावरण बनने में मदद मिली है।

आतंकवाद के विरुद्ध कार्यवाही में संयुक्त राष्ट्र के संकल्प प्रस्ताव–संयुक्त राष्ट्र अपनी स्थापना के समय से ही आतंकवाद के विरुद्ध लड़ाई के लिए प्रतिबद्ध है। अपनी प्रतिबद्धता के परिणामस्वरूप कई प्रस्तावों एवं संकल्पों के द्वारा एवं विश्व समुदाय को आतंकवाद की लड़ाई में सहायता एवं सहयोग प्रदान किया है। जैसे 1970 में संयुक्त राष्ट्र की महासभा द्वारा आतंकवाद के विरुद्ध यह संकल्प लिया कि प्रत्येक देश का यह कर्तव्य है कि वह निम्नलिखित कार्य न करे जैसे कि–

- कोई भी देश किसी भी देश के विरुद्ध सैन्य शक्ति या सैनिक समूह को संगठित या प्रोत्साहित नहीं करेगा और किसी भी देश में भाड़े के सैनिकों की घुसपैठ में सहयोग नहीं करेगा,
- किसी देश की सीमा, क्षेत्र विवाद एवं सीमांत राज्यों की समस्याओं सहित किसी भी अंतर्राष्ट्रीय विवाद को सुलझाने या आपसी राजनीतिक युद्धों को सुलझाने के लिए किसी के विरुद्ध धमकी या सैनिक युद्ध का इस्तेमाल न करे या अंतर्राष्ट्रीय सीमाओं का उल्लंघन करके सैनिक कार्यवाही न करे।
- किसी अन्य देश में नागरिक विद्रोह या आतंकवादी गतिविधियों को संगठित करने, सहयोग देने, उकसाने या भागीदारी करने

अथवा अपने देश में इस प्रकार की गतिविधियों को पनपने देने को प्रतिबंधित किया गया है।

संयुक्त राष्ट्र विशेषकर अपनी स्थापना के बाद संयुक्त राष्ट्र एवं उसकी सहायक एजेन्सियों द्वारा लिए गए संकल्पों का विवरण दिया गया है। शोधार्थी ने यहां कुछ विशेष संकल्पों को स्पष्ट किया है जिनसे आतंकवाद को रोकने में अंतर्राष्ट्रीय स्तर पर सहायता मिली है। यह संकल्प विशेषकर 1972 के बाद सामने आए हैं। 1970–1980 के दशक में महासभा द्वारा दो संकल्प लिए गए–1973 में अपराधों की सजा पर और 1979 में बंधकों के खिलाफ एक अंतर्राष्ट्रीय अधिवेशन। 1990 के दशक के बाद देखा जाए तो विशेषकर 1994 में अंतर्राष्ट्रीय आतंकवाद को समाप्त करने का प्रस्ताव एवं 1996 में एक तदर्थ समिति द्वारा प्रस्ताव महत्वपूर्ण है। किन्तु उक्त प्रस्तावों में बाध्यकारी अनुशास्त्रियों के अभाव में ये मात्र नैतिक घोषणाओं से अधिक महत्व नहीं रखते। लेकिन वर्तमान में हम देख रहे हैं कि आतंकवाद अब वैश्विक चिंता का विषय बन चुका है।

विशेषकर 11 सितम्बर, 2001 को अमेरिका पर अकल्पनीय आतंकी हमले से दुनिया के राष्ट्र जागे हैं तथा तन-मन-धन से इसके उन्मूलन के लिए एकजुट नजर आ रहे हैं। हमलों के चंद घण्टों के भीतर ही 15 सदस्यीय संयुक्त राष्ट्र सुरक्षा परिषद ने सर्वसम्मत रूप से प्रस्ताव संख्या '1373' पारित कर दिया। इसके तहत सभी सदस्य देशों से कहा गया कि वे आतंकवादियों को आर्थिक सहायता, समर्थन तथा प्रश्रय देने से बचे। आतंक के खिलाफ इस नये प्रस्ताव को संयुक्त राष्ट्र के चार्टर 7 में शामिल करके सदस्य देशों को इसको लागू करने की बाध्यकारी प्रतिबद्धता जारी की गयी तथा इसके पारित होने के पश्चात् आतंकवाद के खिलाफ अंतर्राष्ट्रीय गठबंधन बनाने में संयुक्त राष्ट्र की भूमिका व्यापक हो गयी है। 26 सितम्बर, 2001 को इन्टरपोल जनरल असेम्बली की बुडापेस्ट बैठक में भी वांछित आतंकवादियों के जल्द से जल्द प्रत्यार्पण के लिए विशेष कानून बनाने की सिफारिश की गई। एक अन्य प्रस्ताव '1267' जो सुरक्षा परिषद द्वारा जारी किया गया, इसमें आतंकवादियों

की संपत्तियों को जब्त करना था विशेषकर अलकायदा और तालिबान की संपत्तियों को निलम्बित एवं जब्त किया गया। सुरक्षा परिषद द्वारा प्रस्ताव संख्या '1540' को परमाणु हथियारों के उपयोग की संभावना पर रोक लगाने के उद्देश्य से पारित किया गया। इस प्रस्ताव में अंतर्राष्ट्रीय परमाणु ऊर्जा एजेन्सी को परमाणु हथियारों के निरीक्षण की जिम्मेदारी दी गयी है। सितंबर, 2005 में शिखर सम्मेलन एवं प्रस्ताव संकल्प के द्वारा वैश्विक आतंकवाद विरोधी रणनीति सामने आयी है जिसकी चर्चा इस शोध में की गयी है। महासचिव बानकी मून द्वारा 4-5 सितम्बर, 2008 में इस वैश्विक रणनीति के कार्यान्वयन की समीक्षा की गयी तथा इसकी दूसरी समीक्षा 8 सितम्बर, 2010 को जारी की गयी। उपरोक्त संकल्प प्रस्ताव के अतिरिक्त संयुक्त राष्ट्र की आतंकवाद विरोधी कार्यवाही में पारित अन्य संकल्प प्रस्तावों का व्यापक विवरण नीचे वर्णित हैं।

संकल्पित प्रस्तावों ने वैश्विक आतंकवाद को रोकने में अहम् भूमिका निभायी है। वैसे इन प्रस्तावों का वास्तविक क्रियान्वयन सुरक्षा परिषद द्वारा किया जाता है, यह सुरक्षा परिषद के निर्णय पर निर्भर रहता है और निर्णय बहुमत के आधार होता है। किसी एक देश के वीटो पावर के इस्तेमाल से प्रस्ताव क्रियान्वित नहीं होता विशेषकर सुरक्षा परिषद के स्थायी सदस्य अमेरिका, ब्रिटेन, फ्रांस, जर्मनी, रूस एवं चीन के द्वारा वीटो का प्रयोग उक्त प्रस्तावों को निष्फल कर सकता है। वर्तमान आर्थिक एवं सामाजिक परिषद तथा अन्य अभिकरणों व मानवाधिकार आयोग द्वारा भी प्रस्ताव पारित किए जाते हैं और इनसे आतंकवाद को रोकने में सहायता मिलती है। यदि इन पर सुरक्षा परिषद की मुहर लग जाती है तो इनकी सार्थकता बढ़ जाती है। अत: आवश्यकता है संयुक्त राष्ट्र संघ के सभी अंगों, अभिकरणों व इससे जुड़ी परिषदों व इनके सदस्य राष्ट्रों में सहयोग व समन्वय की ताकि वैश्विक आतंकवाद जैसी त्रासदी से मानवता को मुक्ति मिल सके।

भारत और आतंकवाद

भारत बहुत समय से आतंकवाद का शिकार हो रहा है। भारत के काश्मीर, नागालैंड, पंजाब, असम, बिहार आदि विशेषरूप से आतंक से प्रभावित रहे हैं। जो क्षेत्र आज आतंकवादी गतिविधियों से लम्बे समय से जुड़े हुए हैं उनमें जम्मू-कश्मीर, मुंबई, मध्य भारत (नक्सलवाद) और सात बहन राज्य (उत्तर पूर्व के सात राज्य) (स्वतंत्रता और स्वायत्तता के मामले में) शामिल हैं। अतीत में पंजाब में पनपे उग्रवाद में आंतकवादी गतिविधियां शामिल हो गयीं जो भारत देश के पंजाब राज्य और देश की राजधानी दिल्ली तक फैली हुई थीं। 2006 में देश के 608 जिलों में से कम से कम 232 जिले विभिन्न तीव्रता स्तर के विभिन्न विद्रोही और आतंकवादी गतिविधियों से पीड़ित थे। 1 अगस्त, 2008 में राष्ट्रीय सुरक्षा सलाहकार एम.के. नारायणन का कहना था कि देश में 800 से अधिक आतंकवादी गुट सक्रिय हैं।

भारत में आतंकवाद कहां से, कब और क्यों पनपा?

- 1979 में पाकिस्तान ने एक नीति अपनाई कि वह कश्मीर में आतंकवाद का सहारा लेगा और उसकी राजनीतिक भाषा थी blitze india अर्थात् भारत के टुकड़े करो।
- इसके लिये पाकिस्तान ने दो आतंकवादी संस्थाएं बनाई आई. एस.आई. ट्रेंड और आई.एस.आई. कंट्रोल। इन्हें इंटर सर्विसेज इंटेलिजेंस भी कहते हैं।
- इंटर सर्विसेज इंटेलीजेंट एक संस्था थी लश्कर-ए-तैयबा जो अभी भी है और दूसरी जो संस्था बनाई गई थी उसका नाम है जैश-ए-मोहम्मद।

- इन दोनों संस्थाओं को कश्मीर में और कश्मीर के बाहर आतंकवाद फैलाने की जिम्मेदारी सौंपी गई और साथ ही उन्हें सभी तरह की मदद दी गई।
- इसमें धर्म का सहारा लिया गया और जो दिशा-निर्देश दिये गए उसे 'terrorism is a duty and assassination is sunna' कहा गया। सुन्ना का अर्थ 'the way of profit' है। इस प्रकार आतंकवाद को धर्म का जामा पहनाया गया।
- उधर अफगानिस्तान में रशियन ताकतें प्रभावी हो गई थीं। 1980 में अमेरिका को रूस को नियंत्रित करना था, पाकिस्तान उसका सहयोगी देश था और वे नहीं चाहते थे कि रूस आगे बढ़े। वहां उनके संगठन CIA ने रेडिकल इस्लामिक ग्रुप की मदद ली तथा वहां भी दो संस्थाएं बनाई। एक का नाम था अलकायदा और दूसरे का नाम था तालिबान।
- 26/11 की घटना को इस बात से समझना होगा कि ये चारों संस्थाएं जिसमें पाकिस्तान और अफगानिस्तान के समूह भी शामिल थे, एक-दूसरे से मिले हुए थे। उनका मकसद आतंकवाद का सहारा लेकर इस्लाम को बढ़ाना था। इसलिये उन्होंने सबसे पहले सांस्कृतिक केंद्रों पर हमला शुरू किया और मार्च, 2001 में बामियान बुद्धा का नाश किया।
- इनका दूसरा मकसद था अर्थव्यवस्था पर हमला जो 2001 में वर्ल्ड ट्रेड सेंटर और फिर पेंटागन पर हमले के रूप में दिखाई दिया।
- तीसरी घटना 2001 में भारतीय संसद पर हमले के रूप में दिखाई दी। इस प्रकार इनका मकसद व्यापार, वाणिज्य, इनोवेशन, सांस्कृतिक संस्थानों, सिम्बल्स तथा लोकतंत्र पर हमला करना बन गया।
- मुंबई में आतंकवादी हमले का मकसद भारत की अर्थव्यवस्था को तहस-नहस करना था क्योंकि मुंबई भारत की आर्थिक राजधानी है।

अंतर्राष्ट्रीय आतंकवाद पर व्यापक अभिसमय क्या है?

- भारत वैश्विक आतंकवाद का मुकाबला करने के प्रयासों के प्रति वचनबद्ध है और विभिन्न अंतर्राष्ट्रीय मंचों पर आतंकवाद के प्रति 'जीरो टॉलरेंस' की नीति का लगातार समर्थन करता रहा है।
- इस संदर्भ में भारत ने 1996 में संयुक्त राष्ट्र महासभा में 'अंतर्राष्ट्रीय आतंकवाद पर एक व्यापक अभिसमय' (The Comprehensive Convention on International Terrorism & CCIT) को स्वीकार किये जाने का प्रस्ताव रखा था।
- हाल ही में संयुक्त राष्ट्र महासभा के 73वें सत्र के आयोजन में भारत की विदेश मंत्री सुषमा स्वराज ने अंतर्राष्ट्रीय आतंकवाद पर व्यापक अभिसमय (CCIT) की मांग को दोहराया।
- भारत सीमापार आतंकवाद से पीड़ित रहा है। इसलिये भारत ने प्रमुख वैश्विक शक्तियों से पहले वैश्विक शांति और सुरक्षा के मामले को संज्ञान में लिया।
- CCIT एक कानूनी ढांचा प्रदान करता है जो आतंकवादी समूहों को धन और सुरक्षित आश्रय नहीं देने के लिये सभी हस्ताक्षरकर्त्ता देशों को बाध्यकारी बनाता है।
- 15 दिसंबर, 1997 को आतंकवादी बम विस्फोटों के दमन के लिये अंतर्राष्ट्रीय अभिसमय को अपनाया गया। 9 दिसंबर, 1999 को आतंकवाद के वित्तपोषण के खात्मे के लिये अंतर्राष्ट्रीय अभिसमय को अपनाया गया तथा परमाणु आतंकवाद से संबंधित गतिविधियों के दमन के लिये अंतर्राष्ट्रीय अभिसमय को 13 अप्रैल, 2005 को अपनाया गया।
- वर्तमान में अंतर्राष्ट्रीय आतंकवाद के मुकाबले के लिये तथा कानूनी पहलुओं पर आम सहमति बनाने हेतु 6 तदर्थ समितियों का गठन किया गया है जिनके बीच अभी भी इस विषय पर विचार-विमर्श चल रहा है।
- अनेक ऐसे मुद्दे हैं जिन पर आम राय नहीं बन पाई है जिसमें

आतंकवाद की परिभाषा पर आम सहमति न बन पाना भी एक मुख्य मुद्दा है।

- आतंकवाद की परिभाषा तय करना कभी भी आसान नहीं रहा है। 1937 में यूरोप में आतंकवादी हमले और एक लीडर की हत्या के बाद लीग ऑफ नेशन ने कन्वेंशन ऑन टेररिज्म पर एक ट्रीटी को अडॉप्ट किया।
- लेकिन इस ट्रीटी को देशों का अनुसमर्थन नहीं मिल सका तथा न ही यह लागू हो सकी। अंतर्राष्ट्रीय अपराध न्यायालय तो है लेकिन आतंकवाद को इसके दायरे से बाहर रखा गया है।

CCIT के उद्देश्य

- आतंकवाद की सार्वभौमिक परिभाषा के लिये यूनाइटेड नेशन जनरल असेंबली (UNGA) के सभी 193 सदस्य इस आपराधिक कानून को अपनाएंगे।
- सभी आतंकवादी समूहों पर प्रतिबंध लगाना और आतंकवादी शिविरों को बंद करना।
- विशेष कानूनों के तहत सभी आतंकवादियों पर मुकदमा चलाना।
- वैश्विक स्तर पर सीमापार आतंकवाद को प्रत्यार्पण योग्य अपराध घोषित करना।

अभिसमय के अनुसार आतंकवाद की परिभाषा

इस अभिसमय के अनुसार, कोई भी व्यक्ति जिसके द्वारा किये जाने वाले अपराध का उद्देश्य लोगों को डराना या सरकार या अंतर्राष्ट्रीय संगठन को किसी भी कार्य को करने से रोकना या ऐसा कार्य करने के लिये मजबूर करना हो, जिसके कारण–

1. किसी भी व्यक्ति की मौत या गंभीर शारीरिक चोट, या
2. सार्वजनिक उपयोग की जगह, कोई सरकारी सुविधा, सार्वजनिक परिवहन प्रणाली, अवसंरचना या पर्यावरण सहित सार्वजनिक या निजी संपत्ति की क्षति, या

3. संपत्ति, स्थान, सुविधाओं या प्रणालियों को नुकसान पहुंचता हो जिसके परिणामस्वरूप बड़ा आर्थिक नुकसान हो, को आतंकवाद की परिभाषा के तहत माना जाएगा।

आतंकवाद की परिभाषा के अनुसमर्थन पर गतिरोध का कारण

- अमेरिका शांतिकाल के दौरान राज्य की सैन्य ताकतों द्वारा किये गए कृत्यों को इससे बाहर रखने का मसौदा चाहता था। अमेरिका खासतौर पर अफगानिस्तान और ईराक में किये गए हस्तक्षेपों के संबंध में अपने सैन्य बलों पर CCIT के अनुप्रयोग को लेकर चिंतित है।
- इस्लामिक देशों का संगठन (OIC) राष्ट्रीय मुक्ति आंदोलनों को CCIT के दायरे से बाहर रखना चाहता है। राष्ट्रीय मुक्ति आंदोलनों से OIC का तात्पर्य खासकर इजराइल-फिलिस्तीन संघर्ष से है।
- यह तर्क दिया गया था कि स्वतंत्रता आंदोलनों तथा आतंकवाद के कृत्यों को अलग करने की आवश्यकता है ताकि वैध आंदोलनों को आतंकवाद के आपराधिक कृत्यों के रूप में वर्गीकृत न किया जा सके।
- लातिन अमेरिकी देश 'राज्य आतंकवाद (State Terrorism)' को तथा राज्यों द्वारा अंतर्राष्ट्रीय मानवाधिकार कानूनों के उल्लंघन को भी CCIT में शामिल करना चाहते थे।
- आतंकवाद की यह परिभाषा विवादास्पद नहीं है। विवाद इस परिभाषा के अनुप्रयोग को लेकर है। क्या यह परिभाषा किसी राज्य के सशस्त्र बलों और स्वतंत्रता आंदोलनों पर भी लागू होगी?

भारत में आतंकवाद को रोकने के लिये क्या बड़े बदलाव किये गए हैं?

- 2008 के मुंबई आतंकवादी हमलों के बाद भारत की आंतरिक

सुरक्षा के क्षेत्र में व्यापक परिवर्तन किया गया है।

- मुख्य रूप से राष्ट्रीय जांच एजेंसी (NIA), राष्ट्रीय खुफिया ग्रिड (NATGRID) के निर्माण के साथ-साथ राष्ट्रीय सुरक्षा गार्ड (NSG) में व्यापक सुधार किया गया है।
- केंद्र और राज्यस्तर पर खुफिया और सुरक्षा एजेंसियों के बीच करीबी और प्रभावी समन्वय बढ़ाया गया है।
- खुफिया और सुरक्षा एजेंसियां संभावित आई.एस.आई.एस. भर्ती की पहचान करने के लिये ऐसे मामलों पर अपनी निगाह बनाए हुए हैं और यदि आवश्यक हो तो आगे की कार्रवाई भी कर रहे हैं।
- आंतरिक सुरक्षा चुनौतियों से निपटने के लिये सरकार ने केंद्रीय सशस्त्र पुलिस बलों की शक्ति में बढ़ोतरी की है।
- चेन्नई, कोलकाता, मुंबई और हैदराबाद में एन.एस.जी. हब स्थापित किये गए हैं।
- किसी भी आपात स्थिति में NSG कर्मियों के लिये विमान मांगने की शक्ति डी.जी., एन.एस.जी. को दी गई है।
- बढ़ते आप्रवासन को रोकने के लिये सरकार ने कड़े कदम उठाए हैं।
- सीमा की घेराबंदी, फ्लड लाइट, आधुनिक और उच्च तकनीकी निगरानी उपकरणों की तैनाती की गई है।
- इंटेलिजेंस सेटअप को अपग्रेड किया गया है तथा तटीय सुरक्षा को मजबूत किया गया है।
- 2008 और 2012 में गैरकानूनी गतिविधि (रोकथाम) अधिनियम, 1967 में संशोधन कर आतंकवाद से निपटने के लिये दंडात्मक प्रावधानों को और कठोर किया गया है।
- सरकार ने नेशनल इंटेलिजेंस ग्रिड (NATGRID) की स्थापना आतंकवाद और आंतरिक सुरक्षा खतरों से निपटने के लिये की है जिसका उद्देश्य खुफिया जानकारी एकत्र कर उसे डेटाबेस से जोड़ना है।

- आतंकवाद के प्रति अपनी जीरो टॉलरेंस नीति के हिस्से के रूप में भारत ने विभिन्न बहुपक्षीय तथा द्विपक्षीय मंचों पर आतंकवाद के वित्तपोषण सहित क्रॉस-बॉर्डर आतंकवाद के मुद्दों को उठाया है।

क्या बड़े कदम उठाए जाने की जरूरत है?

- सभी सुरक्षा एजेंसियों को राजनीतिक हस्तक्षेप से मुक्त करते हुए स्वतंत्र बनाए जाने की जरूरत है।
- पूर्वोत्तर में आतंकी समस्याओं पर ध्यान देने की जरूरत है क्योंकि हमारा ध्यान पाकिस्तान बॉर्डर को सुरक्षित रखने में ज्यादा है। यहां पर सैटेलाइट तथा अन्य तकनीकी उपकरण तैनात किये गए हैं लेकिन पूर्वोत्तर भारत की सीमाओं पर ध्यान नहीं दिया गया है।
- बांग्लादेश का आतंकवादी संगठन जमातुल मुजाहिद्दीन पूर्वोत्तर में सक्रिय हो रहा है। असम, नगालैंड तथा मणिपुर का बॉर्डर अभी तक खुला हुआ है जहां से ड्रग्स की एंट्री तेजी के साथ हो रही है जिस पर ध्यान देने की जरूरत है।
- पूर्वोत्तर में समुद्री सीमा अधिक है। पंजाब के पठानकोट में जो आतंकवादी हमला हुआ था उसमें आतंकवादियों ने नदी मार्ग से भारत में प्रवेश किया था।
- नदी के ऊपर इलेक्ट्रोमैग्नेटिक फेंसिंग तथा नदी के नीचे सेंसर लगाने का जो काम होना था वह अभी तक नहीं हो सका है जिस पर गौर किये जाने की जरूरत है।
- फाइनेंसियल इंटेलिजेंस अर्थात् आतंकवाद के पोषण के लिये पैसे, इक्विपमेंट कहां से आते हैं, इस पर भी नजर रखने की जरूरत है।
- भारत के लैंड बॉर्डर का सर्किल 15,000 किलोमीटर है और कोस्टल सर्किल 7,500 किलोमीटर से अधिक है, ऐसी स्थिति में जब तक टेक्नोलॉजी अपग्रेडेशन नहीं होगा तब तक बॉर्डर सुरक्षित नहीं हो सकता।

- मरीन पुलिस अभी भी काफी कमजोर है, न तो उनके पास नाव है और न ही मैनपावर या उपकरण।

नेशनल काउंटर टेररिज्म सेंटर

- गृह मामलों की संसदीय स्थायी समिति ने हाल ही में राज्यसभा में प्रस्तुत एक रिपोर्ट में सिफारिश की है कि सरकार को एकीकृत काउंटर आतंकवाद एजेंसी के रूप में एक नेशनल काउंटर टेररिज्म सेंटर (NCTC) के गठन पर तुरंत विचार करना चाहिये।
- पैनल ने गृह मंत्रालय से इस मुद्दे पर सभी हितधारकों से सर्वसम्मति बनाने में मुख्य भूमिका निभाने के लिये भी कहा है।
- इसमें मुख्य रूप से राष्ट्रीय जांच एजेंसी (NIA), राष्ट्रीय खुफिया ग्रिड (NATGRID) के निर्माण के साथ-साथ राष्ट्रीय सुरक्षा गार्ड (NSG) में सुधार को भी शामिल किया गया है।
- एनसीटीसी मल्टी एजेंसी सेंटर (एमएसी), इंटेलिजेंस ब्यूरो (IB) के तहत एक खुफिया सूचनाएं साझा करने वाला 'फ्यूजन सेंटर' के कार्य करने प्रस्ताव था तथा इसके ऑपरेटरों को पूरे भारत में गिरफ्तारी करने की शक्ति देने की बात की गई थी।
- लेकिन सुरक्षा डोमेन में संस्था निर्माण के भारत के निराशाजनक रिकॉर्ड के अनुरूप, NCTC 26/11 सुधार प्रक्रिया के बाद यह सबसे बड़ी निराशा रही है।
- प्रस्तावित NCTC का उद्देश्य आतंकवादी हमलों को रोकना, जवाबी कार्यवाही करना था, पिछले संयुक्त प्रगतिशील गठबंधन (UPA) शासन के दौरान केंद्र-राज्य संबंधों को लेकर राजनीतिक कड़वाहट के कारण यह मूर्तरूप नहीं ले सका।
- विशेष रूप से गुजरात, तमिलनाडु, ओडिशा, कर्नाटक, बिहार, त्रिपुरा और पश्चिम बंगाल के गैर-कॉन्ग्रेस शासित राज्यों ने कथिततौर पर प्रस्ताव का विरोध किया था। उनकी मुख्य आपत्ति संघवाद के सिद्धांत के संभावित उल्लंघन की आशंका

को लेकर है क्योंकि उन्होंने तर्क दिया कि NCTC राज्यों की शक्तियों का अतिक्रमण करेगा।

- भारत आतंकवाद, सीमापार के साथ-साथ स्थानीय रूप से कट्टरपंथी जिहादियों से लगातार खतरे का सामना कर रहा है।

लेकिन 26/11 की घटना के लगभग एक दशक बीत जाने के बाद NCTC पर केंद्र सरकार किसी खास नतीजे पर नहीं पहुंच पाई है।

पश्चिमी भारत

मुंबई—मुंबई ज्यादातर आतंकवादी संगठनों का सबसे पसंदीदा लक्ष्य रहा है, मुख्य रूप से कश्मीर की अलगाववादी ताकतों का। पिछले कुछ वर्षों में जिन हमलों की शृंखलाओं को अंजाम दिया गया उनमें जुलाई, 2006 में लोकल ट्रेनों में हुए विस्फोट और बिल्कुल हाल में 26 नवम्बर, 2008 को हुए अभूतपूर्व हमले शामिल हैं जहां दो मुख्य होटलों और दक्षिण मुंबई में स्थित एक इमारत पर कब्जा कर लिया गया था।

मुंबई में हुए आतंकवादी हमलों में शामिल हैं—

- 12 मार्च, 1993—1993 बंबई का बमकांड
- 6 दिसम्बर, 2002—घाटकोपर में एक बस में बम विस्फोट कर 2 लोगों की हत्या
- 27 जनवरी, 2003—विले पार्ले में एक साइकिल पर बम फटने से 1 व्यक्ति की मौत
- 14 मार्च, 2003—मुलुंड में एक ट्रेन में बम फटने से 10 लोग मारे गये
- 28 जुलाई, 2003—घाटकोपर में एक बस में बम विस्फोट कर 4 की हत्या
- 25 अगस्त, 2003—झवेरी बाजार और गेटवे ऑफ इंडिया के पास कारों में रखे दो बमों के फटने से 50 लोग मारे गये
- 11 जुलाई, 2006—ट्रेनों में सात शृंखलाबद्ध बम विस्फोटों में 209 की मौत हुई
- 26 नवम्बर, 2008 से 29 नवम्बर 2008—26 नवम्बर, 2008

मुंबई में श्रेणीबद्ध गोलीबारी

- 13 जुलाई, 2011–3 बम विस्फोट

जम्मू-कश्मीर–जम्मू-कश्मीर में सशस्त्र विद्रोह में अब तक दस हजार से अधिक लोगों की जानें गयी हैं। तथ्य वांछित, कश्मीर में उग्रवाद विभिन्न रूपों में मौजूद है। वर्ष 1989 के बाद से उग्रवाद और उसके दमन की प्रक्रिया, दोनों की वजह से हजारों लोग मारे गए। 1987 के एक विवादित चुनाव के साथ कश्मीर में बड़े पैमाने पर सशस्त्र उग्रवाद की शुरुआत हुई, जिसमें राज्य विधानसभा के कुछ तत्वों ने एक आतंकवादी खेमे का गठन किया, जिसने इस क्षेत्र में सशस्त्र विद्रोह में एक उत्प्रेरक के रूप में भूमिका निभाई। भारत द्वारा पाकिस्तान के इंटर इंटेलिजेंस सर्विसेज द्वारा जम्मू और कश्मीर में लड़ने के लिए मुजाहिद्दीन का समर्थन करने और प्रशिक्षण देने के लिए दोषी ठहराया जाता रहा है। जम्मू और कश्मीर विधानसभा (भारतीय द्वारा नियंत्रित) में जारी सरकारी आंकड़ों के अनुसार यहां लगभग 3,400 ऐसे मामले थे जो लापता थे और संघर्ष के कारण यथा जुलाई, 2009 तक 47,000 लोग मारे गए। बहरहाल, पाकिस्तान और भारत के बीच शांति प्रक्रिया तेजी से बढ़ने के क्रम में राज्य में उग्रवाद से संबंधित मौतों की संख्या में थोड़ी कमी हुई है।

उत्तर और पश्चिमोत्तर भारत

बिहार–हालांकि राज्य में आतंकवाद को एक प्रमुख मुद्दे के तौर पर विचार नहीं किया है, जहां भाकपा-माले (CPI-ML), पीपुल्स वार, MMC, रणवीर सेना और बलबीर मिलिशिया जैसे कुछ समूह सक्रिय हैं और वे अक्सर स्थानीय पुलिस और नेताओं पर हमला करते हैं जो एक बड़ी चिंता का विषय बना हुआ है।

बिहार में लचर प्रशासन और कानून और व्यवस्था की स्थिति ने मिलिशिया (नागरिक सेना या लड़ाके) के खतरों में वृद्धि में मदद की है। रणवीर सेना अगड़ी जाति और भूमि मालिकों की नागरिक सेना है जो इस क्षेत्र में शक्तिशाली नक्सलियों के प्रभाव से मुकाबले के लिए गठित की गयी है।

यह राज्य इन जातीय समूहों और अन्य समूहों द्वारा की गयी जवाबी कार्रवाई से हुई नरसंहार की कई घटनाओं का प्रत्यक्षदर्शी रहा है। सभी नागरिक सेनाएं कुछ जाति समूहों के हितों का प्रतिनिधित्व करती हैं।

इन समूहों की हिंसा का मुख्य शिकार असहाय लोग हुए हैं (महिलाएं, बूढ़े और बच्चे भी) जो जातिगत कारणों से हुए नरसंहार में मारे गये हैं। राज्य पुलिस की खस्ताहाली के कारण उसे आतंकवादियों के AK-47, AK-56 का मुकाबला अपनी पुरानी 303 राइफलों से करना पड़ता है। उग्रवादी पुलिस दलों को मारने के लिए घात लगाकर बारूदी सुरंगों का भी इस्तेमाल करते हैं।

राज्य में आतंकवादी गतिविधियों का मूल कारण विभिन्न जातीय समूहों के बीच भारी असमानता है। यह माना जाता था कि आजादी के बाद भूमि सुधारों को लागू किया जायेगा जिससे नीची जाति और गरीबों को उस जमीन में से हिस्सा मिलेगा जो उस समय तक ज्यादातर उच्चजाति के लोगों के पास थी।

हालांकि राज्य में जाति के आधार पर विभाजनकारी राजनीति के कारण भूमि सुधार को ठीक तरह से लागू नहीं किया गया। इससे निम्न जाति के बीच अलगाव की भावना बढ़ती गयी।

भाकपा-माले, MCC और पीपुल्स वार जैसे साम्यवादी समूहों ने इसका फायदा उठाया और निम्नजाति के लोगों को व्यवस्था के खिलाफ हथियार उठाने के लिए भड़काया जिसे अमीरों के हाथ के औजार के तौर पर देखा जाता था। उन्होंने ऊंची जाति के अमीरों की हत्या कर उनकी जमीनों को हथियाना शुरू कर दिया।

उच्चजाति के लोगों ने अपने बचाव व नक्सलियों से मुकाबले के लिए अपनी सेना रणवीर सेना का गठन किया। राज्य ने इन समूहों द्वारा अपनी श्रेष्ठता साबित करने की कोशिश में की गयी सामूहिक हत्याओं का खूनी दौर भी देखा। पुलिस ने कोई कार्रवाई नहीं की और इन हत्याओं की मूक साक्षी बनी रही।

लेकिन अब रणवीर सेना अपने शीर्ष नेताओं की गिरफ्तारी के बाद काफी हद तक कमजोर हो गयी है। अन्य समूह अभी भी सक्रिय हैं।

हाल ही में देश के विभिन्न भागों में कई गिरफ्तारियां हुई हैं, खास तौर पर दिल्ली और मुंबई पुलिस द्वारा, जिससे इस बात के संकेत मिले हैं कि अतिवादी-आतंकवादी संगठन राज्य में अपना नेटवर्क फैला रहे हैं। इस बात का भी बहुत अधिक संदेह है कि बिहार का इस्तेमाल छोटे हथियार, जाली मुद्रा और नशीले पदार्थों के डीलरों द्वारा नेपाल से प्रवेश के लिए पारगमन बिंदु के तौर पर किया जाता है और आतंकवादी कथित तौर पर नेपाल और बंगलादेश से घुसपैठ करते रहते हैं।

हालांकि, हाल के वर्षों में विभिन्न जातीय समूहों के हमले कम हुए हैं जो सरकार के बेहतर कामकाज का नतीजा है।

पंजाब—1970 के दशक के दौरान भारतीय हरित क्रांति से पंजाब के सिख समुदाय की आर्थिक समृद्धि में वृद्धि हुई। इस प्रवृत्ति ने सिख समुदाय के एक युग पुराने भय को भड़काया कि हिंदू समाज उनका शोषण कर रहा है, जिससे सिख आतंकवादियों की संख्या में वृद्धि हुई।

1980 के दशक के दौरान उग्रवाद तेज हो गया, जब आंदोलन ने हिंसक मोड़ लिया और खालिस्तान नाम फिर प्रासंगिक हो उठा और भारतीय संघ से स्वतंत्र होने की मांग की गयी। जरनैल सिंह भिंडरांवाले के नेतृत्व में आंदोलन की मांगों की पूर्ति के लिए आतंकवाद का उपयोग शुरू किया गया, हालांकि वे खालिस्तान के निर्माण के न तो समर्थक थे और ना ही उसके विरोधी। जब भारत ने यह आरोप लगाया कि पड़ोसी देश पाकिस्तान इन आतंकवादियों को समर्थन दे रहा है, उसे 1983-84 में सिखों का व्यापक समर्थन हासिल हो गया और मामले ने खूनी मोड़ ले लिया।

1984 में भारत सरकार ने आंदोलन को जड़ से उखाड़ फेंकने के लिए ऑपरेशन ब्लू स्टार शुरू किया। स्वर्ण मंदिर परिसर में हमला किया गया, जिसकी संत भिंडरांवाले ने सेना के हमले के लिए किलेबंदी की तैयारी कर ली थी। भारत की तत्कालीन प्रधानमंत्री इंदिरा गांधी ने सेना को आदेश दिया कि वह मंदिर पर धावा बोलें, जिसने अंततः टैंकों का इस्तेमाल किया था।

चौहत्तर घंटे की गोलीबारी के बाद सेना को मंदिर पर नियंत्रण करने में सफलता हाथ लगी। ऐसा करने में अकालतख्त के कुछ हिस्से, सिख

सन्दर्भ पुस्तकालय और स्वयं स्वर्ण मंदिर के कुछ हिस्सों में क्षति पहुंची। भारत सरकार के सूत्रों के अनुसार तिरासी सैन्यकर्मी इसमें मारे गये और 249 घायल हो गये। मारे गये आतंकवादियों की संख्या 493 थी और छियासी घायल हुए।

उसी वर्ष के दो सिख अंगरक्षकों द्वारा इंदिरा गांधी की हत्या कर दी गयी जिसे स्वर्ण मंदिर मामले से उत्प्रेरित माना जाता है, जिसके व्यापक विरोध के परिणामस्वरूप सिख दंगे हुए, विशेष रूप से नयी दिल्ली में। उसके बाद 1988 में पंजाब पुलिस ने पहले जूलियो रिबेरो और उसके पश्चात KPS गिल के नेतृत्व में भारतीय थल सेना के साथ मिलकर ऑपरेशन ब्लैक थंडर चलाया जिसने आंदोलन को भूमिगत होने के लिए मजबूर करने में सफलता अर्जित की।

1985 में सिख आतंकवादियों ने कनाडा से भारत आ रहे एयर इंडिया के विमान में बम विस्फोट किया जिससे एयर इंडिया उड़ान 182 में सवार सभी 329 यात्री मारे गये। यह कनाडा के इतिहास में सबसे ज्यादा भयावह आतंकवादी कार्रवाई है।

सिख आतंकवाद की समाप्ति और खालिस्तान की मांग के मुख्य स्रोत तब नष्ट हुए जब पाकिस्तान की तत्कालीन प्रधानमंत्री बेनजीर भुट्टो ने एक सद्भावना संकेत के रूप में भारत सरकार को पंजाब के आतंकवाद से सम्बंधित सभी खुफिया सामग्री सौंप दी। भारत सरकार ने खुफिया जानकारियों का इस्तेमाल भारत में हो रहे आंतकवादी हमलों के पीछे सक्रिय लोगों का खात्मा करने में किया।

1993 में प्रत्यक्ष सिख आतंकवाद की समाप्ति के बाद अपेक्षाकृत शांत अवधि में आतंकवादी कृत्यों (उदाहरण है 1995 में पंजाब के मुख्यमंत्री बेअंत सिंह की हत्या) के लिए आधे दर्जन के आसपास लड़ाकू सिख संगठनों को चिह्नित किया गया। इन संगठनों में बब्बर खालसा इंटरनेशनल, खालिस्तान कमांडो फोर्स, खालिस्तान लिबरेशन फोर्स और खालिस्तान जिंदाबाद फोर्स शामिल हैं।

खालिस्तान को कनाडा और ग्रेट ब्रिटेन के सिख समुदाय से अब भी व्यापक सहायता मिल रही है।

नयी दिल्ली—भारत की राजधानी नयी दिल्ली में 29 अक्टूबर, 2005 को तीन विस्फोट किये गये जिसमें 60 से अधिक लोग मारे गए और कम से कम 200 अन्य लोग घायल हो गए। विस्फोटों में 2005 में भारत में विस्फोटों से घातक हमलों में मारे गये लोगों की संख्या सर्वाधिक रही। उसके बाद 13 सितम्बर, 2008 को 5 बम विस्फोट किये गये।

दिल्ली सुरक्षा शिखर वार्ता—सुरक्षा पर दिल्ली शिखर वार्ता 14 फरवरी, 2007 को हुई जिसमें चीन, भारत और रूस के विदेश मंत्रियों ने भारत के हैदराबाद हाउस, दिल्ली में भाग लिया। वार्ता में आतंकवाद, नशीले पदार्थों की तस्करी, संयुक्त राष्ट्र में सुधार और अफगानिस्तान, ईरान, ईराक तथा उत्तरी कोरिया में सुरक्षा की स्थिति पर चर्चा हुई।

भारतीय संसद पर हमला—13 दिसम्बर, 2001 को आतंकवादियों ने भारतीय संसद पर हमला किया जिसमें 45 मिनट तक गोलीबारी होती रही जिसमें 9 पुलिसकर्मी और संसद कर्मचारी मारे गए। सभी पांच आतंकवादी भी सुरक्षाबलों द्वारा मारे गए और उनकी पहचान पाकिस्तानी नागरिकों के रूप में की गयी। हमला भारतीय समयानुसार सुबह 11:40 के आसपास हुआ जिसके कुछ ही मिनटों बाद संसद के दोनों सदनों को दिनभर के लिए स्थगित कर दिया गया।

कमांडो की वर्दी पहने हुए संदिग्ध आतंकवादियों ने एक कार में सवार होकर VIP गेट से होकर संसद में प्रवेश किया था। संसद और गृह मंत्रालय के सुरक्षा स्टिकर दिखाकर वाहन ने संसद परिसर में प्रवेश किया था।

आतंकवादियों ने हमले के लिए एके 47 राइफलों, विस्फोटकों और हथगोलों का उपयोग करते हुए जमकर विस्फोट किये। जिस समय हमला हुआ संसद के केन्द्रीय कक्ष में कई वरिष्ठ मंत्री और संसद के 200 से अधिक सदस्य थे। सुरक्षाकर्मियों ने पूरे परिसर को सील कर दिया था जिससे कई लोगों की जान बच गयी।

पंजाब की खुशहाली कुछ नेताओं को रास नहीं आ रही जो ऐसे-ऐसे स्लोगन बना कर पंजाबी भाईचारा बिगाड़ने का प्रयास कर रहे हैं। इनका तो लक्ष्य ही सत्ता को कैसे भी हथियाना होता है।

उत्तर प्रदेश

अयोध्या मुद्दा—लंबे अरसे से चल रहे अयोध्या विवाद का समापन अंततः 16वीं सदी में बनाए गए बाबरी ढांचे स्थल पर भीड़ के हमले से हुआ और अयोध्या में बाबरी ढांचा ढहा दिया गया। इसके बाद 5 जुलाई, 2005 को पाकिस्तान के लश्कर-ए-तैयबा आतंकवादियों और भारतीय पुलिस के बीच दो घंटे की गोलीबारी के बाद, जिसमें छह आतंकवादी मारे गये, देश के नेताओं ने हमले की निन्दा की और विपक्षी दलों ने राष्ट्रव्यापी हड़ताल का आह्वान किया, ऐसा माना जाता है कि हमले के पीछे दाऊद इब्राहिम का दिमाग था।

वाराणसी बम धमाके—हिन्दुओं के पवित्र शहर वाराणसी में 7 मार्च, 2006 को शृंखलाबद्ध बम विस्फोट हुए। रिपोर्ट के अनुसार इसमें पंद्रह लोग मारे गये और कम से कम 101 अन्य घायल हो गये। हमलों की जिम्मेदारी किसी ने नहीं ली लेकिन यह अनुमान लगाया जाता है कि ये बम विस्फोट वाराणसी में इस घटना से पहले फरवरी, 2006 में लश्कर-ए-तैयबा के एजेंट की गिरफ्तारी की जवाबी कार्रवाई के तौर पर किया गया।

5 अप्रैल, 2006 को भारतीय पुलिस ने छह इस्लामी आतंकवादियों को गिरफ्तार किया गया जिसमें एक मौलवी भी शामिल है, जिसने बम विस्फोट की योजना बनाने में मदद पहुंचायी। माना जाता है कि मौलवी बांग्लादेश में प्रतिबंधित इस्लामी आतंकवादी गुट हरकत-उल-जिहाद अल इस्लामी का एक कमांडर और पाकिस्तानी खुफिया एजेंसी इंटर सर्विसेज इंटेलिजेंस से जुड़ा हुआ है।

पूर्वोत्तर भारत

उत्तर भारत में 7 राज्य शामिल हैं (जिन्हें सात बहनों के नाम से भी जाना जाता है) आसाम, मेघालय, त्रिपुरा, अरुणाचल प्रदेश, मिजोरम, मणिपुर और नागालैंड। इन राज्यों और केन्द्र सरकार तथा इस राज्य के मूल निवासी आदिवासियों और भारत के अन्य भागों से यहां आये प्रवासी लोगों के बीच तनाव होते रहते हैं।

राज्यों ने नयी दिल्ली पर आरोप लगाया है कि वह उनसे सम्बंधित

मुद्दों की अनदेखी कर रही है। इस भावना के कारण इन राज्यों के निवासियों में शासन में अपनी भागीदारी अधिक रखने की मांग उठने लगी है। मणिपुर और नागालैंड के बीच क्षेत्रिय विवाद कायम है।

पूर्वोत्तर, खासकर आसाम, नागालैंड, मिजोरम और त्रिपुरा राज्यों में विद्रोही गतिविधियों और क्षेत्रिय आंदोलनों में वृद्धि हुई है। इनमें से अधिकांश संगठनों ने स्वतंत्र राज्य का दर्जा या क्षेत्रिय स्वायत्तता और संप्रभुता में वृद्धि की मांग की है।

उत्तर पूर्वी क्षेत्र में तनाव खत्म करने के लिए केन्द्र और राज्य सरकारें इस क्षेत्र के लोगों के जीवनस्तर को उठाने के ठोस प्रयास कर रही हैं। हालांकि, आतंकवाद भारत के इस क्षेत्र में अब भी मौजूद है, जिसे बाहरी स्रोतों से समर्थन प्राप्त है।

नागालैंड–शायद पहली बार सबसे महत्वपूर्ण उग्रवाद 1950 के दशक में नागालैंड में प्रारम्भ में शुरू हुआ और उस पर अंततः 1980 के दशक की शुरुआत में दमन और सह-स्थापना के मिश्रण प्रयासों से काबू पा लिया गया। नेशनल सोशलिस्ट काउंसिल ऑफ नागालैंड, इसाक मुइवा (NSCN-IM), ने एक स्वतंत्र नागालैंड की मांग है और इस क्षेत्र में भारतीय सेना के ठिकानों पर कई हमले किए। सरकारी अधिकारियों के अनुसार 1992 से 2000 के बीच 599 नागरिकों, 235 सुरक्षाबलों और 862 आतंकवादियों ने अपनी जान गंवाई है।

14 जून, 2001 को भारत सरकार और NSCN-IM के बीच एक संघर्ष-विराम समझौते पर हस्ताक्षर किये गये, जिसे नागालेंड में व्यापक स्वीकृति और समर्थन प्राप्त हुआ। नगा नेशनल काउंसिल-फेडरल (NNC-F) और नेशनल काउंसिल ऑफ नगालैंड-खापलांग (NSCN-K) जैसे आतंकवादी संगठनों ने भी विकास का स्वागत किया।

कुछ पड़ोसी राज्यों, खासकर मणिपुर ने संघर्ष विराम पर गंभीर चिंता जतायी। उन्हें डर था कि कहीं NSCN अपने राज्य में आतंकवादी गतिविधियों को न जारी रखे और नयी दिल्ली से युद्धविराम समझौते को रद्द करते हुए और सैन्य कार्रवाई का नवीकरण न कर दे। संघर्ष-विराम के बावजूद NSCN ने अपने विद्रोह को जारी रखा।

नागालैंड के बाद असम क्षेत्र का सबसे अधिक अस्थिर राज्य है। 1979 के प्रारम्भ में असम के स्थानीय लोगों ने मांग की कि उन अवैध अप्रवासियों को चिह्नित किया जाये और वापस भेज दिया जाये जो बांग्लादेश से असम आये थे। अखिल असम छात्र संघ के नेतृत्व में सत्याग्रह, बहिष्कार, धरना और गिरफ्तारी देकर अहिंसक ढंग से अपना आंदोलन शुरू किया गया।

जो लोग विरोध प्रदर्शन कर रहे थे उन पर पुलिस कार्रवाई हुई। 1983 में एक चुनाव हुआ जिसका आंदोलन के नेताओं ने विरोध किया। चुनाव में व्यापक हिंसा हुई। आंदोलन अंततः आंदोलन के नेताओं के समझौते पर हस्ताक्षर के बाद समाप्त हुआ (जिसे असम समझौता कहते हैं) जो केन्द्र सरकार के साथ 15 अगस्त, 1985 को हुआ।

इस समझौते के प्रावधानों के अंतर्गत कोई ऐसा व्यक्ति जिसने राज्य में अवैध रूप से जनवरी, 1966 से मार्च, 1971 के बीच प्रवेश किया है उसे रहने की अनुमति है लेकिन दस साल बाद उसे बेदखल होना पड़ेगा, जबकि जिन लोगों ने 1971 के बाद राज्य में प्रवेश किया है उन्हें निष्कासन झेलना पड़ेगा। नवम्बर, 1985 में भारतीय नागरिकता कानून में संशोधन कर चुनाव में मतदान के अधिकार को छोड़कर शेष सभी नागरिकता अधिकार 10 वर्ष के लिए उन लोगों को दिये गये जिन्होंने 1961 से 1971 के बीच असम में प्रवेश किया था।

नयी दिल्ली ने भी राज्य में बोडो को विशेष प्रशासन स्वायत्तता दी। हालांकि, बोडो समुदाय के लोगों ने एक अलग बोडोलैंड की मांग की जिसके कारण बंगालियों, बोडो और भारतीय सेना के बीच संघर्ष छिड़ गया परिणामस्वरूप सैकड़ों की संख्या में लोग मारे गये।

कई संगठन हैं जो असम की स्वतंत्रता की वकालत कर रहे हैं। जिनमें से सबसे प्रमुख ULFA (यूनाइटेड लिबरेशन फ्रंट ऑफ असम) है। 1971 में स्थापित ULFA के दो मुख्य लक्ष्य हैं असम की स्वतंत्रता और समाजवादी सरकार की स्थापना।

ULFA ने 1971 में भारतीय सेना और असैनिकों को लक्ष्य करके क्षेत्र में कई आतंकवादी हमले किए हैं। इस समूह ने राजनैतिक विरोधियों

की हत्या, पुलिस और अन्य सुरक्षाबलों पर हमले किये हैं, रेल पटरियों को उड़ाया है और अन्य बुनियादी सुविधाओं की स्थापनाओं पर हमले किये हैं। माना जाता है कि ULFA के नेशनलिस्ट सोशलिस्ट काउंसिल ऑफ नागालैंड (NSCN), माओवादियों और नक्सलियों के साथ मजबूत संबंध हैं।

यह भी विश्वास किया जाता है वे अपने ज्यादातर अभियानों को भूटान राज्य से संचालित करते हैं। ULFA के बढ़ते प्रभाव को देखते हुए भारत सरकार ने 1986 में समूह को गैरकानूनी और असम को एक अशांत क्षेत्र घोषित कर दिया। नयी दिल्ली के दबाव में भूटान ने अपने क्षेत्र से ULFA उग्रवादियों को बाहर निकालने के लिए एक व्यापक अभियान चलाया।

भारतीय सेना के समर्थन से थिम्पू एक हजार से अधिक आतंकवादियों को मारने में कामयाब रहा और अनेकानेक अपराधियों को भारत प्रत्यार्पित करने में कामयाब रहा जबकि अभियान पक्ष की ओर से केवल 120 लोग मारे गये। भारतीय सेना ने ULFA के भावी हमलों को विफल करने के उद्देश्य से कई सफल अभियान चलाया है लेकिन ULFA क्षेत्र में सक्रिय बना हुआ है। 2004 में ULFA ने असम में एक पब्लिक स्कूल को निशाना बनाया जिसमें 19 बच्चे और 5 वयस्क लोग मारे गए।

असम पूर्वोत्तर में एकमात्र राज्य है, जहां आतंकवाद अभी भी एक प्रमुख मुद्दा है। भारतीय सेना अन्य क्षेत्रों में आतंकवादी संगठनों को खत्म करने में कामयाब हो गयी थी लेकिन आतंकवादियों से निपटने के लिए कथित रूप से कठोर तरीके का इस्तेमाल करने के लिए मानवाधिकार समूहों द्वारा आलोचना की गयी।

18 सितम्बर, 2005 को एक सिपाही जिरीबाम, मणिपुर में मणिपुर-असम सीमा के निकट उल्फा के सदस्यों के हाथों मारा गया।

त्रिपुरा–त्रिपुरा में 1990 के दशक में आतंकवादी गतिविधियों में काफी उथल-पुथल देखी गयी। नयी दिल्ली ने विद्रोहियों को अपने क्षेत्र से विद्रोही कार्यकलापों के संचालन के लिए एक सुरक्षित आश्रय प्रदान करने के लिए बंगलादेश को दोषी ठहराया। त्रिपुरा जनजातीय क्षेत्र स्वायत्त जिला

परिषद के नियंत्रण के अधीन इस क्षेत्र में नयी दिल्ली, त्रिपुरा राज्य सरकार और परिषद के बीच एक त्रिपक्षीय समझौता के बाद वृद्धि की गयी। सरकार ने उसके बाद आंदोलन पर नियंत्रण कर लिया है, हालांकि कुछ विद्रोही गुट अभी भी सक्रिय हैं।

मणिपुर—मणिपुर में आतंकवादियों ने एक संगठन स्थापित किया है जिसे पीपुल्स लिबरेशन आर्मी कहते हैं। उनका मुख्य लक्ष्य बर्मा की जनजातियों मेइती लोगों को एकजुट करना और स्वतंत्र राज्य मणिपुर की स्थापना करना है। हालांकि माना जाता है कि आंदोलन 1990 के दशक के मध्य में भारतीय सुरक्षाबलों द्वारा भीषण संघर्ष के बाद दबा दिया गया।

18 सितम्बर, 2005 को छह अलगाववादी विद्रोहियों छुरछंदपुर जिले में झूमी रिवोल्यूशनरी आर्मी और झूमी क्रांतिकारी मोर्चा के बीच संघर्ष में मारे गए।

कंगली यावोल कन्ना लूप (KYKL) क्षेत्रिय संगठन के AK-56 राइफल्स से लैस विद्रोहियों ने 20 सितम्बर, 2005 को मणिपुर की राजधानी इंफाल से 22 मील दूर दक्षिण पश्चिम के नारिआंग गांव में 14 भारतीय सैनिकों पर घात लगाकर हमला किया और मार डाला। भारत सरकार के एक प्रवक्ता के अनुसार 'अज्ञात विद्रोहियों' ने स्वचालित हथियारों से हमला कर सड़क पर गश्त कर रहे सेना के गोरखा राइफल्स के आठ जवानों को मौके पर ही मार डाला।

मिजोरम—मिजो नेशनल फ्रंट आजादी प्राप्त करने के लिए भारतीय सेना से 2 दशकों से अधिक अवधि से लड़ाई लड़ रहा है। अन्य पड़ोसी राज्यों की तरह यहां भी उग्रवाद पर सेना ने काबू पा लिया।

दक्षिण भारत

कर्नाटक—कर्नाटक ऐतिहासिक महत्व के अनेक स्थानों और भारत के आई.टी. हब (सूचना प्रौद्योगिकी केंद्र), बेंगलुरू होने के बावजूद आतंकवाद से काफी कम प्रभावित है। हालांकि, पश्चिमी घाट में हाल में नक्सली गतिविधि बढ़ रही है। इसके अलावा कुछ हमले हुए हैं जिनमें 28 दिसम्बर, 2005 को IISc पर हमला और बेंगलुरू में 26 जुलाई, 2008 को हुए

सीरियल बम विस्फोट प्रमुख हैं।

आंध्र प्रदेश—आंध्र प्रदेश आतंकवाद से प्रभावित कुछ दक्षिणी राज्यों में से एक है, हालांकि यह एक अलग तरह का और बहुत छोटे पैमाने पर है। आंध्र प्रदेश में आतंकवाद पीपुल्स वार ग्रुप या PWG की उपज है जो नक्सलाइट के नाम से जाना जाता है।

'PWG' भारत में दो दशक से अधिक अवधि से सक्रिय है उसके ज्यादातर अभियान आंध्र प्रदेश के तेलंगाना में चलाये जाते हैं। यह दल उड़ीसा और बिहार में भी सक्रिय हैं। कश्मीरी आतंकवादियों और ULFA के विपरीत PWG एक माओवादी आतंकवादी संगठन है और साम्यवाद इसके प्राथमिक लक्ष्यों में से एक है।

चुनाव में व्यापक समर्थन पाने में नाकाम रहने के कारण वे अपने विचारों को व्यक्त करने के लिए हिंसा का सहारा लेते हैं। समूह साम्यवाद के नाम पर भारतीय पुलिस, बहुराष्ट्रीय कंपनियों और अन्य प्रभावशाली संस्थानों को अपना निशाना बनाता है। PWG ने वरिष्ठ सरकारी अधिकारियों को अपना निशाना बनाया है, जिसमें आंध्र प्रदेश के पूर्व मुख्यमंत्री चंद्रबाबू नायडू की हत्या करने का प्रयास भी शामिल है।

कथित तौर पर इन सशस्त्र आतंकवादियों की संख्या 800 से 1000 है और इनका नेपाल के माओवादियों और श्रीलंका के LTTE (लिट्टे) के साथ घनिष्ठ संबंध माना जाता है। भारत सरकार के अनुसार औसतन 60 से अधिक नागरिक, 60 नक्सली विद्रोही और एक दर्जन पुलिसकर्मी हर साल PWG के नेतृत्व वाले उग्रवाद में मारे जाते हैं। इसके बड़े आतंकवादी हमलों में 25 अगस्त, 2007 को हैदराबाद में हुआ हमला प्रमुख है।

तमिलनाडु—तमिलनाडु में LTTE लिबरेशन टाइगर्स ऑफ तमिल ईलम पूर्व प्रधानमंत्री राजीव गांधी की हत्या होने तक सक्रिय रहा। LTTE ने तमिलनाडु राज्य में वेलुपिल्लई प्रभाकरन, तमिल सेल्वन और ईलम के अन्य सदस्यों के नेतृत्व में कई वक्तव्य दिये। तमिल टाइगर्स, जो अब एक प्रतिबंधित संगठन है, को अतीत में भारत में काफी चंदे और समर्थन प्राप्त हुए। भारत में एक आतंकवादी तमिल आंदोलन से जुड़े तमिलनाडु लिबरेशन आर्मी का सम्बंध LTTE से है।

तमिलनाडु को मुस्लिम कट्टरपंथी आतंकवादी द्वारा किये गये हमलों का भी सामना करना पड़ता है। अधिक जानकारी के लिए देखें, 1998 कोयंबटूर बम विस्फोट।

एयर इंडिया फ्लाइट 182

एयर इंडिया फ्लाइट 182 एयर इंडिया की उडान थी जो मॉन्ट्रियल-लंदन-दिल्ली-मुंबई मार्ग पर संचालित थी। 23 जून, 1985 को बोइंग 747-237 B मार्ग पर उड़ना भर रहा था, उसी दौरान आयरिश हवाई क्षेत्र पर बम फेंका गया था, जिससे जहाज पर सवार सभी लोग मारे गए। 11 सितंबर, 2001 के पहले तक एयर इंडिया बम विस्फोट सर्वाधिक लोगों के मारे जाने वाला एक ऐसा आतंकवादी हमला था जिसमें विमान शामिल हो, यह दिन अब तक कनाडा के इतिहास में सबसे बड़ी सामूहिक हत्या वाला दिन है। इस हमले की जिम्मेदारी बब्बर खालसा ने ली है जो एक कट्टर आतंकवादी समूह के रूप में जाना जाता है, जिस पर उस समय और अब भी कनाडा, संयुक्त राज्य अमरीका, ग्रेट ब्रिटेन, जर्मनी और भारत में 1985 से प्रतिबंध लगा हुआ है। घटना नारिता एयरपोर्ट पर बमबारी के एक घंटे के भीतर हुई। सम्राट कनिष्क नाम के बोइंग विमान 747-237B (c/n 21473/330, रेग VT-VT-EFO) में 31,000 फीट (9,500 मीटर) की ऊंचाई पर विस्फोट हुआ, जो दुघर्टनाग्रस्त होकर अटलांटिक महासागर में गिरा, जिससे उस पर सवार सभी 329 लोग मारे गए, जिनमें 280 कनाडा और 22 भारत के नागरिक थे।

निष्कर्ष

पिछले कई दशकों से आतंकवाद पर काबू पाने के लिये अनेक कदम उठाए गए हैं तथा और भी बहुत कुछ किये जाने की आवश्यकता है। तमाम प्रयासों के बावजूद आज भी कई बार आतंकी गिरोह सुरक्षाबलों पर हमले कर अपनी मौजूदगी का अहसास कराते रहते हैं। यह सच है कि पिछले कुछ समय से खुफिया सूचनाओं के आदान-प्रदान के मोर्चे पर अलग-अलग सुरक्षा एजेंसियों के बीच बेहतर तालमेल हुआ है और इसमें स्थानीय आबादी

को भी सहयोग की भूमिका में लाने की कोशिश की गई है जिससे आतंकवाद की घटनाओं में कमी आई है। विडंबना यह भी है कि भारत की ओर से लगातार चेतावनी और अंतर्राष्ट्रीय मंचों पर फटकार के बावजूद पाकिस्तान लश्कर-ए-तैयबा जैसे आतंकी संगठनों के खिलाफ कोई ठोस कार्रवाई करने की जहमत नहीं उठाता।

आतंकी संगठनों का काला इतिहास

जम्मू-कश्मीर में अमरनाथ यात्रियों पर हुए आतंकी हमले ने घाटी के हालात को एक बार सामने ला दिया है। पिछले 29 सालों में कश्मीर में हुए कई आतंकी हमलों में 14,768 नागरिकों ने अपनी जान गंवा दी है।

ऐसे में जम्मू-कश्मीर में फैले आतंकवाद और इसे फैलाने वाले आतंकी संगठनों पर एक नजर डालते हैं।

29 सालों में 6,314 जवान शहीद

कश्मीर में आतंक तो साल 1947 में बंटवारे के बाद से ही शुरू हो गया था। लेकिन राज्य में आतंक को पाकिस्तान ने साल 1989 के बाद बड़े पैमाने पर बढ़ावा दिया। पाकिस्तान के पूर्व राजनयिक और वाशिंगटन डीसी के हडसन इंस्टीट्यूट में साउथ और सेंट्रल एशिया के निदेशक हुसैन हक्कानी अपनी किताब में लिखते हैं–

जाहिरतौर पर जम्मू-कश्मीर में आतंक की शुरुआत 1989 में हुई, उस दौरान राज्य में विधानसभा चुनाव हुए थे। सत्ताधारी गठबंधन नेशनल कॉन्फ्रेंस और कांग्रेस का था। चुनाव में इस गठबंधन को पाकिस्तान समर्थक अलगाववादियों के मोर्चे मुस्लिम यूनाइटेड फ्रंट ने चुनौती दी। सत्ताधारी पार्टी ने बहुमत हासिल किया, लेकिन कश्मीर घाटी में चुनाव को लेकर विरोध प्रदर्शन शुरू हो गए। ऐसे में पाकिस्तानी खुफिया एजेंसी ने मौके का फायदा उठाते हुए बड़े पैमाने पर कश्मीरी युवकों और दूसरे 'बाहरी' आतंकियों की भर्ती की। यहीं से जिहाद के नाम पर आतंक फैलाने का कारोबार शुरू हुआ, जिसमें साल-दर-साल लोग अपनी जान गंवाते रहे।

साउथ एशिया टेररिज्म पोर्टल के आंकड़ों के मुताबिक, जम्मू-कश्मीर

में आतंकी हमलों में साल 1988 से लेकर 9 जुलाई, 2017 तक–

- 14,768 नागरिकों ने अपनी जान गंवा दी है।
- 6,314 सुरक्षाबल शहीद हुए हैं।
- 23,228 आतंकी मार गिराए गए हैं।

आंकड़ों से ये अंदाजा लगाया जा सकता है कि औसतन हर 3 आतंकी को ढेर करने में देश का 1 सुरक्षाबल शहीद हुआ है। जाहिर है कि इससे देश को भारी नुकसान का सामना करना पड़ता है।

कश्मीर में सक्रिय आतंकी संगठन

पोर्टल के मुताबिक, जम्मू-कश्मीर में फिलहाल 10 से ज्यादा संगठन आतंक फैला रहे हैं। इनमें से ज्यादातर का सीधा संबंध पाकिस्तान और उसकी खुफिया एजेंसी से है–

1. हिजबुल मुजाहिद्दीन, 1989

हिजबुल मुजाहिद्दीन कश्मीर के सबसे बड़े आतंकी संगठनों में से एक है। जून, 2017 में इसके सरगना सैयद सलाउद्दीन को अमेरिका ने ग्लोबल टेररिस्ट घोषित किया था।

इस आतंकी संगठन का हेडक्वॉर्टर PoK के मुजफ्फराबाद में है। घाटी में साल 1989 में ये संगठन सक्रिय हुआ।

पोर्टल के मुताबिक ISI ने हिजबुल मुजाहिद्दीन को एक और आतंकी संगठन जम्मू-कश्मीर लिबरेशन फ्रंट (JKLF) को काउंटर करने के लिए शुरू किया। JKLF के भी कई आतंकी बाद में हिजबुल मुजाहिद्दीन में शामिल हो गए। इस आतंकी संगठन को पाकिस्तान समेत कई जगहों से आतंक के लिए फंडिंग मिलती है।

2. जैश-ए-मोहम्मद, 2000

13 दिसंबर, 2001 में संसद भवन पर हुए आतंकी हमले को इसी आतंकी संगठन ने अंजाम दिया था। 31 जनवरी, 2000 में आतंकी मौलाना मसूद अजहर ने इस संगठन को पाकिस्तान के कराची में बनाया था। बता

दें कि मसूद अजहर वही आतंकी है, जिसे इंडियन एयर लाइंस की फ्लाइट को हाइजैक करके साल 1999 में आतंकियों ने छुड़ाया था। ये आतंकी संगठन अधिकतर आत्मघाती हमलों को अंजाम देता है।

3. लश्कर-ए-तैयबा, 1993

लश्कर-ए-तैयबा का सरगना हाफिज मोहम्मद सईद है। इस आतंकी संगठन को अफगानिस्तान में साल 1990 में बनाया गया था। साल 1993 में इसकी पहली धमक जम्मू-कश्मीर में दिखी। लश्कर-ए-तैयबा को जमात-उद-दावा के तौर पर भी जाना जाता है। अमरनाथ यात्रियों पर हुए हमले में इसी संगठन का नाम सामने आ रहा है।

हाफिज सईद ही इस संगठन को पाकिस्तान से ऑपरेट करता है। रिपोर्ट के मुताबिक, इस संगठन के तार पाकिस्तानी इंटेलिजेंस एजेंसी ISI, तालिबान और अलकायदा से भी जुड़े हैं।

4. जमीयत उल मुजाहिद्दीन, 1990

हिजबुल मुजाहिद्दीन का पहला बिखराव साल 1990 में आतंकी संगठन जमीयत उल मुजाहिद्दीन के तौर पर हुआ। उस दौरान आतंकी नसीरुल इस्लाम ने हिजबुल के आतंकी अहसान डार से बगावत की और नया संगठन बनाया। इसका पहला चीफ बना अब्दुल बासित।

इस संगठन ने अपने शुरुआती दिनों में राज्य के सूचना निदेशक मोहम्मद सईद की हत्या की। बाद में कई आतंकी घटनाओं से जमीयत उल मुजाहिद्दीन का नाम जुड़ा।

5. हरकत-उल-जिहाद-अल-इस्लामी (HUJI)

ये आतंकी संगठन कब अस्तित्व में आया था, इसका ठीक-ठीक कोई अनुमान नहीं है। इसकी जड़ें पाकिस्तान से जुड़ी हुई है, बांग्लादेश में भी इसका पूरा नेटवर्क है। रिपोर्ट के मुताबिक सोवियत-अफगान वार के दौरान ही ये हरकत में आया। उस दौरान पाकिस्तान के कराची में छात्र रहे कारी सैफुल्लाह अख्तर और उसके दो साथियों ने इस संगठन को खड़ा किया था।

कुछ सालों पहले तक इस आतंकी संगठन का नेटवर्क भारत, ईरान, चेचेन्या समेत 20 देशों तक फैला हुआ था।

6. हरकत-उल-मुजाहिद्दीन, 1985

हरकत-उल-मुजाहिद्दीन को साल 1985 में बनाया गया था। 1997 में अमेरिका ने इस आतंकवादी संगठन के कैटेगरी में डालते हुए बैन किया था, जिसके बाद इसने अपना नाम बदलकर हरकत-उल-अंसार रख लिया है।

पाकिस्तानी इंटेलीजेंस एजेंसी की मदद से कश्मीर में ये इसी नाम से आतंक को फैला रहा है। इस आतंकी संगठन के तार ओसामा बिन लादेन और अल कायदा से भी जुड़े हुए हैं।

7. दुख्तरान-ए-मिल्लत, 1987

इस आतंकी संगठन को बाकी आतंकी संगठनों के मुकाबले थोड़ा कम नुकसान पहुंचाने वाला माना जाता है। इसकी सरगना है आसिया आंद्राबी, जो अक्सर अपने बेतुके बयानों के कारण चर्चा में रहती है। ये संगठन कभी पाकिस्तान का झंडा फहराकर, कभी शांति वार्ता के बीच बेतुके बयान देकर कश्मीर के माहौल को बदतर करने में जुटा रहता है।

8. अल-उमर-मुजाहिद्दीन, 1989

आतंकी संगठन जम्मू-कश्मीर लिबरेशन फ्रंट (JKLF) में विवादों के बाद इस संगठन को बनाया गया। मुश्ताक अहमद जरगार नाम के आतंकी ने साल 1989 में खड़ा किया था। शुरुआती दौर में ये संगठन घाटी के युवाओं को आतंक के लिए बहकाता था और अपने संगठन से जोड़ता था।

बता दें कि जरगार को भी कांधार प्लेन हाइजैक मामले में साल 1999 में छोड़ा गया था।

9. अल बद्र, 1998

ये आतंकी संगठन फिलहाज कश्मीर में सक्रिय है। इसे खड़ा करने में PoK में रहने वाले आतंकी लुकमान का बड़ा हाथ था। फिलहाल आतंकी

बख्त जमां इस संगठन का चीफ कमांडर है। आधिकारिक सूत्रों के मुताबिक, इस संगठन को पाकिस्तान के इंटेलिजेंस एजेंसी का पूरा समर्थन मिलता है।

जन्नत का स्वर्ग कहे जाने वाले कश्मीर में आतंक के इन 'राक्षसों' के अलावा भी कुछ छोटे संगठन सक्रिय हैं। कहा जा सकता है कि जब तक पाकिस्तान जैसे कुछ देश आतंक को बढ़ावा देना, उनकी फंडिंग करना नहीं रोकेंगे, तब तक ये संगठन न सिर्फ कश्मीर के लिए, बल्कि दुनियाभर के लिए सबसे बड़ा खतरा बने रहेंगे।

भारत में सक्रिय आतंकवादी संगठन

भारत की राष्ट्रीय जांच एजेंसी (एन.आई.ए.) ने अल कायदा, लश्कर ए तैयबा, जैश ए मोहम्मद, बब्बर खालसा समेत 35 से अधिक आतंकवादी संगठनों को प्रतिबंधित संगठनों की सूची में डाल रखा है। मुंबई में 26/11 का आतंकवादी हमला हो या फिर दिल्ली का, भारत के लिए आतंकवाद बड़ी समस्या बना हुआ है। आइए जानते हैं कुछ ऐसे ही आतंकवादी संगठनों के बारे में, जिनका उद्देश्य सिर्फ देश में दहशत फैलाना है। हालांकि इनमें से कुछ निष्क्रिय हो चुके हैं, जबकि कुछ ने नए नाम से गतिविधियां शुरू की हैं....

जैश-ए-मोहम्मद–एक पाकिस्तानी जिहादी संगठन है, जिसका एकमात्र उद्देश्य भारत से कश्मीर को अलग करना है। हालांकि यह संगठन अमेरिका और अन्य पश्चिमी देशों के खिलाफ भी आतंकवादी गतिविधियों में भी शामिल समझा जाता है। इसकी स्थापना मसूद अजहर नामक पाकिस्तानी पंजाबी नेता ने मार्च, 2000 में की थी। इसे भारत में हुए कई आतंकवादी हमलों के लिए जिम्मेदार माना जाता है और जनवरी, 2002 में इसे पाकिस्तान की सरकार ने भी प्रतिबंधित कर दिया था। लेकिन जैश-ए-मुहम्मद ने अपना नाम बदलकर 'खुद्दाम उल-इस्लाम' कर दिया। जानकार इसे एक 'मुख्य आतंकवादी संगठन' मानते हैं और यह भारत, संयुक्त राज्य अमेरिका और ब्रिटेन द्वारा जारी आतंकवादी संगठनों की सूची में शामिल है।

दिसम्बर, 1999 में एक अगवा विमान की उड़ान आई.सी. 814 के यात्रियों को बचाने के लिए मसूद अजहर और उसके अन्य साथियों को कंधार (अफगानिस्तान) ले जाकर छोड़ दिया गया था। तब यह जम्मू की कोट भलवल जेल में बंद था। मार्च, 2000 में मौलाना मसूद अजहर ने

हरकत-उल-मुजाहिद्दीन को बंटवाकर जैश-ए-मुहम्मद की स्थापना की थी और इसके बाद हरकत के अधिकतर सदस्य जैश में शामिल हो गए थे। माना जाता है कि दिसंबर, 2001 में जैश ने लश्कर-ए-तैयबा के साथ मिलकर नई दिल्ली में भारतीय संसद पर आत्मघाती हमला किया।

इसी संगठन ने फरवरी, 2002 में वॉल स्ट्रीय जर्नल के अमेरिकी पत्रकार डैनियल पर्ल को गर्दन काटकर मार दिया था। मई, 2009 में जैश सदस्य होने का ढोंग कर रहे चार लोगों को एक अमेरिकी पुलिसकर्मी ने न्यूयॉर्क में एक सिनागोग (यहूदी पूजास्थल) उड़ाने और अमेरिकी सैनिक विमानों पर मिसाइल चलाने का षड्यंत्र रचने के आरोप में गिरफ्तार किया था।

लश्कर-ए-तैयबा—लश्कर-ए-तैयबा यानी पवित्रों की सेना दक्षिण एशिया के सबसे बड़े इस्लामी आतंकवादी संगठनों में से एक है। हाफिज मुहम्मद सईद ने इसकी स्थापना अफगानिस्तान के कुनार प्रांत में की थी। वर्तमान में पाकिस्तान के लाहौर के पास मुरीदके और पाक अधिकृत कश्मीर में अनेकों आतंकवादी प्रशिक्षण शिविर चलाता है। इस संगठन ने भारत के विरुद्ध कई बड़े हमले किए हैं और अपने आरंभिक दिनों में इसका उद्देश्य अफगानिस्तान से सोवियत सैनिकों को निकालना था, लेकिन अब इसका मुख्य ध्येय कश्मीर को पाकिस्तान में मिलाना है।

लाहौर विश्वविद्यालय में इंजीनियरिंग के प्रोफेसर हाफिज सईद ने 1980 के दशक के अंत में इसकी स्थापना की थी। संगठन अपने को वहाबी इस्लाम के आदर्श का अनुयायी मानता है। सऊदी अरब की मदद से चलने वाला यह संगठन समूचे दक्षिण एशिया को कट्टरपंथी बनाने में यकीन रखता है। इसने 2000-01 में भारत पर कई आतंकवादी हमले किए। सितम्बर, 2001 में अमेरिका पर हुए हमले के बाद तत्कालीन शासक परवेज मुशर्रफ ने इस पर प्रतिबंध लगा दिया था और इसके नेताओं की गतिविधियों को सीमित कर दिया गया था। जब 2005 में कश्मीर में भूकंप आया तो इसे दान एकत्र करने के नाम पर फिर से सक्रिय होने का मौका मिल गया। इससे पहले तक यह अपने सभी हमलों की जिम्मेदारी लेता था पर बाद में इसने हमलों की जिम्मेवारी लेना बंद कर दिया और नए नाम जमात-उद-दावा

से सक्रिय हो गया।

वर्ष 2000 में दिल्ली के लाल किले पर इसके उग्रवादियों ने हमला किया था। 2001 में श्रीनगर हवाई अड्डे पर आतंकवादी हमले और अप्रैल, 2001 में सीमा सुरक्षाबल के जवानों की हत्या के लिए इसे जिम्मेदार माना गया। इसने पाकिस्तानी सेना तथा सरकार पर भी कई हमले किए। मुंबई में 2008 के हमलों में फिर इसका नाम आया, लेकिन संगठन ने भारत का आरोप यह कहकर खारिज कर दिया है कि वह कश्मीर के बाहर अपनी कार्रवाइयां नहीं करता है।

कुछ और संगठन—भारत की राष्ट्रीय जांच एजेंसी (एन.आई.ए.) ने बब्बर खालसा, अल कायदा, लश्कर, जैश सहित 35 से अधिक आतंकवादी संगठनों को प्रतिबंधित संगठनों की सूची में डाल रखा है। इनमें पंजाब के कई खालिस्तान समर्थक गुट भी शामिल हैं जिनमें बब्बर खालसा इंटरनेशनल, खालिस्तान कमांडो फोर्स, इंटरनेशनल सिख यूथ फेडरेशन के नाम शामिल हैं।

एन.आई.ए. की सूची में हरकत उल मुजाहिद्दीन, हरकत उल अंसार, हरकत उल जेहाद-ए-इस्लामी, हिजबुल मुजाहिद्दीन, अल उमर मुजाहिद्दीन, जम्मू-कश्मीर इस्लामिक फ्रंट, स्टूडेंटस इस्लामिक मूवमेंट ऑफ इंडिया (सिमी), दीनदार अंजुमन, अल बदर, जमात उल मुजाहिद्दीन, अल कायदा, दुख्तरान-ए-मिल्लत और इंडियन मुजाहिद्दीन के नाम भी शामिल हैं। ये संगठन जम्मू-कश्मीर से लेकर मुंबई, राष्ट्रीय राजधानी दिल्ली सहित देश के कई राज्यों में आतंकवादी वारदातों में शामिल रहे हैं। इन संगठनों को पाकिस्तान की खुफिया एजेंसी आई.एस.आई. और बांग्लादेश के आतंकी संगठन हूजी से पूरी मदद मिलती है।

उल्फा—पूर्वोत्तर भारत में सबसे प्रमुख संगठन उल्फा या यूनाइटेड लिबरेशन फ्रंट ऑफ असम (उल्फा) रहा है। असम में सक्रिय इस प्रमुख आतंकवादी और उग्रवादी संगठन का उद्देश्य है कि यह सशस्त्र संघर्ष के जरिए असम को एक स्वतंत्र देश (स्टेट) बनाना चाहता है। भारत सरकार ने इसे वर्ष 1990 से प्रतिबंधित कर रखा है और इसे केन्द्र सरकार ने इसे एक 'आतंकवादी संगठन' के रूप में वर्गीकृत कर रखा है।

इस संगठन को उल्फा के नाम से अधिक जाना जाता है। संगठन का मानना है कि यह सैन्य संघर्ष के जरिए संप्रभु समाजवादी असम को स्थापित करने उद्देश्य से भीमकांत बुरागोहेन, राजीव राजकोन्वर उर्फ अरबिंद राजखोवा, गोलाप बारुआ उर्फ अनूप चेतिया, समिरन गोगोई उर्फ प्रदीप गोगोई, भद्रेश्वर गोहेन और परेश बरुआ के सपनों को साकार करेगा। इन लोगों 7 अप्रैल, 1979 असम में सिबसागर जिले के रंगघर में उल्फा की स्थापना की थी। ऐसा माना जाता है कि वर्ष 1986 में उल्फा का संपर्क नेशनलिस्ट सोशलिस्ट काउंसिल ऑफ नागालैंड (एनएससीएन-पूर्व में अविभाजित) से हुआ था।

म्यांमार (बर्मा) में सक्रिय संगठन काछिन रेबेल्स से भी इसे मदद मिलती रही है। यह असम और इसके समीपवर्ती राज्यों के साथ-साथ बांग्लादेश में सक्रिय है और इसके वहां भी कैंप चलाए जाते हैं जिनमें उग्रवादियों को प्रशिक्षिण दिया जाता है।

वर्ष 1990 की शुरुआत के साथ ही उल्फा ने कई हिंसक वारदातों को अंजाम देना शुरू दिया था। इसे अमेरिकी गृह मंत्रालय ने अन्य संबंधित आंतकवादी संगठनों की सूची में शामिल कर लिया है। संगठन के प्रमुख नेता परेश बरुआ (कमांडर-इन-चीफ), अरबिंद राजखोवा (चेयरमैन), अनूप चेतिया (जनरल सेक्रेटरी), प्रदीप गोगोई (वाइस चेयरमैन और असम सरकार की कस्टडी में) खुद को राजनीतिक व क्रांतिकारी संगठन से जुड़े लोग मानते हैं। कुछ समय पहले ही बांग्लादेश सरकार ने चेतिया को भारत के हवाले किया है।

भारतीय सेना ने इसके खिलाफ एक ऑपरेशन बजरंग शुरू किया था। सरकार का मानना है कि इस संगठन को पाकिस्तानी खुफिया एजेंसी (आई.एस.आई.) और बांग्लादेशी खुफिया एजेंसी (डी.जी.एफ.आई.) से मदद मिलती है। संगठन को चीन सरकार से भी मदद मिलती है। उल्फा वामपंथी विचारधारा को मानने वाला संगठन है और उसका संबंध माओवादियों से भी है। संगठन ने 1990 में अनिवासी ब्रिटिश व्यवसायी लॉर्ड स्वराज पॉल के भाई सुरेंद्र पॉल की हत्या कर दी थी।

1991 में एक रूसी इंजीनियर का अपहरण किए जाने के बाद उसकी

हत्या भी कर दी गई थी। बाद में, 1997 में इसने अन्य लोगों के साथ एक वरिष्ठ सामाजिक कार्यकर्ता और वरिष्ठ भारतीय कूटनीतिज्ञ का अपहरण कर हत्या कर दी। वर्ष 2003 में असम में कार्यरत 15 बिहारी मजदूरों की हत्या कर दी गई थी, जिनमें से कुछ बच्चे भी शामिल थे। जनवरी 2007 में, 62 हिंदी भाषी विशेषकर बिहारी मजदूरों की हत्या कर दी गई थी।

पूर्वोत्तर में सक्रिय कुछ संगठन—नेशनल डेमोक्रेटिक फ्रंट ऑफ बोडोलैंड (एन.डी.एफ.बी.), युनाइटेड पीपुल्स डेमोक्रेटिक सॉलिडेरिटी (यू.पी.डी.एस.), कामतापुर लिबरेशन ऑर्गनाइजेशन (के.एल.ओ.), कार्बी लांग्री नेशनल लिबरेशन फ्रंट (के.एल.एन.एल.एफ.), कार्बी नेशनल वॉलियंटर्स (के.एन.वी.), हमार पीपुल्स कन्वेशन (एच.पी.सी-डी.), कार्बी पीपुल्स फ्रंट (के.पी.एफ.), बिरसा कमांडो फोर्स (बी.सी.एफ.), बंगाली टाइगर फोर्स (बी.टी.एफ.), आदिवासी टाइगर फोर्स (ए.टी.एफ.), आदिवासी नेशनल लिबरेशन आर्मी ऑफ असम (आनला), गोरखा टाइगर फोर्स (जी.टी.एफ.), बराक वेली यूथ लिबरेशन फ्रंट (बी.वी.वाइ.एल.एफ.), युनाइटेड लिबरेशन फ्रंट ऑफ बराक वेली, मुस्लिम युनाइटेड लिबरेशन टाइगर्स ऑफ असम (मुल्टा), मुस्लिम युनाइटेड लिबरेशन फ्रंट ऑफ असम (मुल्फा), इस्लामिक लिबरेशन आर्मी ऑफ असम (आई.एल.एफ.), मुस्लिम वॉलंटियर फोर्स (एम.वी.एफ.), मुस्लिम लिबरेशन आर्मी (एम.एल.ए.) और मुस्लिम सिक्योरिटी फोर्स (एम.एस.एफ.), इस्लामिक सेवक संघ (आई.एस.एफ.), इस्लामिक युनाइटेड रिफॉर्मेशन प्रोटेस्ट ऑफ इंडिया (आई.यू.आर.पी.आई.), यूनाइटेड मुस्लिमलिबरेशन फ्रंट ऑफ असम (यू.एम.एल.एफ.ए.), रिवोल्युशनरी मुस्लिम कमांडोज (आर.एम.सी.), मुस्लिम टाइगर फोर्स (एम.टी.एफ.), हरकत उल मुजाहिद्दीन, हरकत उल जेहाद आदि शामिल हैं।

इसके अलावा एन.आई.ए. ने लिट्टे, कम्युनिस्ट पार्टी ऑफ इंडिया (एम.एल.), पीपुल्स वार ग्रुप, एमसीसी, तमिलनाडु लिबरेशन आर्मी, तमिल नेशनल रिट्रीवल ट्रुप्स, अखिल भारत नेपाली एकता समाज, भाकपा-माओवादी को भी सूची में जगह दी है।

पाकिस्तान द्वारा प्रायोजित आतंक

पाकिस्तान के सभी पड़ोसी देशों तथा अमेरिका, ब्रिटेन, रूस आदि पश्चिमी देशों का यह आरोप रहा है कि पाकिस्तान प्रत्यक्ष या परोक्ष रूप से विभिन्न आतंकी कार्यवाइयों में लिप्त रहा है। सन् 2011 में ओसामा बिन लादेन के पाकिस्तान की राजधानी के पास अमेरिका द्वारा मारे जाने पर यह आरोप पुष्ट हुआ है। इसे 'आतंकियों का स्वर्ग' कहा जाता है और संसार का सर्वाधिक खतरनाक देश माना जाता है। तथ्य वांछित, प्रमुख इस्लामी आतंकी संस्थाएं जैसे लश्कर-ए-तैयबा, लश्कर-ए-ओमर, जैश-ए-मोहम्मद, हरकतुल मुजाहिद्दीन, सिपाह-ए-सहाबा, हिजबुल मुजाहिद्दीन आदि सबके सब पाकिस्तान में रहकर अपनी आतंकी गतिबिधियां चलाते हैं। कई मामलों में आई.एस.आई. से इन्हें सक्रिय प्रशिक्षण एवं अन्य सहयोग मिलते हैं।

यदि 11 सितंबर, 2001 को अमेरिका में वह आतंकवादी घटना घटित नहीं होती तो पाकिस्तान की इंटर सर्विसेज इंटेलिजेंस (आई.एस. आई.) समर्थित अलकायदा आतंकवादियों का प्रभाव बढ़ना जारी रहता। इस विकास को किसी निश्चित सीमा में बांधना कठिन होगा। बस, यह अनुमान लगाया जा सकता है कि यदि इसे कुछ और वर्षों तक नियंत्रित नहीं किया जाता तो उसमें इनमें से कोई या सभी क्षमताएं विकसित हो सकती थीं–

- चेचेन्या के युद्ध को अन्य रूसी गणतंत्रों में विस्तृत किया जा सकता था।
- कश्मीर में गतिविधियों को उस स्तर तक विस्तृत किया जा सकता था, जहां भारत सरकार को पाकिस्तान के साथ युद्ध करने का फैसला लेना पड़ सकता था।
- इंडोनेशिया, फिलीपींस, सिंगापुर और मलेशिया में अधिक हिंसक

इस्लामी आंदोलन शुरू किए जा सकते थे।

- अफगानिस्तान पर पूरी तरह कब्जा किया जा सकता था।
- मध्य एशिया के कई भागों पर प्रभावी प्रभुत्व स्थापित किया जा सकता था।
- विद्यमान सऊदी सत्ता पलट दी जाती या इसके कगार पर होती।
- यूरोप, भारत, ऑस्ट्रेलिया और अन्य देशों के कई भागों में 11 सितंबर की तरह आतंकी हमले करने की प्रभावी क्षमता स्थापित की जा सकती थी
- परमाणु क्षमता का विकास किया जा सकता था।
- रासायनिक और जैविक हथियार विकसित किए जा सकते थे।
- अमेरिका तथा उसके हितों को पूरे विश्व में अधिक उच्चस्तरों पर नुकसान पहुंचाने की क्षमता विकसित की जा सकती थी।
- मध्य-पूर्व और अन्य स्थानों पर सत्ता पलट करने के लिए इस्लामी दस्तों के पूर्ण विकसित प्रशिक्षण केंद्र के रूप में अफगानिस्तान को विकसित किया जा सकता था।
- पाकिस्तान का तालिबानीकरण हो सकता था या पाकिस्तानी सेना और आई.एस.आई. के तत्त्वों के साथ पर्याप्त तालमेल किया जा सकता था।
- मध्य पूर्व और मध्य एशियाई तेल उत्पादन तथा प्रवाहों को नियंत्रित करने के प्रयास किए जा सकते थे।
- नशीले पदार्थों का अंतर्राष्ट्रीय व्यापार स्थापित किया जा सकता था।
- अमेरिका, पश्चिम और विश्व में अन्य कहीं रह रहे मुसलमानों को उनकी आय का एक हिस्सा इसलामी कोषागार में देने के लिए आतंकित किया जा सकता था।
- विश्व पूंजी-प्रवाह को प्रभावित करने के लिए कई नकली कॉरपोरेशनों द्वारा विश्व की चुनिंदा कंपनियों को टेक-ओवर किया जा सकता था।
- बांगलादेश का जेहादीकरण किया जा सकता था।

1993 मुंबई सीरियल बम ब्लास्ट

1993 मुंबई ब्लास्ट मामले में टाडा कोर्ट का फैसला आ गया है। कोर्ट ने अबू सलेम समेत 6 आरोपियों को दोषी करार दिया है और एक आरोपी को बरी कर दिया है। आइए हम आपको आज उस काले दिन की पूरी कहानी विस्तार से बताते हैं। 12 मार्च, 1993, दिन शुक्रवार, जगह देश की आर्थिक राजधानी मुंबई। जी हां ये वो तारीख है जिसे भारत के इतिहास में ब्लैक फ्राइडे के नाम से जाना जाता है। इसी दिन मुंबई एक के बाद एक 12 सिलसिलेवार बम धमाकों से दहल उठी थी। उस मनहूस दोपहर को हर उस ठिकाने को निशाना बनाया गया जो मुंबई की शान थी और पहचान थी। पूरी दुनिया के इतिहास में पहली बार इतने बड़े पैमाने पर सीरियल बम धमाके हुए थे। इन बम धमाकों में 257 लोग मारे गए थे जबकि 713 लोग जख्मी हुए थे। सबसे पहला धमाका बाम्बे स्टॉक एक्सचेंज की इमारत के बाहर हुआ था। दोपहर करीब 1 बजकर 28 मिनट पर ऐसा धमाका हुआ जिसकी आवाज मीलों तक सुनी गई। 29 मंजिला बी.एस.ई. की इमारत थर्रा गई थी। जो जहां था वहीं गिर पड़ा और काला धुआं छंटा तो तबाही सामने आई। चारों ओर छितराईं लाशें, रोते-बिलखते और डर से चीखते लोग दिख रहे थे। उस वक्त देश की आर्थिक राजधानी के शेयर बाजार में दो हजार लोग मौजूद थे। बेसमेंट की पार्किंग में आरडीएक्स से लदी एक कार में टाइमर के जरिये धमाका हुआ था, जिसमें 84 बेगुनाह मारे गए और करीब सवा दो सौ जख्मी हुए थे। ये तो शुरुआत थी, दस मिनट बाद नर्सी नत्था स्ट्रीट की अनाज मंडी के एक ट्रक में धमाका हुआ। जब तक शहर कुछ समझ पाता 50 मिनट बाद स्टॉक एक्सचेंज से कुछ ही दूर एयर इंडिया की इमारत के पार्किंग में धमाका हुआ। ये विस्फोट इतना जबर्दस्त था कि बेसमेंट की दोनों मंजिलों में बड़े गड्ढे पड़ गए। गुलजार रहने वाली अनाज मंडी में चीखें गूंजने लगीं। SIT की रिपोर्ट में सनसनीखेज खुलासा, हिंदुत्ववादी संगठन देशभर में चला रहा था आतंकी कैंप Video गहरे पानी में गिरा महिला का iphone तो इस मछली ने ढूंढ़कर लौटाया वाराणसी में नामांकन को लेकर सुप्रीम कोर्ट ने तेज बहादुर यादव को दिया झटका Featured Posts 90 मिनट में 7 धमाके स्टॉक एक्सचेंज की बिल्डिंग में धमाके के

बाद लोगों को अंदाजा ही नहीं था कि आगले 90 मिनट में मुंबई धमाकों से हिल जाएगी। माहिम कॉसवे में धमाके ने तीन की जान ले ली। तभी हीरे-जवाहरात का बाजार धमाके से दहल उठा और 17 लोग मारे गए। जवेरी बाजार में एक लावारिस स्कूटर में विस्फोटक रखे गए थे। तब तक डेढ़ घंटे में सात धमाके हो चुके थे। मुंबई के कई हिस्से श्मशान घाट जैसे दिख रहे थे। पांच मिनट बाद ही बांद्रा के सी रॉक होटल की 18वीं मंजिल में धमाका हुआ। किस्मत अच्छी थी, इसमें किसी का नुकसान न हुआ, लेकिन तीन मिनट बाद प्लाजा सिनेमा की पार्किंग में खड़ी कार में धमाके 10 लोगों की जान ले ली। अगले सात मिनट तक यूं ही सन्नाटा पसरा रहा फिर जुहू से खबर आई। वहां सेंटार होटल में धमाका हुआ था, जिसमें तीन लोग बुरी तरह जख्मी हुए थे। फिर सहारा एयरपोर्ट के पास भी एक हल्का धमाका हुआ। उसके तुरंत बाद एयरपोर्ट के करीब सेंटॉर होटल में एक और जानलेवा विस्फोट हुआ, दो बेगुनाह और मारे गए। मुंबई ने मातम ओढ़ लिया था। किस समय कहां हुआ धमाका पहला धमाका-दोपहर 1.30 बजे, मुंबई स्टॉक एक्सचेंज दूसरा धमाका-दोपहर 2.15 बजे, नरसी नाथ स्ट्रीट तीसरा धमाका-दोपहर 2.30 बजे, शिव सेना भवन चौथा धमाका-दोपहर 2.33 बजे, एयर इंडिया बिल्डिंग पांचवां धमाका-दोपहर 2.45 बजे, सेंचुरी बाजार छठा धमाका-दोपहर 2.45 बजे, माहिम सातवां धमाका-दोपहर 3.05 बजे, झावेरी बाजार आठवां धमाका-दोपहर 3.10 बजे, सी रॉक होटल नौवां धमाका-दोपहर 3.13 बजे, प्लाजा सिनेमा दसवां धमाका-दोपहर 3.20 बजे, जुहू सेंटूर होटल ग्यारहवां धमाका-दोपहर 3.30 बजे, सहार हवाई अड्डा बारहवां धमाका-दोपहर 3.40 बजे, एयरपोर्ट सेंटूर होटल दाऊद इब्राहिम था मास्टर माइंड, पाकिस्तान में रची गई साजिश इस हमले का मास्टर माइंड दाऊद इब्राहिम था। जो आज सरहद पार आतंकी आकाओं के महफूज किले में जाकर बंद हो गया है। इस धमाके की साजिश पाकिस्तान में रची गई थी। 6 दिसंबर, 1992 को बाबरी मस्जिद विध्वंस के बाद फैले दंगों में सोने की तस्करी करने वाले टाइगर मेमन का बिजनेस तबाह हो गया था। मेमन ने अपनी बर्बादी का बदला लेने के लिए मुंबई को दहलाने की साजिश रची। मुंबई बम धमाकों के अंजाम देने के लिए दुबई में एक खुफिया मीटिंग हुई।

मीटिंग के बाद कुछ नौजवानों को बम बनाने की ट्रेनिंग लेने के लिए पाकिस्तान भेजा गया। इसके बाद पाकिस्तान की खुफिया एजेंसी आई.एस. आई. और अंडरवर्ल्ड डॉन दाऊद इब्राहिम ने आतंकियों को मुंबई में हथियार और गोला-बारूद मुहैया कराया और फिर आया वो ब्लैक फ्राइडे जिसने पूरे देश को हिलाकर रख दिया।

कोयंबटूर बम विस्फोट

1998 में वेलेंटाइन डे के दिन अल उम्माह नाम के एक इस्लामी कट्टरपंथी संगठन ने दक्षिण भारतीय शहर कोयम्बटूर के 11 अलग-अलग स्थानों पर 12 बम विस्फोट किए थे। इस हमले का मुख्य लक्ष्य लालकृष्ण आडवाणी थे, जो उस समय एक चुनाव सभा में भाग लेने के लिए शहर में आए थे। ज्यादातर बम विस्फोट उन स्थानों पर हुए, जहां पर अधिक संख्या में हिंदू निवास करते थे और वह ही मुख्य रूप से इन विस्फोटों का शिकार हुए थे। आतंकवादी शहर में सामंजस्यपूर्ण हालात के साथ-साथ व्यावसायिक प्रगति को भी बाधित करने में कामयाब हुए थे। इन बम विस्फोटों में 60 लोग मारे गए थे और कम से कम 200 लोग घायल हुए थे।

जम्मू और कश्मीर विधायी विधान सभा हमला

2001 अक्टूबर के पहले दिन, जैश-ए-मोहम्मद संगठन के कई आतंकवादियों ने जम्मू-कश्मीर की विधान सभा पर हमला किया था। श्रीनगर की विधान सभा को तबाह करने के लिए परिसर में तीन आत्मघाती हमलावर और एक कार बम का इस्तेमाल किया गया था। इस हमले में तीन आत्मघाती हमलावर और 38 अन्य लोगों की मौत हुई थी।

संसद पर हमले की पूरी कहानी....

13 दिसंबर, 2001 को जैश-ए-मोहम्मद के पांच आतंकवादियों ने संसद पर हमला किया था। उस दिन एक सफेद एंबेसडर कार में आए इन आतंकवादियों ने 45 मिनट में लोकतंत्र के सबसे बड़े मंदिर को गोलियों से छलनी करके पूरे हिंदुस्तान को झकझोर दिया था

यह पाकिस्तान की भारत के लोकतंत्र के मंदिर को नेस्तनाबूद करने की साजिश थी, लेकिन हमारे सुरक्षाकर्मियों ने अपनी जान की परवाह न करते हुए इन आतंकियों के मंसूबों पर पानी फेर दिया। जानिए संपूर्ण घटनाक्रम–

कैसे हुआ था हमला–तारीख 13 दिसंबर, सन् 2001, स्थान भारत का संसद भवन। लोकतंत्र का मंदिर जहां जनता द्वारा चुने सांसद भारत की नीति-नियमों का निर्माण करते हैं। आम दिनों में जब संसद भवन के परिसर कोई सफेद रंग की एंबेसेडर आती है तो कोई ध्यान नहीं देता, लेकिन उस दिन उस सफेद रंग की एंबेसेडर ने कोहराम मचा दिया। संसद भवन के परिसर में अचानक गृह मंत्रालय का कार पास लगी एक सफेद एंबेसेडर से आए 5 आतंकवादियों ने 45 मिनट तक लोकतंत्र के इस मंदिर पर गोलियों-बमों से थर्रा कर रख दिया था। आतंक के नापाक कदम उस दिन लोकतंत्र के मंदिर की दहलीज तक पहुंच गए थे। अचानक हुए हमले ने पूरे देश को झकझोर कर रख दिया।

जांबाजी से किया मुकाबला–संसद परिसर के अंदर मौजूद सुरक्षाकर्मियों ने अचानक हुए हमले का बड़ी ही वीरता से सामना किया। लोकतंत्र के इस मंदिर में कोई आंच न आए, इसलिए उन्होंने अपनी जान की बाजी लगा दी। सुरक्षाकर्मियों ने बड़ी ही वीरता से सभी आतंकियों को मार गिराया।

आतंकियों का सामना करते हुए दिल्ली पुलिस के पांच जवान, सी.आर.पी. एफ. की एक महिला कांस्टेबल और संसद के दो गार्ड शहीद हुए। 16 जवान इस दौरान मुठभेड़ में घायल हुए।

हमले के मास्टर माइंड को फांसी–संसद पर हमले की घिनौनी साजिश रचने वाले मुख्य आरोपी अफजल गुरु को दिल्ली पुलिस ने गिरफ्तार किया। संसद पर हमले की साजिश रचने के आरोप में सुप्रीम कोर्ट ने 4 अगस्त, 2005 को अफजल गुरु को फांसी की सजा सुनाई थी। कोर्ट ने आदेश दिया था कि 20 अक्टूबर, 2006 को अफजल को फांसी के तख्ते पर लटका दिया जाए। तीन अक्टूबर 2006 को अफजल की पत्नी तब्बसुम ने राष्ट्रपति के पास दया याचिका दाखिल कर दी।

राष्ट्रपति प्रणब मुखर्जी ने अफजल की दया याचिका खारिज कर दी और सरकार ने उसे फांसी देकर हमले में शहीद हुए बहादुरों को सही मायने में श्रद्धांजलि दी।

मामला विचाराधीन–मुंबई हमले के आरोपी अजमल कसाब को फांसी पर लटकाए जाने के बाद अफजल गुरु को फांसी देने की मांग उठने लगी। राष्ट्रपति ने इस दया याचिका पर गृह मंत्रालय से राय मांगी। मंत्रालय ने इसे दिल्ली सरकार को भेज दिया जहां दिल्ली सरकार ने इसे खारिज करके गृह मंत्रालय को वापस भेजा।

गृह मंत्रालय ने भी दया याचिका पर फैसला लेने में वक्त लगाया लेकिन मंत्रालय ने अपनी फाइल राष्ट्रपति के पास भेज दी है। फांसी पर अंतिम फैसला देश के राष्ट्रपति को ही लेना है।

अक्षरधाम मंदिर पर हमला

24 सितंबर, 2002 को, अहमदाबाद के अक्षरधाम मंदिर पर अशरफ अली मोहम्मद फारूक और मुर्तजा हाफिज यासीन ने हमला किया था। वह आतंकवादी जैश-ए-मोहम्मद और लश्कर-ए-तैयबा संगठनों के सदस्य थे। उस दिन, उन लोगों ने लगभग 3 बजे मंदिर में प्रवेश किया तथा उनके हाथों में हथगोले और स्वचालित हथियार भी थे। जल्द ही उन्होंने अंधा-धुंध गोली बारी शुरू कर दी। एन.एस.जी. कमांडो रात में उन दोनों को मारने में सक्षम

हुए। बाद में अधिकारियों को एक पत्र मिला जिसमें यह लिखा था कि यह हमला वर्ष 2002 में हुए गुजरात दंगों का एक प्रतिशोध है। इस घटना में लगभग 80 लोग घायल हुए थे और 31 लोगों की मौत हो गई थी।

दिल्ली सीरियल बम विस्फोट

29 अक्टूबर, 2005 को, दीवाली से कुछ दिन पहले होने वाले तीन बम विस्फोटों ने राष्ट्रीय राजधानी को हिला कर रख दिया था। पाकिस्तान के आतंकवादी संगठन वाले इस्लामी क्रांतिकारी मोर्चे ने इन विस्फोटों का आयोजन किया था। पहाड़गंज और सरोजिनी नगर के साथ-साथ शहर के मुख्य बाजार वाले इलाकों में कुछ बम विस्फोट हुए थे और तीसरा विस्फोट गोविंदपुरी में एक बस के अंदर हुआ था। यात्रियों और कंडक्टर की जागरूकता के कारण बस में हुए विस्फोट से ज्यादा लोग आहत नहीं हुए थे, क्योंकि एक संदिग्ध बैग को देखने के तुरंत बाद, उन्होंने बस को खाली करवाना शुरू कर दिया, जिसके कारण वहां के लोग विस्फोट से ज्यादा प्रभावित नहीं हुए थे। हालांकि, बाजारों में स्थिति गंभीर थी, क्योंकि धनतेरस का समय था, इसलिए वहां बहुत से लोग थे, जिसके कारण उस विस्फोट में 210 लोग घायल हो गए थे और 63 लोगों की मृत्यु हो गई थी।

मुंबई रेल बम विस्फोट

11 जुलाई, 2006 को मुंबई की स्थानीय ट्रेनों में सात बम विस्फोट हुए थे। प्रेशर कूकर के अंदर ट्रेनों के प्रथम श्रेणी के डिब्बों गें बम रखे गए थे। विस्फोटों की जांच से पता चला है कि विस्फोटों के लिए एक प्रतिबंधित आतंकवादी संगठन इंडियन मुजाहिद्दीन जिम्मेदार था। यह विस्फोट निम्नलिखित उपनगरीय रेलवे स्टेशनों में या उनके निकट हुए थे–

- माटुंगा रोड
- जोगेश्वरी
- माहिम
- भायंदर

- बांद्रा
- बोरीवली
- खाररोड

वर्ष 1993 के विस्फोटों के बाद, यह मुंबई के सबसे घातक विस्फोट थे। दावा किया जाता है कि इस हमले में 715 लोग घायल हुए थे और लगभग 210 लोगों की मृत्यु हो गई थी।

जयपुर बम विस्फोट

13 मई, 2008 को, लगातार 15 मिनट में हुए नौ बम विस्फोटों से पूरे जयपुर में सदमे की लहर दौड़ गई थी। अधिकारी 10वें बम को ढूंढने और निरस्त्र करने में सक्षम रहे। यह हादसा एक प्रकार से आंख खोलने वाला था, क्योंकि इससे पहले यह शहर कभी भी आतंकवाद का निशाना नहीं बना था। जयपुर देश के प्रमुख पर्यटक आकर्षणों में से एक है। एक बम विस्फोट हवामहल के आसपास हुआ था। पुलिस की जांच में हरकत-उल-जिहाद-अल- इस्लामी, लश्कर-ए-तैयबा और छात्र इस्लामिक मूवमेंट ऑफ इंडिया जैसे कई इस्लामी आतंकवादी संगठनों की संभावित भागीदारी का पता चला है। अधिकारियों का यह भी कहना है कि अल-कायदा भी इस मामले में शामिल हो सकता है। जयपुर के निम्न छह स्थानों पर बम विस्फोट हुए थे।

- बड़ी चौपड़
- त्रिपोलिया बाजार
- माणक चौक पुलिस स्टेशन एरिया
- छोटी चौपड़
- जौहरी बाजार
- कोतवाली एरिया

आतंकवादियों ने विचार करके विस्फोटों की योजना बनाई थी कि जब लोग होने वाले बम धमाके से एक सुरक्षित स्थान की तरफ दौड़े, तो वहां पर भी विस्फोट हो। उन विस्फोटों में 63 लोगों की मृत्यु हुई थी और 210 लोग घायल हुए थे।

असम बम विस्फोट

30 अक्टूबर, 2008 को असम में हुए सिलसिलेवार बम विस्फोटों से भारत को अत्याधिक हानि हुई थी। असम की राजधानी गुवाहाटी इस बार निशाने पर थी। शहर के विभिन्न हिस्सों में 18 विस्फोट हुए थे, जिसमें लगभग 81 लोग मारे गए थे और 470 लोग घायल हुए थे। बम धमाकों से बारपेटा रोड, कोकराझार और बोंगई गांव जैसे कुछ प्रमुख क्षेत्र प्रभावित हुए थे। शहर के मुख्य बाजार में उस वक्त धमाके हुए, जब वहां पर भारी भीड़ थी। इन बम धमाकों के पीछे किसका हाथ है, इसका उचित रूप से खुलासा नहीं हो पाया था, परंतु अधिकारियों का कहना है कि इसमें नेशनल डेमोक्रेटिक फ्रंट ऑफ बोडोलैंड (एन.डी.एफ.बी.) का हाथ था। वास्तव में, तत्कालीन भारतीय प्रधानमंत्री मनमोहन सिंह को सेना ने एक संदेश भेजकर यह बताया था कि आतंकवादियों द्वारा गुवाहाटी पर हमला करने की योजना बनाई जा रही है। यह संदेश कोलकाता से आया था और अधिकारियों ने इस हमले को रोकने के लिए छह महीने तक कोशिश भी की थी, लेकिन वह इन हमलों को रोकने में सफल नहीं हो पाए थे।

2008 के मुंबई हमले

2008 के मुंबई हमले नवंबर, 2008 में हुए आतंकवादी हमले के एक समूह थे, जब पाकिस्तान में स्थित एक इस्लामी आतंकवादी संगठन लश्कर-ए-तैयबा के मुंबई में 10 सदस्य ने मुंबई में चार दिन तक चलने वाली 12 समन्वय शूटिंग और बम विस्फोट की एक श्रृंखला को अंजाम दिया। हमले जिनकी व्यापक रूप से वैश्विक निंदा की गई बुधवार, 26 नवंबर को शुरू हुए और शनिवार, 29 नवंबर, 2008 तक चले, 164 लोगों की मौत हो गई और कम से कम 308 घायल हो गए। छत्रपति शिवाजी टर्मिनस, ओबेरॉय ट्राइडेंट, ताज पैलेस एंड टॉवर, लियोपोल्ड कैफे, कामा अस्पताल, नरीमन हाउस यहूदी समुदाय केंद्र, मेट्रो सिनेमा और टाइम्स ऑफ इंडिया बिल्डिंग और सेंट जेवियर कॉलेज के पीछे एक लेन में आठ हमले हुए। मुंबई के बंदरगाह क्षेत्र में माजगाव में और विले पार्ले में एक टैक्सी में एक विस्फोट हुआ था। 28 नवंबर की सुबह तक, ताज होटल को छोड़कर सभी साइटों को मुंबई पुलिस विभाग और सुरक्षाबलों द्वारा सुरक्षित किया गया था। 29 नवंबर को, भारत के राष्ट्रीय सुरक्षा गार्ड (एन.एस.जी.) ने शेष हमलावरों को फ्लश करने के लिए 'ऑपरेशन ब्लैक टोर्नेडो' का आयोजन किया यह ताज होटल में अंतिम शेष हमलावरों की मौत के साथ समाप्त कर दिया। अजमल कसाब ने खुलासा किया कि हमलावर अन्य लोगों के बीच लश्कर-ए-तैयबा के सदस्य थे। भारत सरकार ने कहा कि हमलावर पाकिस्तान से आए और उनके नियंत्रक पाकिस्तान में थे। 7 जनवरी, 2009 को, पाकिस्तान ने इस बात की पुष्टि की कि हमलों का एकमात्र जीवित अपराधी पाकिस्तानी नागरिक था। 9 अप्रैल, 2015 को, हमले के अग्रणी षड्यंत्रकारी, जकीउर रहमान लखवी को पाकिस्तान में 2,00,000 (यू.एस.

$ 1,900) की जमानत बांड पर जमानत दी गई थी।

13 समन्वित बम विस्फोटों के बाद से मुंबई में कई गैर-राज्य हमले हुए, जिसमें 257 लोगों की मौत हुई और 700 घायल हो गए। माना जाता है कि 1993 के हमले बाबरी मस्जिद विध्वंस के बदले में थे।

6 दिसंबर, 2002 को, घाटकोपर स्टेशन के पास एक BEST बस में एक विस्फोट में दो लोग मारे गए और 28 घायल हो गए। अयोध्या में बाबरी मस्जिद के विध्वंस की 10वीं वर्षगांठ पर बम विस्फोट हुआ था। मुंबई में विले पार्ले स्टेशन के पास एक साइकिल बम विस्फोट हुआ, जिसमें 27 जनवरी, 2003 को एक व्यक्ति की मौत हो गई और 25 घायल हो गये, भारत के प्रधानमंत्री अटल बिहारी वाजपेयी की यात्रा से एक दिन पहले। 19 मार्च, 2003 को, 1993 बंबई बम विस्फोट की 10वीं वर्षगांठ के एक दिन बाद, मुलुंड स्टेशन के निकट एक ट्रेन डिब्बे में एक बम विस्फोट हुआ, जिसमें 10 लोग मारे गए और 70 घायल हो गए। 28 जुलाई, 2003 को, घाटकोपर में एक BEST बस में एक विस्फोट में 4 लोग मारे गए और 32 घायल हुए। 25 अगस्त, 2003 को, दक्षिण मुंबई में दो बम विस्फोट हुए, एक गेटवे ऑफ इंडिया के पास और दूसरे कलबादेवी के झवेरी बाजार में। कम से कम 44 लोग मारे गए और 150 घायल हुए। 11 जुलाई, 2006 को मुंबई में उपनगरीय रेलवे में 11 मिनट के भीतर सात बम विस्फोट हुए, 22 विदेशियों सहित 35 लोग मारे गए और 700 से अधिक घायल हुए। मुंबई पुलिस के अनुसार, बम विस्फोट लश्कर-ए-तैयबा और स्टुडेंट्स इस्लामिक मूवमेंट ऑफ इंडिया (सिमी) द्वारा किया गया था।

प्रशिक्षण

26 पुरुषों के एक समूह, कभी-कभी 24 ने मुजफ्फराबाद के पहाड़ी इलाके में एक दूरदराज के शिविर में समुद्री युद्ध में प्रशिक्षण प्राप्त किया। प्रशिक्षण का एक हिस्सा मंगला बांध भंडार पर हुआ था। भारतीय और अमेरिकी मीडिया रिपोर्टों के मुताबिक प्रशिक्षण के निम्नलिखित चरणों में रंगरूटों को गुजारा गया–

- **मनोवैज्ञानिक**–इस्लामवादी विचारों में यकीन दिलाना, भारत,

चेचेन्या, फिलिस्तीन और विश्वभर में पीड़ित मुसलमानों के चित्रों का प्रयोग।

- **बुनियादी कॉम्बैट**—लश्कर के मूल युद्ध प्रशिक्षण और कार्यप्रणाली पाठ्यक्रम, दौरा आम।
- **उन्नत प्रशिक्षण**—मनसेहरा के निकट एक शिविर में उन्नत कॉम्बैट प्रशिक्षण प्राप्त करने के लिए चुना गया, एक कोर्स जिसे संगठन दौरा खास कहता है। अमेरिकी रक्षा विभाग में एक अनाम स्रोत के अनुसार, पाकिस्तान सेना के सेवानिवृत्तकर्मियों द्वारा निगरानी में उन्नत हथियार और विस्फोटक प्रशिक्षण शामिल हैं, साथ ही सर्वाइवल प्रशिक्षण और आगे की शिक्षा के साथ।
- **कमांडो ट्रेनिंग**—अंत में, मुंबई को लक्षित करने के लिए एक छोटे समूह को चयनित कमांडो रणनीति प्रशिक्षण और समुद्री नौ नेविगेशन ट्रेनिंग के लिए चुना गया और उन्हें फिदायीन यूनिट को सौंपा गया।

छात्रों से, 10 को मुंबई मिशन के लिए चुना गया था। उन्होंने तैराकी और नौकायन में प्रशिक्षण प्राप्त किया, साथ ही एल.ई.टी. कमांडरों की देखरेख में हाई एंड हथियारों और विस्फोटकों के इस्तेमाल भी सिखाया गया। संयुक्त राष्ट्र के पूर्व रक्षा विभाग के अधिकारी का हवाला देते हुए मीडिया रिपोर्ट के मुताबिक, अमेरिका की खुफिया एजेंसियों ने यह तय किया था कि पाकिस्तानी सेना और इंटर सर्विस इंटेलिजेंस एजेंसी के पूर्व अधिकारी प्रशिक्षण में सक्रिय रूप से और निरंतर सहायता करते थे। उन्हें सभी चार लक्ष्यों के खाके दिए गए थे—ताज महल पैलेस होटल, ओबेरॉय ट्राइडेंट, नरीमन हाउस और छत्रपति शिवाजी टर्मिनस।

हमले

पहली घटनाएं 26 नवंबर को 20:00 भारतीय मानक समय (आई. एस.टी.) में विस्तृत थीं, जब फूलने वाली स्पीडबोट में 10 लोग कुलाबा के दो स्थानों पर तट पर आए थे। उन्होंने कथिततौर पर स्थानीय मराठी बोलने वाले मछुआरों ने इन लोगों के अलग होने से पहले पूछा था कि वे कौन हैं

इन्होंने कहा कि 'अपने काम से काम रखो'। मछुआरों ने बाद में पुलिस विभाग को रिपोर्ट किया पर उन्हें स्थानीय पुलिस से कुछ खास प्रतिक्रिया नहीं मिली और स्थानीय पुलिस असहाय थी।

छत्रपति शिवाजी महाराज टर्मिनस

छत्रपति शिवाजी महाराज टर्मिनस (सी.एस.एम.टी.) पर दो बंदूकधारियों, इस्माइल खान और अजमल कसाब ने हमला किया था। कसाब को बाद में पुलिस ने जिंदा पकड़ा और चश्मदीदों ने उसकी पहचान की। हमले लगभग 21:30 बजे शुरू हुए जब दो लोग यात्री हॉल में प्रवेश कर गए और आग लगा दी, एके-47 राइफल्स का उपयोग करते हुए। हमलावरों ने 58 लोग मारे और 104 अन्य घायल हो गए, इनका हमला 22:45 के आसपास खत्म हो गया। सुरक्षाबलों और आपातकालीन सेवाओं के बाद शीघ्र ही पहुंचे रेलवे घोषणकर्ता, विष्णु दत्ताराम जेंडे ने घोषणा की, यात्रियों को स्टेशन छोड़ने के लिए सतर्क किया और कई जिंदगी बचायीं। दोनों बंदूकधारी घटनास्थल से भाग गए और सड़कों पर पैदल चलने वालों और पुलिस अधिकारियों पर गोलीबारी की, जिसमें आठ पुलिस अधिकारी मारे गए। हमलावरों ने एक पुलिस स्टेशन को पार कर दिया। यह जानते हुए कि वे भारी हथियारबंद आतंकवादियों से मुकाबला नहीं कर सकते थे, स्टेशन पर पुलिस अधिकारियों ने, आतंकवादियों के सामने आने के बजाय, रोशनी बंद करने और द्वार को सुरक्षित करने का फैसला किया। फिर हमलावरों ने रोगियों को मारने के इरादे से कामा अस्पताल की ओर रुख किया, लेकिन अस्पताल के कर्मचारियों ने सभी रोगी वार्डों को लॉक कर दिया। मुंबई के आतंकवादी निरोधी दल की टीम ने पुलिस प्रमुख हेमंत करकरे की अगुआई में छत्रपति शिवाजी टर्मिनस की जांच का नेतृत्व किया और फिर कसाब और खान की तलाश में निकल दिये। कसाब और खान ने अस्पताल के बगल में एक गली में वाहन पर आग लगा दी थी, और प्रतिक्रिया में उन पर गोलीबारी की गई। करकरे, विजय साळसकर, अशोक कामटे और उनके एक अधिकारी मारे गए। एकमात्र जीवित, कांस्टेबल अरुण जाधव गंभीर रूप से घायल हो गए थे। कसाब और खान ने पुलिस के वाहन को जब्त कर

लिया, लेकिन बाद में उसे छोड़ दिया और एक यात्री गाड़ी को जब्त कर लिया। तब वे पुलिस रोड ब्लॉक की ओर चले गए, जिसे जाधव के मदद के लिए रेडियो कॉल के बाद स्थापित किया गया था। यहां गोलीबारी हुई जिसमें खान मारा गया और कसाब घायल हो गया था। शारीरिक संघर्ष के बाद, कसाब को गिरफ्तार कर लिया गया। एक पुलिस अधिकारी, तुकाराम ओम्बले भी मारे गए जब वह कसाब के सामने उसे गोली मारने के लिए चले गए।

लियोपोल्ड कैफे

दक्षिण मुंबई में कुलाबा कॉजवे पर एक लोकप्रिय रेस्तरां और बार, हमला का निशाना बनने वाली साइटों में से एक था। दो हमलावर, शोएब उर्फ सोहेब और नाजिर उर्फ अबू उमेर ने 26 नवंबर की शाम कैफे पर फायरिंग कर दी, कम से कम 10 लोग मारे गए, (कुछ विदेशियों सहित), और कई और अधिक घायल हो गए।

टैक्सियों में बम विस्फोट

टाइमर बम के कारण दो टैक्सियों में विस्फोट हुए थे। विले पार्ले में पहली बार 22:40 बजे जिसमें ड्राइवर और यात्री मारे गए दूसरा विस्फोट वाडी बंदर में 22:20 और 22:25 के बीच हुआ। टैक्सी के चालक सहित तीन लोग मारे गए, और लगभग 15 अन्य घायल हुए।

ताज होटल और ओबेरॉय ट्राइडेंट

दो होटल, ताज महल पैलेस होटल और ओबेरॉय ट्राइडेंट, चार लक्षित स्थानों में से थे। ताज होटल में छः विस्फोटों की सूचना दी गई थी–लॉबी में एक, लिफ्ट में दो, रेस्तरां में तीन और ओबेरॉय ट्राइडेंट में एक। ताज में, अग्निशामकों ने पहली रात के दौरान सीढ़ी के उपयोग से 200 बंधकों को खिड़की से बचाया।

सी.एन.एन. ने शुरू में 27 नवंबर, 2008 की सुबह खबर दी थी कि ताज होटल में बंधक की स्थिति का समाधान किया गया था और महाराष्ट्र

के पुलिस प्रमुख का हवाला देते हुए कहा था कि सभी बंधकों को मुक्त कर दिया गया था। हालांकि, उस दिन बाद में पता चला कि वहां अभी भी था ताज होटल में विदेशियों सहित बंधकों को पकड़ने वाले दो हमलावर थे।

अंतर्राष्ट्रीय व्यापार प्रतिनिधियों की यूरोपीय संसद समिति कुछ संख्या में ताज होटल में रह रही थी, जब उस पर हमला किया गया था, लेकिन उनमें से कोई भी घायल नहीं हुआ था। यूरोपीय संसद के ब्रिटिश कन्जर्वेटिव सदस्य (एम.ई.पी.) सज्जाद करीम (जो लॉबी में थे जब हमलावरों ने शुरुआत में आग लगा दी थी) और जर्मन सोशल डेमोक्रेट एम.ई.पी. एरिका मान इमारत के विभिन्न हिस्सों में छिपा रहे थे। इसके अलावा स्पैनिश एम.ई.पी. इग्नासी गार्डन्स भी उपस्थित थे, जिन्हें होटल के कमरे में बाड़ दी गयी थी। एक और ब्रिटिश कंजर्वेटिव एम.ई.पी. सैयद कमल ने बताया कि उन्होंने कई अन्य एम.ई.पी. के साथ होटल छोड़ दिया और हमले से पहले एक पास के रेस्तरां में गए। कमल ने यह भी बताया कि पोलिश एम.ई.पी. जान मासीएल को अपने होटल के कमरे में सोता हुआ सोचा था, जब हमले शुरू हुए, लेकिन अंततः उनके द्वारा होटल को सुरक्षित रूप से छोड़ दिया गया। कमल और गार्डन्स ने बताया कि एक हंगरीयाई एम.ई.पी. के सहायक को गोली मार दी गई थी। ओबेरॉय ट्राइडेंट में केरल के भारतीय सांसद एन.एन. कृष्णादास और ताज होटल में एक रेस्तरां में रात का खाना खाने के दौरान, मैड्रिड के राष्ट्रपति एस्पेरान्जा एगुइरे भी गोलीबारी में फस गए थे।

नरिमन हाउस

नरीमन हाउस, कुलाबा में एक चाबाद लुबाविच यहूदी केंद्र, मुंबई चाबाद हाउस के रूप में जाना जाता है, दो हमलावरों ने कब्जा कर लिया था और कई निवासियों को बंधक बना दिया गया था। पुलिस ने आसपास की इमारतों को खाली किया और हमलावरों के साथ मुठभेड़ की, जिसमें एक घायल हो गया। स्थानीय निवासियों को अंदर रहने के लिए कहा गया हमलावरों ने एक ग्रेनेड को पास के लेन में फेंक दिया, जिसके कारण कोई हताहत नहीं हुआ। एन.एस.जी. कमांडो दिल्ली से आए और नौसेना के

हेलीकॉप्टर ने हवाई सर्वेक्षण किया। पहले दिन के दौरान, 9 बंधकों को पहली मंजिल से बचाया गया था। अगले दिन, एन.एस.जी. कमांडो ने हेलीकॉप्टर से छत पर फास्ट रोपिंग करके अन्दर घुस गए। उन्हें आसपास के भवनों में स्थित स्नाइपर द्वारा कवर किया गया। लंबी लड़ाई के बाद, एक एनएसजी कमांडो हवलदार गजेंद्र सिंह बिष्ट और दोनों अपराधी मारे गए। हमलावरों द्वारा घर के अंदर चार अन्य बंधकों के साथ छः महीने की गर्भवती रब्बी गेवरीयल होल्त्जबर्ग और उनकी पत्नी रिव्का होल्त्जबर्ग की हत्या कर दी गई थी।

भारतीय खुफिया द्वारा पकड़े गए रेडियो ट्रांसमिशन के अनुसार, हमलावरों से 'पाकिस्तान में उनके हैंडलर्स द्वारा कहा जाएगा कि यहूदियों की जान गैर-यहूदियों से 50 गुना ज्यादा थी।' कुछ शवों पर चोट से उन पर अत्याचार के संकेत मिले थे।

एन.एस.जी. छापे

हमलों के दौरान दोनों होटल रैपिड एक्शन फोर्स के कर्मियों और समुद्री कमांडो (एम.ए.आर.सी.ओ.एस.) और राष्ट्रीय सुरक्षा गार्ड (एन.एस.जी.) कमांडो से घिरे हुए थे। जब रिपोर्ट को उभारा तब हमलावर टीवी प्रसारण प्राप्त कर रहे थे, इस कारण होटल के लिए फीड अवरुद्ध कर दिया गया था। सुरक्षाबल पर हमला किया और 29 नवंबर की सुबह तक सभी 9 हमलावरों की मौत हो गई थी। कमांडो सुनील यादव की बचाव के दौरान जबकि एन.एस.जी. के मेजर संदीप उन्नीकृष्णन की भी मृत्यु हो गयी थी, जो ताज में बचाव कार्य के दौरान एक बुलेट द्वारा मारे गए थे। ओबराय ट्राइडेंट में कुल 32 लोग मारे गए थे।

घटना की पहली वर्षगांठ पर, राज्य ने हमले के पीड़ितों को श्रद्धांजलि अर्पित की। फोर्स वन–महाराष्ट्र सरकार द्वारा बनाई गई एक नई सुरक्षाबल-नरीमन प्वाइंट से चौपाटी तक एक परेड का आयोजन किया। विभिन्न स्थानों पर जहां अन्य हमले हुए, वहां अन्य स्मारक और मोमबत्ती को रोशन भी किया गया।

इस घटना की दूसरी वर्षगांठ पर पीड़ितों को फिर से श्रद्धांजलि दी गई।

सूत्रों की मानें तो शहर के अलग-अलग स्थानों पर आतंकवादियों के 16 गुट मौजूद हैं और संयुक्त रूप से वारदात को अंजाम दे रहे हैं। मुम्बई जनरल रेलवे के पुलिस आयुक्त ए.के. शर्मा ने बताया एके-47 राइफल और ग्रेनेड से लैस कुछ आतंकवादी भीड़भाड़ वाले छात्रपति शिवाजी टर्मिनस (सी.एस.टी.) रेलवे स्टेशन के यात्री हाल में प्रवेश कर गए और उन्होंने गोलीबारी शुरू कर दी और हथगोले फेंके। इसमें तीन लोगों की मौत हो गई। उन्होंने कहा सी.एस.टी. में हुई घटना में एक पुलिसकर्मी समेत 10 लोग घायल हो गए। प्रत्यक्षदर्शियों के अनुसार कुछ संदिग्ध आतंकवादी आरक्षण काउंटर के बाहर से सी.एस.टी. में प्रवेश कर गए और उन्होंने अंधाधुंध गोलीबारी शुरू कर दी। इसके बाद आतंकवादी होटल ताज, होटल ओबेराय और नरीमन हाउस में छुपकर लगातार विस्फोट और गोलीबारी कर रहे हैं।

इन आतंकवादी हमलों से निपटने के लिए केंद्र सरकार ने 200 एन. एस.जी. कमांडो, सेना के 50 कमांडो और सेना की पांच टुकड़ियां भेजी हैं। केंद्रीय गृहमंत्री शिवराज पाटिल ने देर रात दिल्ली में पत्रकारों से हुई चर्चा में बताया कि सेना और नौसेना को तैयार रहने को कहा गया है।

26 नवम्बर की रात होटल ताज में छुपे हुए आतंकवादियों से मुठभेड़ प्रारंभ हुई। 27 नवम्बर की सुबह होटल ओबेरॉय तथा 28 नवम्बर की सुबह राष्ट्रीय सुरक्षाबल के कमांडो नरीमन हाउस में आतंकवादियों का सामना करने पहुंच चुके थे। सबसे पहले होटल ओबेरॉय का आपरेशन 28 नवम्बर की दोपहर को समाप्त हुआ, शाम तक नरीमन हाउस के आतंकवादी मारे गए थे लेकिन होटल ताज के आपरेशन को अंत तक पहुंचाने में 29 की सुबह तक का समय लगा।

शनिवार सुबह से कमांडो कार्रवाई में खासी तेजी आई और कई धमाकों की आवाजें सुनी गईं। भीषण गोलीबारी भी हुई। इमारत के चारों ओर विशेषतौर पर ग्राउंड फ्लोर के आसपास काला धुंआ फैल गया और चारों ओर कमांडो नजर आने लगे। होटल में भीषण धमाके और गोलीबारी हुई। सुरक्षाकर्मियों ने वहां मौजूद सभी पत्रकारों को आदेश दिया–'प्लेट जाओ....लेट जाओ....' लेकिन कुछ मिनट बाद घटनास्थल शांत हो गया।

धमाकों और और गोलीबारी के बाद टीवी चैनलों ने एक शव को इमारत से बाहर फेंके जाते दिखाया। बाद में पुष्टि की गई है कि यह शव एक आतंकवादी का था। 58 घंटे बाद शनिवार सुबह ताज होटल में चल रही सुरक्षाबलों की कार्रवाई खत्म हो गई। इसमें तीन आतंकवादी और राष्ट्रीय सुरक्षाबल के एक मेजर मारे गए। होटल की तलाशी का अभियान अभी जारी है।

आतंकस्थल

घटनास्थल	**आक्रमण के प्रकार**
छत्रपति शिवाजी टर्मिनस रेलवे स्टेशन	गोलीबारी, हथगोले
दक्षिण मुंबई पुलिस मुख्यालय	गोलीबारी
लियोपोल्ड कैफे, कोलाबा	गोलीबारी
ताजमहल पैलेस एंड टॉवर होटल	गोलीबारी, दस से अधिक विस्फोट, ऊपरी मंजिल में आग
ऑबेराय ट्रिडेन्ट होटल	गोलीबारी, विस्फोट, बंधक, आगजनी
मजगांव डॉक	विस्फोट, गोलाबारूद के साथ नौका पकड़ी गई
कामा अस्पताल	गोलीबारी, बंधक
नरीमन हाउस	गोलीबारी, धरपकड़, बंधक
विले पार्ले उपनगर, उत्तर मुंबई	कार में बम विस्फोट
गिरगांव चौपाटी	दो आतंकवादियों को मार गिराया गया।
ताड़देव	एक आतंकवादी को गिरफ्तार किया गया है।

इस गोलीबारी में पुलिस तथा आतंक विरोधी दस्ते के कुल मिलाकर 11 लोगों की मृत्यु हो चुकी है जिसमें अनेक अधिकारी हैं। आतंक विरोधी दस्ते के प्रमुख हेमंत करकरे, मुठभेड़ विशेषज्ञ उपनिरीक्षक विजय साळस्कर,

अतिरिक्त पुलिस आयुक्त अशोक कामटे, अतिरिक्त पुलिस आयुक्त सदानंद दाते तथा राष्ट्रीय सुरक्षाबल के मेजर कमांडो संदीप उन्नीकृष्णन, निरीक्षक सुशांत शिंदे, सहायक उप-निरीक्षक नानासाहब भोंसले, सहायक उप-निरीक्षक तुकाराम ओंबले, उप-निरीक्षक प्रकाश मोरे, उप निरीक्षक-दुदगुड़े, कांस्टेबल विजय खांडेकर, जयवंत पाटिल, योगेश पाटिल, अंबादोस पवार तथा एम. सी. चौधरी के शहीद होने के समाचार हैं।

2016 पठानकोट

2 जनवरी, 2016 को तड़के सुबह 3:30 बजे पंजाब के पठानकोट में पठानकोट वायु सेना स्टेशन पर भारी मात्रा में असलहा बारूद से लैस आतंकवादियों ने आक्रमण कर दिया। संभवतः जैश-ए-मोहम्मद के आतंकियों से मुठभेड़ में 2 जवान शहीद हो गये जबकि 3 अन्य घायल सिपाहियों ने अस्पताल में दम तोड़ दिया। सभी आतंकवादी भी मारे गये। हालांकि किसी संभावित बचे हुए आतंकी के छुपे होने की स्थित में खोज अभियान 5 जनवरी को भी चल रहा था।

31 दिसम्बर, 2015 की रात को चार लोगों ने दीना नगर में पंजाब पुलिस के कर्मचारी और गुरदासपुर के पुलिस अधीक्षक सलविन्दर सिंह की बहुपयोगी सरकारी गाड़ी को अगवा कर लिया। बाद में यह गाड़ी वायु सेना के अड्डे से 500 मी. दूर खड़ी मिली। अपहरण से पहले आतंकियों ने एक अन्य नागरिक को भी घायल कर दिया।

अपहर्ताओं द्वारा छोड़े जाने के बाद पंजाब पुलिस के पास रिपोर्ट लिखाने पहुंचे सलविन्दर सिंह की बताई गाड़ी के अपहरण की यह बात मानने से पुलिस ने इंकार कर दिया और अन्य बचे हुए अपहृत व्यक्ति मदन गोपाल को पुलिस ने अपहरण की बात कहने पर टॉर्चर किया। ऐसा समझा जाता है कि दो अन्य आतंकवादी सलविन्दर के अपहरण से पहले ही पठानकोट वायुसेना केंद्र में घुसने में कामयाब हो गये थे।

2 जनवरी 2016 की अल सुबह लगभग 03:30 IST पर भारतीय सेना की वर्दी पहने छः बंदूकधारी उच्च्च सुरक्षा घेरा तोड़ते हुए पठानकोट वायु सेना केंद्र की सीमा में घुस गये। घुसपैठिए संभवत हमला करने से पहले मैदान में मौजूद बड़ी-बड़ी घास की ओट में छुपे हुए थे। वे सैनिकों के

रहने के लिये बने कालोनियों में तो घुस गये, लेकिन उस अतिसुरक्षित क्षेत्र में नहीं घुस पाये जहां सेना के विमान और हथियार रखे हुए थे। एक उच्च पुलिस अधिकारी के अनुसार 'ऐसा लगता है कि घुसपैठिए परिसर की दीवार लांघकर अंदर कूद गये।' हमलावर परिसर के अंदर 400 मीटर तक अंदर जंगली व घने पेड़-पौधों वाले रास्ते से होते हुए घुस गये थे जब उन्हें गरुड़ कमांडो बल के जवानों ने वायुसेना के लड़ाकू विमानों से 700 मीटर दूर रोक लिया। हमलावर अपने साथ ग्रेनेड, 52 मिमि मोर्टार, एके राइफलें और जी. पी.एस. उपकरण ले आये थे।

2 जनवरी को हुए इस शुरुआती मुठभेड़ में 4 हमलावर व तीन सुरक्षाकर्मी मारे गये। बाद में पूरे दिन गोलियों की आवाजें गूंजती रहीं जो और हमलावरों के मौजूद होने का इशारा कर रही थी। तीन अन्य सुरक्षाकर्मी, जो बमों को हटाते हुए घायल हो गये थे, उन्हें अस्पताल में भर्ती कराया गया लेकिन वो सभी 2 जनवरी, 2016 को शहीद हो गये। 2 जनवरी को शहीद हुए जवानों में से एक राष्ट्रमंडल खेलों के निशानेबाजी विजेता डोगरा रेजिमेंट के सूबेदार फतेह सिंह थे जो अब रक्षा सुरक्षाबल में कार्यरत थे।

हमले की खबर मिलते ही पठानकोट-जम्मू राष्ट्रीय राजमार्ग को बंद कर दिया गया। भारतीय गुप्तचर अधिकारियों के अनुसार हमलावर भारतीय सीमा में 31 दिसम्बर, 2015 को बीस नदी के तटीय क्षेत्रों से होते हुए आये होंगे जो पाकिस्तान की सीमा में भी बहती है। हमलावरों के दूरभाष अभिलेख और आपसी वार्तालाप से पता चला कि उनका मुख्य लक्ष्य वायुसेना के हेलिकॉप्टरों और लड़ाकू विमानों को नष्ट करना था।

3 जनवरी, 2016 की सुबह गोलियां चलने की आवाजें सुनी गईं, जिससे और अधिक हमलावरों के होने की आशंका बढ़ गई। एक मृत हमलावर के शरीर से बम हटाते वक्त हुए एक नये आईईडी धमाके से राष्ट्रीय सुरक्षा गार्ड के तीन जवान घायल हो गये। उनमें से एक जवान ई. निरंजन का अस्पताल में निधन हो गया। दोपहर तक पता लगा की दो और हमलावर अभी भी परिसर में छुपे हुए हो सकते थे।

बाहरी सैन्य मदद पहुंचने के बाद सुरक्षाबलों ने आतंकियों के खिलाफ तलाशी अभियान 4 जनवरी को भी चालू रखा था। पांचवें आतंकी को उस

दिन बाद में मार गिराया गया।

हमले के बाद देश की राजधानी दिल्ली को हाई अलर्ट पर रखा गया था। दिल्ली पुलिस की विशेष टुकड़ियों को जानकारी मिली है कि कश्मीर में स्थित एक नामित आतंकवादी समूह–जैश-ए-मोहम्मद के दो आदमियों ने शहर में प्रवेश किया था। पूरे शहरभर में सुरक्षा कड़ी कर दी गई थी, और अतिरिक्त सुरक्षाकर्मियों को 26 जनवरी को आयोजित होने वाले गणतंत्र दिवस परेड के देख-रेख में लगाया गया था।

प्रधानमंत्री नरेंद्र मोदी ने हमले की निंदा करते हुए कहा, 'आज मानवता के दुश्मनों ने जो भारतीय प्रगति को देखने की उनको परेशानी हो रही है, ऐसे तत्वों ने ऐसी ताकतों ने पठानकोट में हिंदुस्तान की सैन्य शक्ति का अंग एयरबेस देने का प्रयास किया है। मैं देश के सुरक्षाबलों को बधाई देता हूं कि दुश्मनों के उन इरादों को उन्होंने खाक में मिला दिया।'

राष्ट्रपति प्रणब मुखर्जी ने भी हमले की निंदा की है और उनके शहीद हुए सैनिकों के परिवारों के प्रति संवेदना भेजा है। उन्होंने सैनिकों को, आतंकवादियों से लड़ते हुए उनकी वीरता और साहस के लिए मुबारकबाद भी भेजा है।

गृह मंत्रालय मंत्री राजनाथ सिंह ने कहा, 'पाकिस्तान हमारा पड़ोसी देश है। हम न केवल पाकिस्तान, बल्कि सभी पड़ोसी देशों से अच्छा रिश्ता और शांति चाहते हैं। लेकिन अगर भारत पर कोई भी हमला होगा, तो इसका हम मुंहतोड़ जवाब देंगे।' इन सबके बीच भारत ने 15 जनवरी, 2016 को पाकिस्तान से होने वाली विदेश सचिव स्तर की वार्ता रद्द करने के संकेत दिये और अपराधियों पर कार्यवाई हुए बिना पाकिस्तान से वार्ता नहीं करने की बात कही। फिलहाल यह वार्ता कुछ समय के लिये टाल दी गई है।

संयुक्त राज्य के विदेश विभाग के प्रवक्ता जॉन किर्बी ने कहा कि अमेरिका भारतीय वायुसेना के बेस पर हुए हमले की कड़ी निन्दा करता है व पीड़ितों व उनके परिजनों के प्रति संवेदना व्यक्त करता है। अमेरिका आतंकवाद के खिलाफ लड़ाई में भारत सरकार के साथ मजबूत साझेदारी के लिए प्रतिबद्ध है। कार्बी ने सभी देशों को दोषियों को सजा दिलाने व

आतंकी तंत्र को नष्ट करने के लिए साथ कार्य करने के लिए कहा।

पठानकोट हमले में शहीद होने वाले सैनिकों को आर्थिक सहायता की मांग की जा रही है तो कई सैनिकों को आर्थिक सहायता देने की मंजूरी भी दे दी है।

2016 उड़ी हमला

उड़ी हमला 18 सितम्बर, 2016 को जम्मू और कश्मीर के उड़ी सेक्टर में एल.ओ.सी. के पास स्थित भारतीय सेना के स्थानीय मुख्यालय पर हुआ, एक आतंकी हमला है जिसमें 18 जवान शहीद हो गए। सैन्य बलों की कार्रवाई में सभी चार आतंकी मारे गए। यह भारतीय सेना पर किया गया, लगभग 20 सालों में सबसे बड़ा हमला है। उड़ी हमले में सीमा पार बैठे आतंकियों का हाथ बताया गया है। इनकी योजना के तहत ही सेना के कैंप पर फिदायीन हमला किया गया। हमलावरों के द्वारा निहत्थे और सोते हुए जवानों पर ताबड़तोड़ फायरिंग की गयी ताकि ज्यादा से ज्यादा जवानों को मारा जा सके। अमेरिका ने उड़ी हमले को 'आतंकवादी' हमला करार दिया। उड़ी हमले का बदला भारत ने सर्जिकल स्ट्राइक से लिया, जिस पर एक फिल्म बनी है, उड़ी द सर्जिकल स्ट्राइक, यह एक ऐसी फिल्म है जिससे देशहित के लिए राष्ट्रवादी विचारधारा का विकास होगा और हम भारतीयों में राष्ट्रीयता पनपेगी।

यह हमला 18 सितम्बर, 2016 को सुबह साढ़े 5 बजे (आई.एस.टी.) उड़ी सेक्टर के पास स्थित आर्मी हेडक्वार्टर पर हुआ। आतंकियों की पहली योजना थी कि निहत्थे और सोते हुए जवानों पर ताबड़तोड़ फायरिंग कर ज्यादा से ज्यादा जवानों को मारा जाए। इसके बाद बटालियन हेडक्वाटर्स के प्रशासनिक ब्लॉक में मेडिकल एड यूनिट में घुसकर वहां खूनखराबा किया जाये और इसके बाद अंत में ऑफिसर्स मेस में घुसकर खुद को उड़ा लेना। हालांकि पैरा स्पेशल फोर्सेज को प्रशासनिक ब्लॉक में उतारे जाने के फैसले की वजह से आतंकी अपने इन नापाक मंसूबों में कामयाब नहीं हो पाए।

स्पेशल फोर्सेज ने आतंकवादियों को प्रशासनिक ब्लॉक में ही सीमित

कर दिया और तेजी से किए ऑपरेशन में खत्म कर दिया। कुछ ही घंटों के अंदर ही चारों आतंकियों को मार गिराया गया। पर इससे पहले ही निहत्थे सैनिकों पर गोलीबारी से काफी नुकसान हो चुका था। आतंकवादियों ने बटालियन हेडक्वार्टर के फ्यूल डिपो में ढेरों ग्रेनेड फेंककर आग लगा दी थी। इससे लगभग सौ मीटर के दायरे में भीषण आग लग गई, जिसमें अधिकतर सैनिकों की जान चली गई।

प्रतिक्रिया

भारत–राष्ट्रपति प्रणव मुखर्जी ने ट्वीट कर कहा कि भारत इस तरह के हमलों से डरने वाला नहीं है। इन्होंने दो टूक शब्दों में कहा, 'हम आतंकवादियों और उन्हें शह देने वालों के नापाक इरादों को नाकाम कर देंगे।'

प्रधानमंत्री नरेंद्र मोदी ने ट्वीट कर कहा, 'हम उड़ी में हुए कायराना हमले की कड़ी आलोचना करते हैं। मैं राष्ट्र को भरोसा देता हूं कि इस कायरतापूर्ण हमले के पीछे जो भी लोग हैं उन्हें सजा जरूर मिलेगी।' एक और ट्वीट में मोदी ने कहा, 'हम उड़ी में शहीद होने वालों को सलाम करते हैं। राष्ट्र के प्रति उनकी सेवा को हमेशा याद रखा जाएगा। मेरी संवेदनाएं प्रभावित परिवारों के साथ है। मैंने हालात का जायजा लेने के लिए गृहमंत्री और रक्षामंत्री से बात की है। रक्षामंत्री हालात पर नजर रखने के लिए कश्मीर जा रहे हैं।'

गृहमंत्री राजनाथ सिंह ने ट्वीट कर कहा है कि वे उड़ी में सेना के कैंप पर हुए आतकंवादी हमले में 17 जवानों के 'शहीद होने' से काफी दुखी हैं। उन्होंने जख्मी हुए लोगों के जल्दी स्वस्थ होने की कामना भी की।

सैन्य अभियान महानिदेशक (डी.जी.एम.ओ.) लेफ्टिनेंट जनरल रणबीर सिंह ने एक प्रेस कॉन्फ्रेन्स में कहा, 'भारतीय सेना ने नियंत्रण रेखा पर और आंतरिक क्षेत्र दोनों ही जगह आतंकी स्थिति से निपटते समय अत्यधिक संयम बरता है। हालांकि आवश्यकता पड़ने पर हम इस तरह की हिंसात्मक और आक्रामक कार्रवाई का जवाब देने के लिए पूरी क्षमता रखते हैं। हम इस तरह की किसी भी शत्रुतापूर्ण कार्रवाई का सही समय और स्थान पर

जवाब देने का अपना अधिकार सुरक्षित रखते हैं।'

भारतीय राष्ट्रीय कांग्रेस के अधिकारिक अकाउंट से ट्वीट किया गया, 'उड़ी में हुए कायरतापूर्ण आतंकवादी हमले में भारतीय सैनिकों की शहादत पर कांग्रेस अध्यक्ष सोनिया गांधी ने गहरे दुख और शोक का इजहार किया है। सोनिया गांधी ने इसे हमारी राष्ट्रीय चेतना पर हमला कहा है।'

संयुक्त राज्य—भारत में अमरीकी राजदूत रिचर्ड वर्मा ने अपने आधिकारिक ट्विटर हैंडल पर ट्वीट किया, 'हम इस आतंकवादी हमले की कड़ी निंदा करते हैं। हमारी संवेदनाएं मारे गए वीर सैनिकों के रिश्तेदारों के साथ हैं।'

संयुक्त राष्ट्र—19 सितंबर को संयुक्त राष्ट्र के महासचिव बान की मून के प्रवक्ता ने बयान जारी करके इन हमलों की कड़ी निंदा की और मारे गए सैनिकों के परिवारों और भारत सरकार से सहानुभूति जताई। उन्होंने घायलों के शीघ्र स्वस्थ होने की कामना की तथा विश्वास जताया कि अपराधियों को उचित दंड दिया जाएगा।

चीनी जनवादी गणराज्य—चीन के प्रवक्ता ने कहा, 'चीन हर तरह के आतंकवाद का विरोध करता है और उसकी कड़े शब्दों में निंदा करता है। हम कश्मीर में बढ़ते तनाव को लेकर चिंतित हैं।' उन्होंने कहा, 'हमें उम्मीद है कि संबंधित पक्ष अपने मतभेद दूर करने के लिए बातचीत और विचार विमर्श करेंगे तथा आतंकवाद से निपटने के लिए सहयोग बढ़ाएंगे।'

रूस—रूस ने हमले की कड़ी निंदा करते हुए शहीदों के परिवार के प्रति संवेदना जाहिर की है।

फ्रांस—फ्रांस ने अपने बयान में कहा कि वह भारत के रुख का मजबूती से समर्थन करता है। भारत आंतकवाद का शिकार रहा है और आतंकवाद के खिलाफ लड़ाई में वह भारत के साथ खड़ा है।

परिणाम—भारत सरकार ने इस आतंकी हमले को बहुत गंभीरता से लिया। गृहमंत्री ने इस हमले की वजह से रूस और अमेरिका के प्रस्तावित दौरे को टाल दिया। भारतीय गृह मंत्रालय की रिपोर्ट के अनुसार उड़ी में ढेर किए गए चारों आतंकी जैश-ए-मोहम्मद के थे, जिन्हें पाकिस्तानी सेना ने पी.ओ.के. के सवाई नाला कैंप में प्रशिक्षण दिया। उड़ी हमले के लिए

आतंकी 2-2 के ग्रुप में आए थे और 36 घंटे पहले ही उन्होंने घुसपैठ की थी। इन 40 आतंकियों को पिछले महीने सवाई नाला कैंप में ट्रेनिंग दी गई थी। हाफिज सईद और सलाउद्दीन ने मिलकर उड़ी हमले की साजिश रची थी। संयुक्त ट्रेनिंग के बाद हमले के लिए अलग-अलग टीम बनाई गईं। इसके अलावा सुरक्षा एजेंसियों ने बताया कि उनके पास 42 आतंकी कैंपों के खिलाफ पुख्ता सबूत हैं। पहले हुए कई हमलों (पठानकोट आदि) की तरह इस हमले में भी आतंकवादियों के पाकिस्तान से संबंध होने के प्रमाण मिले, जिसके कारण भारतभर में पाकिस्तान के प्रति रोष प्रकट हुआ और भारत सरकार ने कई अप्रत्याशित कदम उठाए जिनसे भारत-पाकिस्तान संबंध प्रभावित हुए।

- भारत सरकार ने कूटनीतिक स्तर पर विश्वभर में पाकिस्तान को अलग-थलग करने की मुहिम छेड़ दी।
- संयुक्त राष्ट्र में भारत की विदेश मंत्री ने आतंक का पोषण करने वाले देशों की निंदा की। पाकिस्तान को स्पष्ट शब्दों में कहा कि कश्मीर छीनने का सपना पूरा नहीं होगा।
- प्रधानमंत्री नरेंद्र मोदी के बयान 'खून और पानी साथ-साथ नहीं बह सकते' के साथ ही भारत ने सिंधु जल संधि की समीक्षा शुरू कर दी। पाकिस्तान ने इसे युद्ध की कार्यवाही बताया और भारत के खिलाफ परमाणु हथियारों के उपयोग की धमकी दी। संधि रद्द होने के डर से पाकिस्तान ने विश्व बैंक का दरवाजा खटखटाया।
- भारत ने नवंबर, 2016 में इस्लामाबाद में होने वाले दक्षेस शिखर सम्मेलन का बहिष्कार करने की घोषणा की। बांग्लादेश, अफगानिस्तान व भूटान ने भी भारत का समर्थन करते हुए बहिष्कार की घोषणा की।
- भारत ने पाकिस्तान को दिए गए मोस्ट फेवर्ड नेशन के दर्जे पार पुनर्विचार की घोषणा की।
- 29 सितंबर, 2016 को भारत के डी.जी.एम.ओ. ने प्रेस कांफ्रेंस में बताया कि भारतीय सेना ने आतंकियों के ठिकानों पर

सर्जिकल हमले किए। ये हमले पी.ओ.के. में किये गए, आतंकवादियों के 7 ट्रेनिंग कैम्पों पर यह सर्जिकल हमला किया गया जिसमें कम से कम 38 आतंकवादियों को मार गिराया गया, 2 पाक सैनिकों के मारे जाने की भी खबर मिली। हालात पर पी.एम. मोदी की नजर थी व गृहमंत्री राजनाथ सिंह, रक्षा मंत्री मनोहर पर्रिकर व सेना के तीनों प्रमुखों से पी.एम. जुड़े हुए थे। इस आपरेशन की जानकारी अमेरिका, रूस व ब्रिटेन को अंतर्राष्ट्रीय प्रोटोकोल के तहत दे दी गई थी।

2019 पुलवामा हमला

14 फरवरी, 2019 को, जम्मू श्रीनगर राष्ट्रीय राजमार्ग पर भारतीय सुरक्षाकर्मियों को ले जाने वाले सी.आर.पी.एफ. के वाहनों के काफिले पर आत्मघाती हमला पाकिस्तानी आतंकवादियों द्वारा किया गया, जिसमें 45 सुरक्षाकर्मियों की जान गयी थी। इस आतंकी हमले का जवाब भारत के प्रधानमंत्री नरेन्द्र मोदी ने आतंकी हमले के 13 दिन बाद 26 फरवरी, 2019 को वायुसेना द्वारा पाकिस्तान के बालाकोट इलाके पर एयर स्ट्राइक करके लिया। इस एयर स्ट्राइक से पाकिस्तान के आतंकी इलाकों पर हमला किया गया जिसमें पाकिस्तान के 300 से अधिक आतंकी मारे गये। इस एयर स्ट्राइक के बाद पाकिस्तान ने भी भारत पर एयर स्ट्राइक की जिसमें पाकिस्तान ने एफ-16 इस्तमाल किया जिसको भारतीय वायुयान मिंग-21 ने आसमान में ही अपनी जबरदस्त टक्कर से चूर कर दिया। परंतु वायुयानों की इस टक्कर में भारतीय वायुयान मिंग के कमांडर वर्तमान अभिनंदन पैराशूट से आसमान में 25,000 किमी. की उंचाई से कूद गये जो कि एक पाकिस्तानी इलाके में जाकर गिरे। भारत की चुनौती भरी मांग को स्वीकार करते हुए पाकिस्तान ने भारतीय कमांडर अभिनन्दन वर्तमान को शुक्रवार 01 मार्च, 2019 को रात करीब 09:20 पर लौटाया गया।

यह हमला जम्मू और कश्मीर के पुलवामा जिले के अवन्तिपोरा के निकट लेथपोरा इलाके में हुआ जो एक आत्मघाती हमलावर द्वारा किया गया हमला था, जिसके परिणामस्वरूप 40 केन्द्रीय रिजर्व पुलिस बल के सुरक्षाकर्मियों की जान जा चुकी है। इस हमले की जिम्मेदारी पाकिस्तान स्थित इस्लामिक आतंकवादी समूह जैश-ए-मोहम्मद ने ली है।

जम्मू-कश्मीर के पुलवामा जिले के अवन्तिपोरा क्षेत्र में गुरुवार को

आतंकवादियों द्वारा केंद्रीय रिजर्व पुलिस बल (सी.आर.पी.एफ.) के भारतीय सुरक्षाकर्मियों के काफिले को निशाना बनाकर हमला किया गया जिसमें अब तक लगभग 40 जवान शहीद हो चुके हैं और कई अन्य घायल भी हुए हैं। रिपोर्ट्स में बताया गया है कि आतंकियों द्वारा इस्तेमाल किया गया वाहन महिंद्रा स्कॉर्पियो था जिसमें 300 किलोग्राम से अधिक विस्फोटक था। घायलों को हमले की जगह से 20 किमी. दूर श्रीनगर के सेना बेस अस्पताल में ले जाया गया। इस हमले की जिम्मेदारी पाकिस्तान स्थित आतंकवादी समूह जैश-ए-मोहम्मद ने जिम्मेदारी ली।

इसके बाद उन्होंने हमलावर आदिल अहमद डार उर्फ आदिल अहमद गादी टेकरनवाला उर्फ वकास कमांडो का एक वीडियो भी जारी किया, जो काकापोरा का निवासी था, जो एक साल पहले इस समूह से जुड़ा था।

राष्ट्रीय जांच एजेंसी जम्मू और कश्मीर पुलिस के साथ इस हमले की जांच करेगी। जबकि प्रारंभिक जांच में बताया गया है कि कार में लगभग 300 किलोग्राम से अधिक विस्फोटक था।

प्रतिक्रियाएं

कहां-कहां से शहीद हुए

राज्य	संख्या	राज्य	संख्या
उत्तर प्रदेश	12	राजस्थान	5
पंजाब	4	ओड़िसा	2
उत्तराखंड	2	बिहार	2
महाराष्ट्र	2	पश्चिम बंगाल	2
तमिलनाडु	1	असम	1
कर्नाटक	1	जम्मू और कश्मीर	1
हिमाचल प्रदेश	1	केरल	1
झारखंड	1	मध्य प्रदेश	1
अज्ञात	8		

कुल 47

भारत

- भारत के वर्तमान राष्ट्रपति रामनाथ कोविंद ने ट्वीट करते हुए कहा है, जम्मू-कश्मीर के पुलवामा में आतंकी हमले की कड़ी निंदा करता हूं। शहीदों के परिवार के साथ संवेदनाएं और प्रार्थनाएं। पूरा देश इस आतंकी गतिविधि के खिलाफ खड़ा है।
- प्रधानमंत्री नरेंद्र मोदी ने भी ट्वीट करते हुए लिखा है, पुलवामा में सी.आर.पी.एफ. कर्मियों पर हमला घृणित है। मैं इस नृशंस हमले की कड़ी निंदा करता हूं। हमारे बहादुर सुरक्षाकर्मियों का बलिदान व्यर्थ नहीं जाएगा। पूरा देश बहादुर शहीदों के परिवारों के साथ कंधे से कंधा मिलाकर खड़ा है। घायल जल्दी ठीक हों। उन्होंने कहा, 'पुलवामा में हमले के मद्देनजर स्थिति को लेकर मैंने गृह मंत्री राजनाथ सिंह जी और अन्य शीर्ष अधिकारियों से बात की है।'

अंतर्राष्ट्रीय

- पाकिस्तान प्रवक्ता कार्यालय ने एक प्रेस विज्ञप्ति जारी कर कहा, हम बिना किसी जांच के हमले का संबंध पाकिस्तान से जोड़ने के भारतीय मीडिया और सरकार के किसी भी आक्षेप को खारिज करते हैं। इसके अलावा उन्होंने कहा है, यह एक गंभीर चिंता का विषय है।
- संयुक्त राज्य के भारत में राजदूत केनेथ जस्टर ने कहा कि "भारत में अमेरिकी दूतावास जम्मू और कश्मीर में आज हुए हमलों की कड़ी निन्दा करता है तथा हताहतों के परिजनों के साथ गहरी संवेदना व्यक्त करते हैं।" साथ ही उन्होंने कहा कि आतंकवाद से लड़ाई में अमेरिका सदैव भारत के साथ है और इसे पराजित भी करेगा।
- श्रीलंका के राष्ट्रपति मैत्रीपाल सिरिसेन ने हमले की निन्दा करते हुए कहा, "दक्षिण कश्मीर में हुए कायराना हमले और 40 सी.आर.पी.एफ. जवानों की मृत्यु से मैं बहुत दुखी हूं। वैश्विक

समुदाय को ऐसे क्रूर हमलों की निन्दा करनी चाहिये और भविष्य में ऐसे हमलों को रोकने के लिये प्रभावी कदम उठाने चाहिये।" प्रधानमंत्री रानिल विक्रम सिंघे ने इसे 1989 के बाद सबसे बुरा हमला बताया।

- रूस भारत में स्थित रूसी दूतावास ने कहा कि "हम हर तरह के आतंकवाद की निन्दा करते हैं और दोहराते हैं कि बिना किसी दोहरे रवैये के हमें इस अमानवीय कृत्यों से सामूहिक जिम्मेदारी के साथ लड़ना चाहिये। हम मृत लोगों को परिवारीजनों से गंभीरतापूर्वक संवेदना व्यक्त करते हैं तथा घायलों की जल्द सलामती के लिये प्रार्थना करते हैं।"
- नेपाल के प्रधानमंत्री खड्ग प्रसाद शर्मा ओली ने प्रधानमंत्री नरेन्द्र मोदी से टेलीफोन वार्ता में इस दुखद घटना पर बात की और शोक प्रकट करते हुए कहा कि, "हम इस घटना की निंदा करते हैं और दुख के इस घड़ी में भारत के साथ हैं।"
- इसके अतरिक्त फ्रांस, चीन, बांग्लादेश, भूटान, इजराइल, अफगानिस्तान तथा मालदीव ने भी इस आतंकी हमले की निन्दा की।

अंतर्राष्ट्रीय संगठन

- संयुक्त राष्ट्र महासचिव एंटोनियो गुटेरेस के प्रवक्ता स्टीफेन दुजारिक ने दैनिक प्रेस संबोधन में कहा, "हम जम्मू और कश्मीर के पुलवामा जिले में हुए हमले की कड़ी निन्दा करते हैं तथा इस हमले में मृत लोगों के परिजन, सरकार और भारतीय लोगों के साथ गहरी संवेदना व्यक्त करते हैं।"

मसूद अजहर की कहानी

कौन है मसूद अजहर

मोस्ट वॉन्टेड आतंकवादी मौलाना मसूद अजहर का जन्म बहावलपुर, पाकिस्तान में 10 जुलाई, 1968 को हुआ था। उसके 9 अन्य भाई-बहन थे। कुछ एजेंसियां उसके जन्म की तारीख 7 अगस्त, 1968 बताती हैं। अजहर का पिता अल्लाह बख्श शब्बीर एक सरकारी स्कूल का प्रधानाध्यापक था। उसका परिवार डेयरी और पॉल्ट्री के कारोबार से जुड़ा था। इस आतंकी ने बानुरी नगर, कराची के जामिया उलूम उल इस्लामिया नामक मदरसे से तालीमा हासिल की और वहीं उसका सम्पर्क हरकत-उल-अंसार नामक संगठन से हुआ। जो उस वक्त अफगानिस्तान में सक्रिय आतंकी संगठन था। वह उर्दू पत्रिका साद-ए-मुजाहिद्दीन और अरबी पत्रिका सावत-ए-कश्मीर का संपादक भी था।

राष्ट्रीय आतंकी बन चुका मौलाना मसूद अजहर भारत में पुलवामा समेत कई आतंकी हमलों को अंजाम दे चुका है। उसका आतंकी संगठन जैश-ए-मोहम्मद पाकिस्तान की पनाह में खूनी साजिशें रचता रहा है। इस आतंकी ने भारत ही नहीं बल्कि अमेरिका और अन्य पश्चिमी देशों में भी आतंकी वारदातों को अंजाम दिया था। अब ये आतंकी पाकिस्तान में भी खुलेआम नहीं घूम पाएगा। उसकी संपत्ति जब्त कर ली जाएगी। उसके बैंक खातों को सील कर दिया जाएगा। क्योंकि अब वो बन चुका है ग्लोबल आतंकी। उसके संगठन पर पहले ही बैन लगाया जा चुका है।

जैश सरगना मसूद अजहर ने 25 साल पहले एक थप्पड़ में उगल दी थी सारी जानकारी।

देश में सबसे ज्यादा खतरनाक आतंकी हमलों को अंजाम देने वाले जैश-ए-मोहम्मद के सरगना मसूद अजहर पर पूछताछ के दौरान ज्यादा सख्ती बरतने की नौबत कभी नहीं आई। इस बात का खुलासा सिक्किम के पूर्व डी.जी. अविनाश मोहनाने ने किया। उन्होंने 1994 में अजहर से पूछताछ की थी। उन्होंने बताया कि सैन्य अधिकारी के एक थप्पड़ में ही अजहर ने सारी खुफिया जानकारियां हमें दे दी थीं।

1994 में अजहर पुर्तगाल के पासपोर्ट पर बांग्लादेश के रास्ते भारत में दाखिल हुआ था। इसके बाद वो कश्मीर पहुंचा। अनंतनाग से उसे फरवरी, 1994 में गिरफ्तार किया गया था। हालांकि, 1999 में कंधार विमान अपहरण के बाद यात्रियों की सलामती के ऐवज में मसूद अजहर को तत्कालीन भाजपा सरकार ने छोड़ दिया था।

पूछताछ के लिए जद्दोजहद नहीं करना पड़ती थी–

1. मोहनाने ने बताया–कस्टडी के दौरान एजेंसी के अधिकारियों को अजहर से पूछताछ के लिए ज्यादा जद्दोजहद नहीं करना पड़ती थी। सैन्य अधिकारी के एक थप्पड़ के बाद ही वो आतंकी समूह से जुड़ी जानकारियां और गतिविधियां बता देता था।
2. उन्होंने बताया, 'मैं कई बार उससे (अजहर) कोट बलवाल जेल में मिला। घंटों उससे पूछताछ की। पूछताछ के दौरान उस पर कोई सख्त तरीका अपनाने की जरूरत नहीं पड़ी। थोड़ा-सा दबाव बनाने के बाद उसके पास से सूचनाएं मिलना शुरू हो जाती थीं।'
3. मोहनाने ने कहा–कस्टडी के दौरान अजहर ने पाकिस्तान में होने वाली आतंकी गतिविधियों और भर्ती प्रक्रिया के बारे में बताया था।
4. 'उसने अफगान आतंकियों के कश्मीर घाटी में आने, हरकत-उल-मुजाहिद्दीन और हरकत-उल-जेहाद-ए-इस्लामी के हरकत-उल-अंसार में बदल जाने की जानकारी भी थी। उसने खुद को इसका जनरल सेक्रेटरी बताया था।'

   उन्होंने बताया, 'पूछताछ के दौरान अजहर से जो भी पूछा जाता था, वो उसका जवाब विस्तार से दिया करता था। अजहर अक्सर

कहता था कि पुलिस उसे ज्यादा समय तक कस्टडी में नहीं रख पाएगी, क्योंकि वो पाकिस्तान और आई.एस.आई. के लिए महत्वपूर्ण है। वो कहता था, आप मेरी पॉपुलैरिटी समझ रहे हैं। आई.एस.आई. यह सुनिश्चित करेगी कि मैं पाकिस्तान पहुंच जाऊं।'

5. मोहनाने ने कहा कि अजहर को जब कस्टडी में लिया गया था, तब वह पाकिस्तान में आतंकी संगठनों में होने वाली भर्ती प्रक्रिया, उनके संचालन के तरीकों के बारे में बताया था। तब हम आई.एस.आई. द्वारा शुरू की गई प्रॉक्सी वॉर को समझने की कोशिश कर रहे थे। मोहनाने 1985 बैच के आई.पी.एस. अफसर हैं, वे 1994 में कश्मीर डेक्स को लीड कर रहे थे।

मसूद अजहर पहली बार 29 जनवरी, 1994 को बांग्लादेश विमान की उड़ान से ढाका से दिल्ली पहुंचे। उनके पास पुर्तगाली पासपोर्ट था। इंदिरा गांधी हवाई अड्डे पर मौजूद ड्यूटी ऑफीसर ने मसूद को देख कर कहा, 'आप पुर्तगाली तो नहीं लगते।' लेकिन जैसे ही मसूद ने कहा मैं गुजराती मूल का हूं, तो उसने दोबारा बिना उसकी तरफ देखे उनके पासपोर्ट पर मोहर लगा दी।

आने के कुछ दिनों के भीतर ही मसूद अजहर को श्रीनगर की गलियों-कूचों में देखा जाने लगा। भड़कीले भाषण देना और कश्मीर में पृथकतावादी गतिविधियों में शामिल समूहों के बीच उभर रहे मतभेदों में मध्यस्थता करना उनकी खासियत थी। उनका एक काम और था, कश्मीरी युवाओं को चरमपंथी गतिविधियों की तरफ आकृष्ट और प्रेरित करना। उनको अनंतनाग में उस समय गिरफ्तार किया गया, जब वो अनंतनाग में सज्जाद अफगानी के साथ बैठकर एक ऑटो में जा रहे थे।

सेना के जवानों ने उन्हें रोका। ऑटो में सवार दोनों लोग उतरकर भागने लगे, लेकिन जवानों ने उन्हें वहीं पकड़ लिया। जेल में मसूद अजहर हमेशा ये शेखी बघारते थे कि भारत सरकार उन्हें बहुत दिनों तक अपनी जेल में नहीं रख पाएगी। मसूद के गिरफ्तार होने के 10 महीनों के भीतर चरमपंथियों ने दिल्ली में कुछ विदेशियों को अगवा कर उन्हें छोड़ने के बदले

मसूद अजहर की रिहाई की मांग की थी। ये मुहिम असफल हो गई, क्योंकि उत्तर प्रदेश और दिल्ली पुलिस सहारनपुर से बंधकों को छुड़ाने में सफल हो गई।

एक साल बाद हरकत-उल-अंसार ने फिर कुछ विदेशियों का अपहरण कर उन्हें छुड़ाने की कोशिश की, लेकिन ये प्रयास भी असफल रहा। 1999 में जम्मू की कोट भलवाल जेल से उन्हें निकालने के लिए सुरंग खोदी गई, लेकिन मसूद अजहर अपने मोटे शरीर के कारण उसमें फंस गए और पकड़े गये।

कुछ महीनों बाद 24 दिसंबर, 1999 की ही शाम थी, दिन था शुक्रवार और घड़ी में साढ़े चार बजने वाले थे। काठमांडू के त्रिभुवन इंटरनेशनल एयरपोर्ट से इंडियन एयरलाइंस की फ्लाइट संख्या आई.सी. 814 नई दिल्ली के लिए रवाना होती है।

शाम पांच बजे जैसे ही विमान भारतीय वायु क्षेत्र में दाखिल होता है, अपहरणकर्ता हरकत में आते हैं और फ्लाइट को पाकिस्तान ले जाने की मांग करते हैं। दुनिया को पता लगता है कि ये भारतीय विमान अगवा कर लिया गया है। शाम छह बजे विमान अमृतसर में थोड़ी देर के लिए रुकता है, और वहां से लाहौर के लिए रवाना हो जाता है।

पाकिस्तान की सरकार के इजाजत के बिना ये विमान रात आठ बजकर सात मिनट पर लाहौर में लैंड करता है। लाहौर से दुबई के रास्ते होते हुए इंडियन एयरलाइंस का ये अपहृत विमान अगले दिन सुबह के तकरीबन साढ़े आठ बजे अफगानिस्तान में कंधार की जमीन पर लैंड करता है। उस दौर में कंधार पर तालिबान की हुकूमत थी।

विमान पर कुल 180 लोग सवार थे। विमान अपहरण के कुछ ही घंटों के भीतर चरमपंथियों ने एक यात्री रूपन कात्याल को मार दिया। 25 साल के रूपन कात्याल पर चरमपंथियों ने चाकू से कई वार किए थे। रात के पौने दो बजे के करीब ये विमान दुबई पहुंचा। वहां ईंधन भरे जाने के एवज में कुछ यात्रियों की रिहाई पर समझौता हुआ।

दुबई में 27 यात्री रिहा किए गए, इनमें ज्यादातर महिलाएं और बच्चे थे। इसके एक दिन बाद डायबिटीज से पीड़ित एक व्यक्ति को रिहा कर

दिया गया। कंधार में पेट के कैंसर से पीड़ित सिमोन बरार नाम की एक महिला को कंधार में इलाज के लिए विमान से बाहर जाने की इजाजत दी गई और वो भी सिर्फ 90 मिनट के लिए।

उधर, बंधक संकट के दौरान भारत सकरार की मुश्किल भी बढ़ रही थी। मीडिया का दबाव था, बंधक यात्रियों के परिजन विरोध प्रदर्शन कर रहे थे। और इन सबके बीच अपरहरणकर्ताओं ने अपने 36 चरमपंथी साथियों की रिहाई के साथ-साथ 20 करोड़ अमरीकी डॉलर की फिरौती की मांग रखी थी।

अपहरणकर्ता एक कश्मीरी अलगाववादी के शव को सौंपे जाने की मांग पर भी अड़े थे लेकिन तालिबान की गुजारिश के बाद उन्होंने पैसे और शव की मांग छोड़ दी। लेकिन भारतीय जेलों में बंद चरमपंथियों की रिहाई की मांग मनवाने के लिए वे लोग बुरी तरह अड़े हुए थे।

पेट के कैंसर की मरीज सिमोन बरार की तबीयत विमान में ज्यादा बिगड़ने लगी और तालिबान ने उनके इलाज के लिए अपहरणकर्ताओं से बात की। तालिबान ने एक तरफ विमान अपहरणकर्ताओं तो दूसरी तरफ भारत सरकार पर भी जल्द समझौता करने के लिए दबाव बनाए रखा।

एक वक्त तो ऐसा लगने लगा कि तालिबान कोई सख्त कदम उठा सकता है। लेकिन बाद में गृहमंत्री लालकृष्ण आडवाणी ने कहा, 'तालिबान ने ये कहकर सकारात्मक रवैया दिखाया है कि कंधार में कोई रक्तपात नहीं होना चाहिए नहीं तो वे अपहृत विमान पर धावा बोल देंगे। इससे अपहरणकर्ता अपनी मांग से पीछे हटने को मजबूर हुए।'

हालांकि विमान में ज्यादातर यात्री भारतीय ही थे लेकिन इनके अलावा ऑस्ट्रेलिया, बेल्जियम, कनाडा, फ्रांस, इटली, जापान, स्पेन और अमरीका के नागरिक भी इस फ्लाइट से सफर कर रहे थे। तत्कालीन एन.डी.ए. सरकार को यात्रियों की सुरक्षा सुनिश्चत करने के लिए तीन चरमपंथियों को कंधार ले जाकर रिहा करना पड़ा था।

31 दिसंबर को सरकार और अपहरणकर्ताओं के बीच समझौते के बाद दक्षिणी अफगानिस्तान के कंधार एयरपोर्ट पर अगवा रखे गए सभी 155 बंधकों को रिहा कर दिया गया। ये ड्रामा उस वक्त खत्म हुआ जब

वाजपेयी सरकार भारतीय जेलों में बंद कुछ चरमपंथियों को रिहा करने के लिए तैयार हो गई।

तत्कालीन अटल बिहारी वाजपेयी सरकार के विदेश मंत्री जसवंत सिंह खुद तीन चरमपंथियों को अपने साथ कंधार ले गए थे। छोड़े गए चरमपंथियों में जैश-ए-मोहम्मद के प्रमुख मौलाना मसूद अजहर, अहमद जरगर और शेख अहमद उमर सईद शामिल थे।

इससे पहले भारत सरकार और चरमपंथियों के बीच समझौता होते ही तालिबान ने उन्हें दस घंटों के भीतर अफगानिस्तान छोड़ने का अल्टीमेटम दे दिया था। शर्तें मान लिए जाने के बाद चरमपंथी हथियारों के साथ विमान से उतरे और एयरपोर्ट पर इंतजार कर रही गाड़ियों पर बैठ वहां से फौरन रवाना हो गए।

कहा जाता है कि इंडियन एयरलाइंस के विमान को अगवा करने वाले चरमपंथियों ने अपनी सुरक्षा की गारंटी के तौर पर तालिबान के एक अधिकारी को भी अपनी हिरासत में रखा था। कुछ यात्रियों ने बताया कि बंधक संकट के दौरान अपहरणकर्ताओं ने अपने ही गुट के एक व्यक्ति को मार दिया था। हालांकि किसी ने इसकी पुष्टि नहीं की।

ठीक आठ दिन के बाद साल के आखिरी दिन यानी 31 दिसंबर को सरकार ने समझौते की घोषणा की। प्रधानमंत्री वाजपेयी ने नए साल की पूर्व संध्या पर देश को ये बताया कि उनकी सरकार अपहरणकर्ताओं की मांगों को काफी हद तक कम करने में कामयाब रही है।

विमान के यात्रियों को छोड़ने के बदले भारत सरकार मसूद अजहर समेत तीन चरमपंथियों को छोड़ने के लिए तैयार हो गई। उस समय भारतीय खुफिया एजेंसी रॉ के प्रमुख अमरजीत सिंह दुलत को खासतौर से फारूक अब्दुल्ला को मनाने श्रीनगर भेजा गया। अब्दुल्ला, मुश्ताक अहमद जरगर और मसूद अजहर को छोड़ने के लिए कतई तैयार नहीं थे। दुलत को उन्हें मनाने के लिए एड़ी चोटी का जोर लगाना पड़ा।

जरगर को श्रीनगर जेल और मसूद अजहर को जम्मू की कोट भलवाल जेल से श्रीनगर लाया गया। दोनों को रॉ ने एक छोटे गल्फस्ट्रीम जहाज में बैठाया गया। दुलत बताते हैं, ‘दोनों की आंखों में पट्टी बंधी हुई

थी। मेरे जहाज में सवार होने से पहले दोनों को जहाज के पिछले हिस्से में बैठा दिया गया। जहाज के बीच में पर्दा लगा हुआ था। पर्दे के एक तरफ मैं बैठा था और दूसरी तरफ जरगर और मसूद अजहर।'

उन्होंने बताया कि 'टेक ऑफ' से कुछ सेकेंड पहले सूचना आई कि हमें जल्द से जल्द दिल्ली पहुंचना है, क्योंकि विदेश मंत्री जसवंत सिंह हवाई अड्डे पर ही कंधार जाने के लिए हमारा इंतजार कर रहे थे। उन्होंने बताया, 'दिल्ली में उतरते ही इन दोनों को जसवंत सिंह के जहाज में ले जाया गया जिसमें तीसरा चरमपंथी ओमर शेख पहले से ही मौजूद था।'

सवाल उठा कि इन बंदियों के साथ भारत की तरफ से कंधार कौन-कौन जाए। कंधार में मौजूद विदेश मंत्रालय के संयुक्त सचिव विवेक काटजू, इंटेलिजेंस ब्यूरो के अजित डोभाल और रॉ के सीडी सहाय सबने एक स्वर से कहा कि कंधार ऐसे शख्स को भेजा जाए जो जरूरत पड़ने पर वहां बड़े निर्णय ले सके, क्योंकि यह व्यवहारिक नहीं होगा कि हर फैसले के लिए दिल्ली की तरफ देखा जाए।

जब जसवंत सिंह के जहाज ने कंधार के हवाई अड्डे पर 'लैंड' किया तो बहुत देर तक तो तालिबान का कोई बंदा उनसे मिलने ही नहीं आया। जसवंत सिंह जहाज में ही बैठ कर उनका इंतजार करने लगे। जसवंत सिंह अपनी आत्मकथा 'अ कॉल टु ऑनर–इन सर्विस ऑफ एमर्जिंग इंडिया' में लिखते हैं, 'बहुत देर बाद वॉकी-टॉकी की आवाज गूंजी। परेशान विवेक काटजू ने मेरे पास आकर पूछा, सर तय करिए कि बंधकों की रिहाई से पहले हम इन चरमपंथियों को छोड़ें या नहीं। मेरे पास इसे मानने के सिवा कोई चारा नहीं था।'

वो कहते हैं, 'जैसे ही ये तीनों नीचे उतरे, मैंने देखा इनका बहुत गर्मजोशी से स्वागत किया गया। इनके उतरते ही हमारे जहाज की सीढ़ियां हटा ली गईं ताकि हम नीचे न उतर सकें। नीचे मौजूद लोग खुशी में चिल्ला रहे थे। आई.एस.आई. वाले इन तीनों चरमपंथियों के रिश्तेदारों को पाकिस्तान से कंधार लाए थे, ताकि ये सुनिश्चित किया जा सके कि हमने असली लोगों को ही छोड़ा है। जब उन्हें तसल्ली हो गई कि ये असली लोग हैं, तब जाकर हमारे विमान की सीढ़ी दोबारा उसमें लगाई गई। तब तक अंधेरा घिरने लगा

था और ठंड भी बढ़ने लगी थी।'

5 बजे के आसपास अजित डोभाल अपहृत विमान में यात्रियों से मिलने गए। जब वो विमान से उतरने लगे तो दो अपरहरणकर्ताओं बर्गर और सैंडी ने उन्हें एक छोटा 'बाइनाकुलर' भेंट किया। डोभाल लिखते हैं, "उन्होंने मुझे बताया कि वो इसी 'बाइनाकुलर' से बाहर हो रही गतिविधियों पर नजर रखे हुए थे। बाद में जब मैं कंधार से दिल्ली आने के लिए रवाना हुए तो मैंने वो 'बाइनाकुलर' विदेश मंत्री जसवंत सिंह को दिखाया। उन्होंने कहा कि ये हमें कंधार के हमारे बुरे अनुभव की याद दिलाएगा। मैंने उन्हें ये 'बाइनाकुलर' एक यादगार के तौर पर दे दिया।"

अपहृत यात्रियों के साथ विदेश मंत्री जसवंत सिंह और भारतीय अधिकारियों की टीम तो उसी दिन वापस लौट आई, लेकिन भारत के इस्लामाबाद उच्चायोग में काम करने वाले ए.आर. घनश्याम को भारतीय विमान में ईंधन भरवाने और उसे वापस दिल्ली लाने की व्यवस्था करने के लिए कंधार में ही छोड़ दिया गया।

एयर इंडिया का 14 सदस्यीय क्रू भी कंधार में ही रह गया। बाद में ए.आर. घनश्याम ने विदेश मंत्रालय को भेजी अपनी रिपोर्ट में लिखा, 'जब सबके जाने के बाद मैं उस विमान में गया तो वहां नाकाबिले बर्दाश्त बदबू फैली हुई थी। कॉकपिट पैनल तक में चिकन की हड्डियां और संतरे के छिलके पड़े हुए थे। टॉयलेट बुरी तरह से चोक थे और बिल्कुल भी इस्तेमाल करने लायक नहीं थे।'

रात करीब 9 बजे जहाज के कमांडर कैप्टन सूरी घनश्याम के पास आकर बोले कि तालिबान आई.सी. 814 को उड़ने देने के लिए तैयार नहीं हैं और वो उसमें ईंधन भरने में आनाकानी कर रहे हैं। उनकी शर्त है कि वो विमान को तभी उड़ने देंगे जब हम उन्हें विमान के होल्ड से एक लाल रंग का बैग निकाल कर देंगे जो अपहरणकर्ताओं का है।

11 बजे तक कैप्टन सूरी विमान के अंदर ही थे। घनश्याम ने विदेश मंत्रालय को भेजी अपनी रिपोर्ट में लिखा, "मैंने देखा कि एक लाल रंग की पजेरो विमान के होल्ड के ठीक सामने खड़ी थी और उसकी लाइट ऑन थी। कैप्टन राव ने इंजिन स्टार्ट कर रखा था और कुछ मजदूर अभी भी विमान

के अंदर काम कर रहे थे। कैप्टन राव ने मुझे बाद में बताया कि मजदूरों ने विमान के होल्ड में रखा एक-एक लाल सूटकेस निकाल कर पजेरो में बैठे लोगों को दिखाया। मेरा अंदाजा है कि सूटकेस की पहचान के लिए कम से कम एक या उससे ज्यादा 'हाइजैकर' कार के अंदर बैठे हुए थे। बाद में कैप्टन सूरी को एक मजदूर ने बताया कि आखिर में उन्हें वो लाल सूटकेस मिल गया, जिसमें 5 'ग्रेनेड' रखे हुए थे। आखिर में कैप्टन राव वापस आए और हम सभी लोग रात में हवाई अड्डे के 'लाउंज' में ही रुके।"

अगले दिन जहाज में ईंधन भर दिया गया और अफगान समय के अनुसार सुबह 9 बज कर 43 मिनट पर भारतीय विमान ने दिल्ली के लिए उड़ान भरी। इसके बाद तालिबान का एक भी अधिकारी कंधार के हवाई अड्डे पर नहीं आया। कंट्रोल टॉवर के एक अधिकारी ने घनश्याम को पैकेट दिया। जब उन्होंने उसे खोला तो उसके अंदर कुछ बादाम, किशमिश, एक छोटा कंघा और एक 'नेल कटर' था।

तालिबान के नागरिक उड्डयन मंत्री ने उन्हें ये तोहफे के तौर पर भेजा था, क्योंकि उन्हें पता था कि घनश्याम को कंधार हवाई अड्डे पर रहने के दौरान एक बार भी शहर जाने का मौका नहीं मिला था। घनश्याम ने 12 बजे संयुक्त राष्ट्र के एक विमान से उड़ान भरी और वो 3 बजे वापस इस्लामाबाद पहुंचे।

जैश-ए-मौहम्मद का गठन

हिंदुस्तान में तबाही की नई साजिश रचने वाला आजाद हो चुका था। 31 दिसंबर, 1999 को कंधार पहुंचने के बाद मसूद अजहर और उमर शेख सीधे अलकायदा के चीफ ओसामा बिन लादेन से मिलने गए और एक माह बाद वहां से दोनों आतंकी 31 जनवरी, 2000 को पाकिस्तान चले गए थे। उसके बाद कराची की एक मस्जिद में एक हजार हथियारबंद आतंकियों के बीच मसूद अजहर ने जैश-ए-मौहम्मद नामक आतंकी संगठन की स्थापना का ऐलान किया था। इससे पहले वो हरकत-उल-मुजाहिद्दीन के साथ जुड़ा था। लेकिन जैश की स्थापना के बाद हरकत-उल-मुजाहिद्दीन के ज्यादातर सदस्य मसूद अजहर के साथ शामिल हो गए थे।

आरोप है कि दिसम्बर, 2001 में जैश ने लश्कर-ए-तैयबा के साथ मिलकर भारतीय संसद पर आत्मघाती हमला किया था। साथ ही फरवरी, 2002 में जैश ने अमेरिकी पत्रकार डैनियल पर्ल की गर्दन काटकर उसे मार दिया। मई, 2009 में जैश का सदस्य होने का दावा करने वाले चार लोगों को न्यूयार्क में एक यहूदी मंदिर उड़ाने और अमेरिकी सैनिक विमानों पर मिसाइल चलाने का षड्यंत्र रचने के आरोप में गिरफ्तार किया गया था। इसके अलावा 2016 में पठानकोट हमले में भी इसी आतंकी संगठन का नाम आया था।

1980 के दशक के आखिर तक मसूद अजहर पर आतंक का जहर पूरी तरह चढ़ चुका था। तब सोवियत संघ और अफगानिस्तान का युद्ध भी चरम पर था। उसी दौरान मसूद अफगानिस्तान में आतंकी ट्रेनिंग लेकर पाकिस्तान लौट आया। 1992 तक मसूद अजहर ने पाकिस्तान में आतंक का जहर फैलाने के लिए चंदा इकट्ठा किया। वह अफगानिस्तान में बैठे आतंकियों की मदद करना चाहता था। इस बात से हरकत-उल-मुजाहिद्दीन आतंकी संगठन का सरगना खलील इतना प्रभावित हुआ कि उसने मसूद को विदेशी दौरे पर भेजना शुरू कर दिया। सबसे पहले मसूद हज यात्रा पर सऊदी अरब गया और उसके बाद उसने अफ्रीकी देश जांबिया और ब्रिटेन से भी लाखों रुपये का चंदा जुटाया। उसने बरमिंघम, नॉटिंघम, लेसेस्टर और लंदन में आतंकी सोच वाले नौजवानों के साथ बैठकें भी की।

पाकिस्तानी आतंकियों की नजर हिंदुस्तान पर थी। पाकिस्तानी सरकार की शह और उसकी खुफिया एजेंसी आई.एस.आई. की मदद से मसूद अजहर हिंदुस्तान में घुसने की साजिश रचने लगा। वह अपने असली नाम और पहचान के साथ भारत नहीं आना चाहता था क्योंकि उसे पकड़े जाने का डर था। तब मसूद अजहर एक पुर्तगाली पासपोर्ट पर ढाका पहुंचा और वहां से दिल्ली फिर दिल्ली से श्रीनगर। घाटी में आतंक की आग सुलगने लगी थी। मसूद अजहर जान गया था कि यही यहां आतंक फैलाने का सही वक्त है। वह कश्मीर की मस्जिदों का इस्तेमाल आतंक के गढ़ के रूप में करना चाहता था।

मुशर्रफ को मारने की कोशिश की थी—बाद में भारत के कड़े रुख के

बाद उसको नजरबंद भी किया गया था, लेकिन इस कार्रवाई से वह साफ बच निकला। मसूद के मंसूबे इतने बढ़ गए थे कि पाकिस्तान के तत्कालीन राष्ट्रपति परवेज मुशर्रफ से मतभेद होने पर उसने दो बार उन्हें मारने की कोशिश की और आत्मघाती हमला कराया। लेकिन आई.एस.आई. के संरक्षण में पल रहे इस आतंकी का मुशर्रफ भी बाल-बांका नहीं कर सके। इतना जरूर हुआ कि उसने अपनी आतंकी गतिविधियों को कश्मीर तक सीमित कर दिया।

पठानकोट हमले को दिया था अंजाम—जनवरी, 2016 में पठानकोट एयरबेस पर आतंकी हमला कराकर मसूद अजहर ने एक बार फिर साबित कर दिया कि भारत के खिलाफ छद्म युद्ध में वह पाकिस्तान का सबसे बड़ा हथियार है। यही नहीं, वह आई.एस.आई. के इशारे पर उड़ी से लेकर पुलवामा तक एक के बाद एक आतंकी हमले करता रहा। पाकिस्तानी सेना और सरकार के संरक्षण और चीन के समर्थन के बल पर मसूद अजहर पाकिस्तान में बेखौफ आतंकी गतिविधियां चला रहा था।

वैश्विक आतंकी मसूद अजहर का भारत के खिलाफ 5 बड़े हमले

2001 में नई दिल्ली में संसद भवन पर किया हमला—जिसके बाद मसूद अजहर ने जैश-ए-मोहम्मद संगठन बनाया। साल 2001 में जैश ने लश्कर-ए-तैयबा के साथ मिलकर नई दिल्ली में संसद पर हमला किया। जिसमें संसद भवन के गार्ड, दिल्ली पुलिस के जवान समेत कुल 9 लोग शहीद हुए थे। एक सफेद एंबेसडर कार में आए पांच आतंकवादियों ने 45 मिनट में लोकतंत्र के सबसे बड़े मंदिर को गोलियों से छलनी करके पूरे हिंदुस्तान को झकझोर दिया था।

2002 में गुजरात के गांधी नगर में अक्षरधाम मंदिर में किया हमला—24 सितंबर, 2002 को लश्कर-ए-तैयबा और जैश-ए-मोहम्मद के दो आतंकवादियों ने मिलकर गुजरात के गांधी नगर में अक्षरधाम मंदिर में हमला किया था।

2005 में दिल्ली में सीरियल ब्लास्ट किया—29 अक्टूबर, 2005 दिल्ली सीरियल ब्लास्ट हुआ था। जिसमें आतंकी संगठन लश्कर-ए-तैयबा

और जैश का हाथ बताया गया। दिल्ली के तीन जगह पर पहाड़गंज मार्किट, सरोजिनी नगर मार्किट और गोविंदपुरी में बम ब्लास्ट में 62 लोग मारे गए और करीब 210 घायल हुए थे।

2016 में पठानकोट एयरबेस पर हमला—2 जनवरी, 2016 में पठानकोट में जैश-ए-मोहम्मद ने पठानकोट एयरफोर्स स्टेशन पर हमला किया। जिसमें 7 जवान शहीद हुए थे।

भारत द्वारा अंतर्राष्ट्रीय आतंकी घोषित करने की मुहिम?

जैश-ए-मोहम्मद प्रमुख मसूद अजहर को संयुक्त राष्ट्र में अंतर्राष्ट्रीय आतंकी घोषित कराने की भारत की मुहिम को एक बार फिर बल मिलते दिख रहा है। हाल ही में भारत में ब्रिटेन के उच्चायुक्त डोमिनिक एस्क्वॉथ ने कहा कि संयुक्त राष्ट्र सुरक्षा परिषद की आंतकियों की सूची में मसूद अजहर को शामिल किया जाएगा इसको लेकर वह 'आशावादी' हैं।

उन्होंने कहा कि जो देश (चीन) सूची में शामिल करने को लेकर आपत्ति जताता रहा है वह इसे वापस लेगा इसको लेकर ब्रिटेन इंतजार कर रहा है। उन्होंने इसके बाद कहा कि वह 'आशावादी' हैं कि इसके निष्कर्ष पर पहुंचा जाएगा। मार्च, 2019 में मसूद अजहर को अंतर्राष्ट्रीय आतंकी घोषित करने का प्रस्ताव संयुक्त राष्ट्र में लाया गया था जिसको अमरीका, फ्रांस और ब्रिटेन जैसे देशों का समर्थन हासिल था लेकिन चीन के वीटो के कारण यह प्रस्ताव गिर गया था।

ऐसा पहली बार नहीं हुआ था जब चीन ने मसूद अजहर को संयुक्त राष्ट्र की सूची में शामिल होने से रोकने के लिए अड़ंगा डाला हो इससे पहले भी वह कई मर्तबा यह कर चुका है। लेकिन भारत में ब्रिटेन के उच्चायुक्त के हालिया बयान के क्या मायने निकाले जाने चाहिए? क्या चीन को लेकर भारत की कोई कूटनीतिक रणनीति चल रही है? क्या ब्रिटेन भारत के लिए चीन को राजी करने जा रहा है?

ब्रिटेन ने पहले भी भारत के प्रस्ताव का समर्थन किया था लेकिन वह अब जिस समय बयान दे रहा है उसको देखा जाना जरूरी है। ब्रिटेन अभी ब्रेक्सिट जैसे बड़े मुद्दे से जुझ रहा है। ब्रेक्सिट से पहले वह अपनी अर्थव्यवस्था

को मजबूत बना लेना चाहता है जिसके लिए उसका भारत और चीन जैसे देशों के साथ व्यापार बढ़ाना जरूरी है। इसी वजह से जिस दिन भारत में उसके उच्चायुक्त ने यह बयान दिया उसी दिन चीन में ब्रिटेन के एक अधिकारी ने कहा कि चीन का 'वन बेल्ट वन रोड' परियोजना दुनिया के लिए एक 'नजीर' है।

इस तरह के कूटनीतिक बयानबाजी ब्रिटेन उन देशों के साथ कर रहा है जो उभरती हुई अर्थव्यवस्थाएं हैं। इसके अलावा मसूद अजहर को अंतर्राष्ट्रीय आतंकी घोषित करना पूरी तरह चीन पर निर्भर है क्योंकि वह दो वजहों से यह नहीं होने देना चाहता है।

इसकी पहली वजह उसका 'वन बेल्ट वन रोड' परियोजना है। इस परियोजना का बड़ा हिस्सा पाकिस्तान में पड़ता है जिसे सी.पी.ई.सी. (चीन-पाकिस्तान इकोनॉमिक कॉरिडोर) के नाम से जाना जाता है। अनुमान है कि यह तकरीबन 60 अरब डॉलर का निवेश है। इसके अलावा चीन को उम्मीद है कि यह निवेश और बढ़ सकता है। साथ ही पाकिस्तान की अर्थव्यवस्था अगर खराब हुई तो चीन के लिए यह एक बड़े बंदरगाह का रास्ता खोलेगा।

दूसरी बड़ी वजह 'वीगर' मुसलमान हैं जिन पर चीन अपने यहां भारी जुल्म ढा रहा है। उसको डर यह है कि अगर उसने मसूद अजहर का समर्थन कर दिया तो चरमपंथी समूह उसके मुस्लिम बहुल इलाकों में आतंक को बढ़ावा दे सकते हैं। असल में यह जैश-ए-मोहम्मद के साथ एक मौन सहमति है कि तुम हमारे मामले में चुप रहो और हम तुम्हारे मामले में चुप रहेंगे।

ब्रिटेन से अधिक अमरीका चाहता है कि मसूद अजहर जैसे लोग अंतर्राष्ट्रीय आतंकी घोषित हों। चीन अगर रजामंदी दे देता है तो यह आराम से हो जाएगा। लेकिन यह देखना चाहिए कि ब्रिटेन चीन को राजी करने के लिए क्या दबाव डाल रहा है? चीन पर कोई दबाव नहीं है। एक तरह से चीन चरमपंथी की मदद कर रहा है। अंतर्राष्ट्रीय स्तर पर भी कोई दबाव चीन पर नहीं पड़ रहा है। इस कारण ब्रिटेन के उच्चायुक्त के बयान को केवल बयान की तरह देखा जाना चाहिए जो भारत के हक में है। इस

बयान से ब्रिटेन और पाकिस्तान के संबंधों पर कुछ असर हो सकता है जो भारत के लिए फायदेमंद है।

मसूद अजहर को अंतर्राष्ट्रीय आतंकी घोषित होने से ब्रिटेन को भी कुछ लाभ नहीं होगा। इस मसले को चीन के भारत के साथ कूटनीतिक रिश्ते बढ़ाने से ही सुलझ सकता है। एक और बड़ी बात यह है कि मसूद अजहर को अंतरराष्ट्रीय आतंकी घोषित करने से भारत को बहुत बड़ा लाभ नहीं होगा क्योंकि मसूद अजहर अंतर्राष्ट्रीय यात्रा नहीं करते, न ही अंतर्राष्ट्रीय फंड जुटाते हैं। इससे भारत की एक कूटनीतिक जीत होगी जिसका सिर्फ चुनाव में इस्तेमाल हो सकता है।

मसूद अजहर की संपत्तियां जब्त करेगा फ्रांस

फ्रांस ने पाकिस्तान स्थित चरमपंथी संगठन जैश-ए-मोहम्मद के प्रमुख मसूद अजहर की सारी संपत्तियां जब्त करने का फैसला किया है। इस संबंध में फ्रांस के आंतरिक मंत्रालय, विदेश और वित्त मंत्रालयों के एक संयुक्त आदेश को आधिकारिक राजपत्र में प्रकाशित किया गया है। मंत्रालयों की ओर से जारी एक संयुक्त बयान में कहा गया है, "14 फरवरी, 2019 को पुलवामा में एक जानलेवा हमला हुआ जिसमें भारतीय सुरक्षाबल के 40 जवानों की जान चली गई। जैश-ए-मोहम्मद, जिसे संयुक्त राष्ट्र ने 2001 से आतंकवादी संगठन माना है, ने इस हमले की जिम्मेदारी ली है।"

फ्रांस ने ये फैसला तब लिया है जब चीन ने एक बार फिर मसूद अजहर को 'वैश्विक आतंकवादी' घोषित करने की संयुक्त राष्ट्र सुरक्षा परिषद की कोशिश पर वीटो कर दिया है। संयुक्त राष्ट्र सुरक्षा परिषद में अमरीका, ब्रिटेन और फ्रांस की ओर से मसूद अजहर को संयुक्त राष्ट्र की आतंकवादियों की सूची में शामिल करने का प्रस्ताव पेश किया गया था। चीन ने बुधवार को इस पर वीटो कर दिया था। संयुक्त राष्ट्र में फ्रांस ही मसूद अजहर को 'वैश्विक आतंकवादी' की सूची में शामिल करने के लिए प्रस्ताव लेकर आया था।

फ्रांस के बयान में कहा गया है कि चरमपंथ के मामले में फ्रांस हमेशा भारत की तरफ रहा है। इसमें कहा गया है, "हम अपने यूरोपीय सहयोगियों

के साथ इस मुद्दे को उठाएंगे। इस आदेश के आधार पर मसूद अजहर को आतंकवादी गतिविधियों में शामिल व्यक्तियों, समूहों और संस्थाओं की यूरोपीय संघ सूची में शामिल करेंगे।" भारत में फ्रांस के राजदूत एलेक्जेंडर जीग्लर ने ट्वीट करके इसकी जानकारी दी है और संयुक्त बयान जारी किया है।

भारत प्रशासित कश्मीर के पुलवामा में 14 फरवरी को सी.आर.पी.एफ. जवानों के काफिले पर चरमपंथी हमला हुआ था जिसमें 40 जवानों की जान चली गई थी। भारत की ओर से कहा गया था कि इस हमले के लिए जैश-ए-मोहम्मद जिम्मेदार है। इसके बाद से भारत ने मसूद अजहर को वैश्विक स्तर पर चरमपंथी घोषित किए जाने की कोशिशें शुरू कर दी थीं। फ्रांस के इस फैसले के बाद भारतीय विदेश मंत्री सुषमा स्वराज ने भी भारत की कूटनीतिक सफलता को लेकर कई ट्वीट किए।

उन्होंने बताया कि जहां साल 2009 में यू.पी.ए. सरकार के दौरान मसूद अजहर के खिलाफ संयुक्त राष्ट्र में प्रस्ताव लाने वाला भारत अकेला था वहीं 2019 में अमरीका, फ्रांस और ब्रिटेन ये प्रस्ताव लेकर आए। साथ ही संयुक्त राष्ट्र सुरक्षा परिषद के 15 में से 14 सदस्यों ने इसका समर्थन किया।

मसूद अजहर को बचाने में क्या है चीन का नजरिया

चीन ने एक बार फिर पाकिस्तान स्थित आतंकवादी संगठन जैश-ए-मोहम्मद के प्रमुख मसूद अजहर को वैश्विक आतंकवादी घोषित करने के प्रस्ताव पर 'टेक्निकल होल्ड' लगा दिया है। संयुक्त राष्ट्र सुरक्षा परिषद प्रस्ताव 1267 के तहत स्थापित प्रतिबंध समिति के तहत वैश्विक आतंकवादी घोषित होने के बाद व्यक्ति किसी भी देश की यात्रा नहीं कर सकता।

पूरी दुनिया में उसकी संपत्तियां जब्त कर ली जाती हैं और किसी भी देश से हथियार नहीं खरीद सकता। चीन ने अपने वीटो का इस्तेमाल कर इस प्रस्ताव पर रोक लगा दी है। चीन का कहना है कि उसे "इस मामले में और ज्यादा अध्ययन" करने की जरूरत है।

मुंबई में हुए 26/11 हमले के बाद साल 2009 में भारत ने पहली बार

संयुक्त राष्ट्र सुरक्षा परिषद में ये प्रस्ताव पेश किया था। साल 2016 में पठानकोट एयरबेस पर हुए हमले के बाद भारत ने फिर इस प्रस्ताव को पेश किया। इस बार भारत का साथ दिया यूनाइटेड किंगडम, अमरीका और फ्रांस ने। इन तीनों ही देशों को संयुक्त राष्ट्र सुरक्षा परिषद में स्थायी देश का दर्जा प्राप्त है लेकिन ये प्रस्ताव पास नहीं हो सका।

साल 2017 में जम्मू-कश्मीर के उड़ी में सेना के कैम्प में हुए हमले के बाद भारत ने फिर ये प्रस्ताव यू.एन. में पेश किया और इन तीनों ही बार चीन ने ये कहते हुए 'टेक्निकल होल्ड' लगाया कि उसे इस मुद्दे को समझने के लिए और समय चाहिए। इस बीच दुनियाभर में जारी आतंकवादी हमलों ने अंतर्राष्ट्रीय आतंकवाद से लड़ने की भारत की पहल को और मजबूत किया। अमरीका में हुए 9/11 हमले के बाद साल 2001 में यू.एन. सुरक्षा परिषद ने कई संगठनों पर प्रतिबंध लगाया जिसमें जैश-ए-मोहम्मद भी शामिल रहा। लेकिन इसके बाद भी मसूद अजहर ने कई हमले किए और इसकी बकायदा जिम्मेदारी भी लेता रहा। बीते बुधवार को संयुक्त राष्ट्र सुरक्षा परिषद में अमरीका, यू.के. और फ्रांस की सहमति के बाद भी चीन के वीटो के इस्तेमल के कारण ये प्रस्ताव रद्द हो गया। 14 फरवरी को पुलवामा में हुए आत्मघाती हमले में 40 जवान मारे गए, जिसे संयुक्त राष्ट्र सुरक्षा परिषद ने 'जघन्य और कायरतापूर्ण' अपराध बताया था। जब ये बयान दिया गया तो इस बैठक में चीन भी शामिल था। इस हमले की जिम्मेदारी जैश-ए-मोहम्मद ने ली थी।

26 फरवरी को भारत ने पाकिस्तान पर एयर स्ट्राइक किया जिस पर उसे दुनिया की तमाम शक्तियों की ओर से समर्थन मिला। इसके ठीक एक दिन बाद भारत, चीन और रूस के विदेश मंत्रियों के बीच बैठक चीन में हुई। इस बैठक में आतंकवाद को खत्म करने की तय सीमा को आगे बढ़ा दिया गया। इस बैठक के बाद जारी की गई विज्ञप्ति में कहा गया कि आंतकवाद और ऐसे संगठनों से निपटने के लिए अंतर्राष्ट्रीय सहयोग की जरूरत होगी। इसमें ये भी कहा गया कि आतंकवाद को राजनीतिक फायदे के लिए कतई इस्तेमाल नहीं किया जाना चाहिए। ब्रिक्स 2017 में भी भारत, चीन और रूस आतंकवाद के मुद्दे को संबोधित कर चुके हैं।

बीजिंग की ओर से लागातार दिए जा रहे ऐसे संकेतों को देखते हुए उम्मीद जताई जा रही थी कि साल 2011 से मसूद अजहर को वैश्विक आतंकी घोषित किए जाने में अडंगा लगाने वाला चीन इस बार आतंकवाद पर साथ खड़ा हो सकता है। 14 फरवरी की घटना के बाद मीडिया रिपोर्ट्स में कहा गया कि रूस के राष्ट्रपति व्लादिमीर पुतिन ने प्रधानमंत्री नरेंद्र मोदी से बात की है और भारत को अपना समर्थन दिया है। रूस ने भारत को ये भी भरोसा दिलाया कि वह मसूद अजहर को आतंकवादी घोषित करने के प्रस्ताव पर भारत का साथ देगा।

मॉस्को भारत का संयुक्त राष्ट्र सुरक्षा परिषद में समर्थन करता रहा है। कश्मीर के मुद्दे पर भी अंतर्राष्ट्रीय मंच पर वह भारत के साथ खड़ा रहा है। मसूद अजहर को पाकिस्तान का समर्थन प्राप्त है। बी.बी.सी. को दिए इंटरव्यू में पाकिस्तान के विदेश मंत्री ने माना था कि वह पाकिस्तान में ही रह रहा है और काफी बीमार है।

इन सबके सामने चीन का 'टेक्नीकल होल्ड' बताता है कि वह अपने 'पुराने सहयोगी' के लिए आतंकवाद जैसी बड़ी कीमत भी चुकाने को तैयार है। पिछले रिकॉर्ड्स को देखें तो ये चीन की फितरत रही है और पाकिस्तान को आतंकवाद के मामले में भी चीन समर्थन देता रहा है।

ये समझने की जरूरत है कि आखिर क्यों चीन पाकिस्तान समर्थित चरमपंथी संगठनों को सुरक्षा देने के लिए संयुक्त राष्ट्र जैसे मंच का इस्तेमाल करता है। साल 1980 में अजहर ने अफगानिस्तान में सोवियत सेनाओं से लड़कर अपने जीवन की शुरुआत की थी और इसके बाद में जैश की स्थापना की।

यह पाकिस्तान के इस्लामीकरण का वक्त था। इस वक्त अफगानिस्तान में सोवियत सेना से लड़ने के लिए छात्रों को मुजाहिद्दीन के रूप भेजा जा रहा था। चीन का एंटी सोवियत मुजाहिद्दीन से संबंध भी इसी दौर में शुरू हुआ। इसकी वजह से साल 1980, 1981, 1985, 1987 और अप्रैल, 1990 में हुए चीन विरोधी प्रदर्शनों के दौरान मुसलमान-बहुल प्रांत शिनजियांग के सैकड़ों वीगर मुसलमान मुजाहिद्दीन बनाए गए।

1989 में सोवियत ने अफगानिस्तान से वीगर मुजाहिद्दीनों को रिहा

कर दिया ताकि शिनजियांग में ये विरोध प्रदर्शन उरुमची, काशगर और खोतान जैसे बड़े शहरों से होते हुए कुचा, अक्सू और आर्टुश जैसे छोटे शहरों में फैल गए। इन कारणों से चीन ने पाकिस्तान आधारित चरमपंथी समूहों के लिए शॉर्ट टर्म और खुद के हितों का ध्यान रखते हुए रणनीतियां बनायीं।

इस सिलसिले में साल 2000 बेहद अहम रहा। नवंबर, 2000 में पाकिस्तान में चीन के राजदूत लु शुलिन ने तालिबान नेता मुल्लाह उमर से मुलाकात की। मुल्लाह उमर ने उन्हें यकीन दिलाया कि वीगर शियान जियांग में किसी प्रकार के कोई हमले नहीं करेंगे। यह अफगानिस्तान में तालिबान के दमनकारी शासन का चरम काल था जो 2001 से शुरू हुए वैश्विक आतंकवाद पर अमेरिकी युद्ध के जरिए खत्म किया गया।

जुलाई, 2009 में चीन में एक बड़ा दंगा हुआ जिसमें उरूमची में ही 156 लोगों की मौत हो गई। इस घटना के बाद तत्कालीन राष्ट्रपति हू जिन्ताओ को जी-8 का दौरा बीच में ही छोड़कर वापस आना पड़ा। चीन-पाकिस्तान के बीच चल रहा इकॉनमिक कॉरिडोर प्रोजेक्ट चीन की चरमपंथियों से तुष्टीकरण की नीति को दिखाता है।

चीन का पाकिस्तान के चरमपंथी समूह के लिए ये रवैया तब तक कायम रहेगा जब तक ये संगठन चीन के शियान जियांग में वीगर मुसलमानों को किसी भी विद्रोह से रोके रखेंगे। जब तक ऐसा चलता रहेगा तब तक चीन पाकिस्तान के इस संगठनों के लिए एक ढाल की तरह काम करता रहेगा।

मसूद अजहर पर चीन के रुख से बना रहस्य गहराया

अमरीकी सरकार ने बीते मंगलवार को आतंकवादी संगठन जैश-ए-मोहम्मद के संस्थापक मसूद अजहर के मुद्दे पर चीन से कहा है कि अगर सयुंक्त राष्ट्र सुरक्षा परिषद में मसूद अजहर को आतंकी घोषित नहीं किया जाता है तो इसका असर क्षेत्रिय शांति पर पड़ सकता है। अमरीका की ओर से ये प्रतिक्रिया तब आई है जब चीन ने बीते सोमवार को मसूद अजहर को वैश्विक आतंकी करार देने से पहले गंभीर चर्चा किए जाने की जरूरत पर जोर दिया था।

भारत सरकार बीते कई सालों से मसूद अजहर को वैश्विक आतंकी घोषित करवाने के लिए अलग-अलग मोर्चों पर कूटनीति का प्रयोग करती रही है। हालांकि काफी प्रयास के बाद भी चीन अपने वीटो पावर के दम पर मसूद अजहर को वैश्विक आतंकी घोषित करने वाले वाले प्रस्ताव को खारिज करवाता आया है।

भारत प्रशासित कश्मीर के पुलवामा जिले में अर्धसैनिक बल सी. आर.पी.एफ. के एक काफिले पर आत्मघाती हमले के बाद फ्रांस, अमरीका और ब्रिटेन ने एक बार फिर यू.एन. के सुरक्षा परिषद में मसूद अजहर को वैश्विक आतंकवादी घोषित करने के लिए प्रस्ताव पेश किया है। सुरक्षा परिषद के सदस्य देशों के पास इस प्रस्ताव पर आपत्ति दर्ज करने के लिए दस दिन का समय था जो कि आज पूरा हो रहा है।

चीन इससे पहले तीन मौकों पर प्रस्ताव पर अपनी आपत्ति दर्ज कराकर खारिज करा चुका है। लेकिन पुलवामा हमले के बाद भारत के बदले रुख और भारत के साथ फ्रांस, अमरीका और ब्रिटेन के खड़े होने की वजह से चीन इस मुद्दे पर काफी सोच-समझ कर टिप्पणी कर रहा है। चीन ने अब तक इस मुद्दे पर खुलकर कोई ऐसी टिप्पणी नहीं की जिससे ऐसा संकेत मिलता हो कि उसका क्या रुख होगा।

चीन के विदेश मंत्री लू केंग ने कहा है, 'चीन इस मसले को ठीक से सुलझाने के लिए जिम्मेदारी पूर्वक सभी जरूरी पक्षों के साथ बात करता रहेगा। इस मसले को सिर्फ गंभीर चर्चाओं के बाद ही कोई फैसला लेकर सुलझाया जा सकता है।'

लू केंग इस मुद्दे पर अपना पक्ष रखते हुए कहते हैं, 'हम चाहते हैं कि इस मुद्दे पर होने वाली सभी चर्चाओं में सभी नियमों और प्रक्रियाओं का पालन किया जाना चाहिए। इसके साथ ही ऐसा समाधान निकाला जाना चाहिए जो कि सभी पक्षों को स्वीकार हो।'

ये पहला मौका नहीं है जब सयुंक्त राष्ट्र सुरक्षा परिषद में मसूद अजहर को वैश्विक आतंकी को घोषित करने की कार्यवाही की गई हो। लेकिन चीन लगातार इस मुद्दे पर वीटो पावर का प्रयोग करता आया है। ऐसे में अमरीका की ओर से इस बार चीन को चेतावनी जारी की गई है।

चीनी विदेश मंत्री का बयान आने के बाद अमरीका ने चीन को इस मामले में सकारात्मक रुख दिखाने को कहा है।

अमरीकी विदेश मंत्रालय के उप प्रवक्ता रॉबर्ट पालाडिनो ने कहा है, ‘इस क्षेत्र में शांति स्थापित करने में अमरीका और चीन के साझे हित हैं और अजहर को वैश्विक आतंकी घोषित नहीं किया जाता है तो ये इस क्षेत्र की शांति के खिलाफ होगा।’

अगर चीन इस बार मसूद अजहर के खिलाफ जारी प्रस्ताव को खारिज करने के लिए वीटो पावर का प्रयोग नहीं करता है तो यू.एन.एस.सी. मसूद अजहर को वैश्विक आतंकी घोषित कर देगा। ऐसे में दुनिया का कोई ऐसा देश जो कि सयुंक्त राष्ट्र सुरक्षा परिषद का सदस्य हो तो वह ऐसे व्यक्ति को अपने देश में शरण नहीं दे सकता है। इसके साथ ही ऐसे व्यक्ति के आर्थिक लेन-देनों पर प्रतिबंध लगाया जा सकता है।

मसूद अजहर पर बैन कूटनीति का नजरिया

पुलवामा हमले की घटना के बाद मसूद अजहर ने दावा किया था कि उनके संगठन ने इस घटना को अंजाम दिया है। इसके बाद ब्रिटेन, अमरीका और फ्रांस मसूद अजहर के खिलाफ प्रस्ताव लेकर आए थे। ऐसे में चीन इसका विरोध करता तो ऐसा संदेश जाता कि वह आतंकवाद का समर्थन कर रहा है। चीन के लिए यह अंतर्राष्ट्रीय छवि का मसला था।

पाकिस्तान में चीन की कई परियोजनाएं चल रही हैं कुछ दिन पहले पाकिस्तान के प्रधानमंत्री इमरान खान चीन के दौरे पर आए तो वहां दोनों देशों के नेताओं के बीच मसूद अजहर पर बातचीत हुई होगी। चीन इस नतीजे पर पहुंचा कि मसूद अजहर अब बहुत पाकिस्तान में बहुत अधिक प्रभाव नहीं रखता उसके विरुद्ध कुछ होने पर बहुत ज्यादा विरोध का सामना करना पड़ेगा।

यह भी माना जा सकता है कि पाकिस्तान और चीन की सेना के बीच भी इस मसले पर बातचीत हुई होगी। वैसे भी साल 2011 में ही जैश-ए-मोहम्मद को एक आतंकी संगठन घोषित किया जा चुका है सिर्फ इस संगठन के नेता को आतंकी घोषित किया जाना था।

दुनिया में कोई आपको कुछ दे और बदले में कुछ ना मांगे, ऐसा संभव नहीं होता। अमरीका ने भारत और चीन दोनों से कहा कि ईरान से तेल ना खरीदें। चीन ने अमरीका की बात नहीं सुनी जबकि भारत ने नुकसान उठाने के बावजूद ईरान से तेल लेना बंद कर दिया तो भारत ने इतना बड़ा बलिदान इसी वजह से दिया था ताकि अमरीका मसूद अजहर वाले मामले में भारत का समर्थन करेगा।

मीडिया भले यह बताती रहे कि भारत ने अपनी सच्चाई के दम पर

मसूद अजहर को अंतर्राष्ट्रीय आतंकवादी साबित करवा दिया, जबकि हकीकत में कूटनीति सच्चाई से बढ़कर लेन-देन का विषय होता है। यहां हर देश को दूसरे देश से कुछ लेने के लिए कुछ देना ही पड़ता है।

इसलिए अगर हम यह सोच लें कि आज चीन ने मसूद अजहर पर अपना वीटो ताकत का इस्तेमाल नहीं किया, इसके बदले में भारत को चीन के लिए कुछ नहीं करना पड़ेगा। यह तो कूटनीति की मासूमियत समझी जाएगी। दूसरी तरफ पाकिस्तान पर दबाव पड़ेगा कि वो मसूद अजहर के खिलाफ कदम उठाए। अगर पाकिस्तान ऐसा नहीं करेगा तो सीधा संदेश जाएगा कि वह संयुक्त राष्ट्र के खिलाफ जा रहा है। साथ ही साथ चीन पर भी दबाव पड़ेगा कि वह पाकिस्तान जैसे देश की मदद क्यों कर रहा है।

यह बात तो सर्वज्ञात है कि अगर चीन हमेशा भारत का बाजार चाहता रहा है, लेकिन दूसरी तरफ भारत में राजनीतिक तौर पर हमेशा चीन का विरोध दिखाया जाता है। कोई भी सरकार नहीं चाहेगी कि उसके कार्यकाल के दौरान चीन वन रोड वन बेल्ट में कामयाब हो सके। खुद विपक्ष के नेता राहुल गांधी कई बार बोल चुके हैं कि 'मोदी जी चीन से डरते हैं।'

आज भले ही भारत में इस बात का शोर मचाया जा रहा है कि मसूद अजहर पर बड़ी कामयाबी प्राप्त कर ली है लेकिन यह नहीं भूलना चाहिए कि साल 2009 से भारत इसकी मांग कर रहा था। भारत को अपनी यह मांग मनवाने में पूरे 10 साल लग गए। इसलिए यह भारत के लिए खुश होने का विषय जरूर हो सकता है, लेकिन यह कोई बहुत बड़ी उपलब्धि भी नहीं है।

हम सभी जानते हैं कि नरेंद्र मोदी बहुत ही कुशल वक्ता हैं, वो किसी भी बात को अपने भाषण में शामिल करने की कला जानते हैं। अपने चुनावी भाषणों में कह चुके हैं कि उनकी सरकार घर में घुसकर मारती है। इसलिए मोदी इस पूरे मामले का फायदा उठाने से बिल्कुल भी नहीं चूकेंगे।

मसूद अजहर के मामले में चीन के इस कदम का विरोध पाकिस्तान नहीं कर पाएगा क्योंकि वह कभी यह नहीं दर्शाना चाहेगा कि चीन के साथ पाकिस्तान के रिश्तों में किसी भी तरह की खटास आई है। चीन और पाकिस्तान एक दूसरे को लोहे के भाई बोलते हैं, उनका मानना है कि उनके

रिश्ते समुंदर से भी गहरे हैं। इस तरह दो प्रेमी भी एक दूसरे को नहीं बोलते। इसलिए पाकिस्तान कभी भी चीन के इस कदम का विरोध नहीं करेगा। हालांकि पाकिस्तान की सरकार से ज्यादा यह मामला आई.एस. आई. के लिए चिंता का विषय बनेगा।

मसूद अजहर के वैश्विक आतंकी घोषित होने के पीछे और क्या कारण रहे?

संयुक्त राष्ट्र सुरक्षा परिषद (यू.एन.एस.सी.) ने बुधवार को आतंकवादी संगठन जैश-ए-मोहम्मद के सरगना मौलाना मसूद अजहर को 'वैश्विक आतंकवादी' घोषित कर दिया। वह अब तक चीन की आपत्ति की वजह से बचा हुआ था। लेकिन कल उसने भी मसूद अजहर के सिर से अपना हाथ हटा लिया है। भारत में इसे बड़ी कूटनीतिक सफलता बताया जा रहा है। अमेरिका भी इसे अपनी बड़ी कूटनीतिक जीत बता रहा है। वहीं, तमाम राष्ट्रीय और अंतर्राष्ट्रीय प्रतिक्रियाओं के बीच बड़ा सवाल यह उठ रहा है कि चार बार मसूद अजहर को वैश्विक आतंकी घोषित होने से रोकने वाला चीन आखिर इस बार कैसे मान गया। इस संबंध में कई राय सामने आई हैं।

भारत की रणनीति और अंतर्राष्ट्रीय समुदाय के दबाव का नतीजा

अंतर्राष्ट्रीय राजनीति के ज्यादातर विश्लेषकों की राय है कि आतंकवाद को लेकर अब विश्व समुदाय की सहनशक्ति और कम हो गई है। इसे पुलवामा आतंकी हमले और उसके जवाब में भारत द्वारा किए गए बालाकोट हवाई हमले से समझा जा सकता है। पुलवामा की घटना के बाद यू.एन.एस.सी. सदस्य देशों ने मसूद अजहर को लेकर चीन पर जिस तरह का दबाव बनाया था, वैसा पहले कभी नहीं देखा गया। इस मामले में पहले फ्रांस और बाद में अमेरिका ने अपने प्रस्तावों को लेकर चीन पर लगातार दबाव बनाए रखा। इसमें ब्रिटेन ने उनका पूरा साथ दिया। यह बड़ी वजह रही कि मसूद को अंतर्राष्ट्रीय आतंकी घोषित करवाने की भारत की कोशिश को चौथी

बार नाकाम करने के बाद भी चीन इस मसले को टालने में विफल रहा।

वहीं, भारत ने जब पुलवामा हमले का बदला लेने के लिए पाकिस्तानी सीमा में घुसकर हवाई हमला किया तो अंतर्राष्ट्रीय समुदाय की ओर से उसकी आलोचना नहीं की गई। अमेरिका ने साफ कहा था कि भारत को पुलवामा का जवाब देने का हक है। उस समय पूरा अंतर्राष्ट्रीय समुदाय कमोबेश भारत के साथ ही था। ऐसे में चीन न तो सैन्य कार्रवाई का हवाला देकर भारत की आलोचना कर सका और न ही मसूद अजहर के मामले की अनदेखी कर पाया। इस बीच, भारत और अमेरिका ने यू.एन.एस.सी. में मसूद पर खुली बहस करने की बात कह दी जिससे चीन और घिर गया।

भारत के इस कदम का परिषद के बाकी सदस्य देशों ने भरपूर समर्थन किया। वहीं, चीन के सामने यह मुश्किल पेश आ गई कि अब उसे आतंकवाद को लेकर अपना रुख सार्वजनिक रूप से दुनिया के सामने रखना पड़ता, जबकि पहले ऐसा नहीं होता था। उधर, अमेरिका, फ्रांस और ब्रिटेन ने चेतावनी दी कि अगर वह मसूद को वैश्विक आतंकी घोषित करवाने में मदद नहीं करता तो उसे दुनिया से अलग-थलग किया जा सकता है। यह रणनीति कामयाब रही।

क्या मसूद अजहर अब काम का नहीं है?

लेकिन क्या दुनिया की दूसरे सबसे बड़ी अर्थव्यवस्था वाला चीन मसूद अजहर के मामले में केवल इसलिए झुक गया, क्योंकि अंतर्राष्ट्रीय सैन्य महाशक्तियां उस पर दबाव डाल रही थीं। कुछ जानकार इस बारे में अलग राय रखते हैं। वे पाकिस्तान के उस बयान का हवाला देते हैं जिसमें उसने बताया था कि मसूद अजहर की किडनी खराब हो चुकी है और वह इतना बीमार है कि ठीक से चल भी नहीं सकता। जानकारों के मुताबिक यह बात इस ओर इशारा करती है कि शायद मसूद अब भारत के खिलाफ हथियार के रूप में चीन और पाकिस्तान के किसी काम का नहीं है। हालांकि यह तर्क इस पर निर्भर करेगा कि बीमार होने के बावजूद मसूद का जैश-ए-मोहम्मद में फिलहाल क्या प्रभाव है। कुछ रिपोर्टों की मानें तो इस आतंकी संगठन की कमान अभी उसी के हाथ में है।

आर्थिक रूप से लाचार 'पक्के दोस्त' को बचाने के लिए झुका चीन?

मसूद को लेकर चीन के इस नए रुख की वजह पाकिस्तान पर बढ़ता दबाव भी हो सकता है। आतंकवाद के मुद्दे पर अमेरिका काफी समय से उसे चेतावनी दे रहा है। वहीं, कुछ समय पहले फ्रांस स्थित फाइनेंशियल एक्शन टास्क फोर्स (एफ.ए.टी.एफ.) ने भी आतंकवाद के लिए होने वाली फंडिंग को रोकने के लिए पाकिस्तान को अपनी 'ग्रे' लिस्ट में शामिल कर लिया। इसके साथ ही एफ.ए.टी.एफ. ने कहा कि अगर पाकिस्तान अपना रवैया सुधारता है तो अक्टूबर के बाद उसे सूची हटाया जा सकता है, वर्ना उसे 'ब्लैकलिस्ट' किया जाएगा। अगर ऐसा होता है तो पहले से संकट में फंसी पाकिस्तान की अर्थव्यवस्था के ताबूत में यह आखिरी कील होगी।

जबकि बुरी तरह डांवाडोल अपनी अर्थव्यवस्था को बचाने के लिए पाकिस्तान इस समय चीन समेत कई मित्र देशों व अंतर्राष्ट्रीय संगठनों से आर्थिक मदद मांग रहा है। चीन इससे वाकिफ है और यह भी जानता है कि वह बार-बार आर्थिक मदद के रूप में पाकिस्तान को भारी रकम नहीं दे सकता। लेकिन मसूद अजहर को वैश्विक आतंकवादी घोषित करवाकर वह अंतर्राष्ट्रीय समुदाय में अपने 'पक्के दोस्त' की छवि सुधारने में मदद जरूर कर सकता था। उसने ऐसा किया भी जिसका परिणाम दिखना शुरू हो गया है। अमेरिका ने कल के घटनाक्रम के बाद पाकिस्तान के प्रधानमंत्री इमरान खान की इस प्रतिबद्धता की सराहना की है कि वे अपने देश के बेहतर भविष्य की खातिर अपनी जमीन से आतंकवादियों और आतंकवादी समूहों को काम करने की अनुमति नहीं देंगे।

मसूद अजहर को ग्लोबल टेररिस्ट घोषित करने के बाद अब क्या बदलेगा

संयुक्त राष्ट्र ने मसूद अजहर को वैश्विक आतंकवादी घोषित कर दिया है और इसे भारत की बड़ी कूटनीतिक उपलब्धि के रूप में देखा जा रहा है। प्रधानमंत्री नरेंद्र मोदी ने भी इस मामले पर प्रतिक्रिया देते हुए कहा है कि ये

भारत की आतंकवाद के खिलाफ जंग की बड़ी जीत है। संयुक्त राष्ट्र सुरक्षा परिषद में सबसे पहले 2009 में मुंबई में हुए 26/11 हमलों के बाद प्रस्ताव रखा था। लेकिन भारत को अब 10 साल बाद सफलता मिली है।

लेकिन मसूद अजहर को ग्लोबल आतंकवादी घोषित करने पर क्या बदलेगा? इस सवाल के जवाब में रक्षा मामलों के जानकार सुशांत सरीन कहते हैं, "इस तरह के मामले में तीन तरह के प्रतिबंध लगाए जाते हैं। पहला तो ऐसे शख्स की संपत्ति जब्त कर ली जाती है। दुनियाभर में कोई संपत्ति और आय के स्रोत पर रोक लगा दी जाती है। किसी भी तरह से हथियारों उन तक ना पहुंचे ये सरकार को सुनिश्चित करना होता है। यानी हथियारों की पहुंच पूरी तरह रोक दी जाती है।"

"ग्लोबल आतंकवादी घोषित होने के बाद शख्स अपने इलाके से बाहर नहीं जा सकता। यानी उसके देश से बाहर जाने पर पूरी तरह रोक लगा दी जाती है। ये तीन ऐसे प्रतिबंध हैं जिसके साथ किसी भी दहशतगर्द के लिए अपनी गतिविधियों को अंजाम देना नामुमकिन सा हो जाता है।"

जब भी पाकिस्तान पर ऐसे लोगों के खिलाफ कार्रवाई करने का दबाव बनता था तो वह कागजों पर ही दिखाता था पर कभी हकीकत में कार्रवाई नहीं की जाती थी। लेकिन अगर अब पाकिस्तान कार्रवाई नहीं करता है तो उसे अब बताना पड़ेगा कि उसने संयुक्त राष्ट्र के प्रस्ताव का पालन क्यों नहीं किया? जे.एन.यू. के प्रोफेसर स्वर्ण सिंह कहते हैं कि ओबामा प्रशासन ने 2012 में हाफिज सईद के बारे में पुख्ता सबूत जुटाने वाले को (जिससे उन्हें सजा दी जा सके) एक करोड़ डॉलर का इनाम देने का वादा किया था। हाफिज सईद ना सिर्फ पाकिस्तान में खुलेआम घूम रहे हैं, बल्कि उन्होंने वहां एक राजनीतिक पार्टी भी बना ली। लेकिन सुशांत सरीन इससे अलग राय रखते हैं। वो इन दोनों मसलों को अलग मानते हुए कहते हैं, "एक आम धारणा है कि ये इनाम अमरीका ने हाफिज सईद का पता बताने के लिए रखा था लेकिन ऐसा नहीं है। अमरीका ने ये इनाम इसलिए रखा था जिससे वह अदालत में अपने केस को मजबूती से पेश कर सके और पाकिस्तान पर उसकी सजा या प्रत्यापर्ण के लिए दबाव बना सके। ये दोनों मामले अलग हैं। इस रोक का असर मसूद अजहर पर पड़ेगा।"

भारत भुगता मसूद अजहर की रिहाई का खामियाजा

मसूद अजहर पाकिस्तान में खुलेआम घूम रहा है। मसूद अजहर बहावलपुर एरिया में रहता है तथा वहीं से अपने जैश आतंकियों को ट्रेनिंग देता है।

मौलाना मसूद अजहर, जी हां ये वही मौलाना मसूद अजहर है जिसे 17 साल पहले 1999 में कंधार विमान अपहरण मामले में भारत ने रिहा किया था। मौलाना मसूद अजहर आंतकी संगठन जैश-ए-मोहम्मद का प्रमुख है। भारत सरकार का मानना है कि पिछले साल मार्च में सांब और कठुआ में आतंकी हमले व जुलाई, 2015 में दीनानगर में हुए आतंकी हमलों के पीछे भी पाकिस्तान स्थित आतंकी संगठन जैश-ए-मोहम्मद का हाथ है। और अब उड़ी में हुए आतंकी हमले में भी आतंकी संगठन जैश-ए-मोहम्मद का हाथ है। सवाल उठता है कि क्या यह घटना यू.पी.ए. सरकार के एक फैसले का परिणाम है? क्या उस फैसले के कारण देश को आज इतना बड़ा हर्जाना भरना पड़ रहा है?

अजहर को 1994 में आतंकी गतिविधियों के कारण जम्मू से गिरफ्तार किया गया था। मसूद अजहर की रिहाई के लिए आतंकवादियों ने भारतीय प्लेन को हाईजैक करने का प्लान बनाया और कामयाब भी हुए। 24 दिसंबर, 1999 में 5 आतंकवादियों ने 178 यात्रियों के साथ इंडियन एयरलाइंस के आई.सी. 814 प्लेन को हाइजैक कर लिया। हरकत-उल-मुजाहिद्दीन के आतंकियों ने भारत सरकार के सामने 178 यात्रियों की जान के बदले में तीन आतंकियों की रिहाई का सौदा किया। अब हालात यह है की मसूद अजहर पाकिस्तान में खुलेआम घूम रहा है। मसूद अजहर

बहावलपुर एरिया में रहता है तथा वहीं से अपने जैसा आतंकियों को ट्रेनिंग देता है।

हाल ही में जैश-ए-मोहम्मद के इस सरगना ने दावा किया कि 1999 में भारत ने उसे और उसके दो सहयोगियों को पकड़ने के लिए तत्कालीन तालिबान सरकार को पैसों की पेशकश की थी। अजहर ने दावा किया कि भारत के तत्कालीन विदेश मंत्री जसवंत सिंह ने तालिबान प्रमुख मुल्ला अख्तर मोहम्मद मंसूर को पैसों की पेशकश की थी। अजहर ने अल-कलाम वीकली के तीन जून, 2016 के अंक में अपने उपनाम सैदी से मंसूर को श्रद्धांजलि देते हुए एक लेख लिखा जिसमें उसने यह दावा किया है। अल-कलाम वीकली को जैश-ए-मोहम्मद का ऑनलाइन मुखपत्र माना जाता है।

पैरवी करता चीन

संयुक्त राष्ट्र ने जैश-ए-मोहम्मद पर प्रतिबंध लगा रखा है लेकिन 2008 के मुंबई आतंकी हमलों के बाद अजहर पर रोक लगवाने के भारत के प्रयास चीन की पहल के चलते सफल नहीं हो पाया है। अप्रैल, 2016 में चीन ने जैश ए मोहम्मद प्रमुख और पठानकोट आतंकी हमले के मुख्य साजिशकर्ता अजहर पर प्रतिबंध लगवाने के भारत के प्रयासों में रोड़ा अटका दिया था।

हमलों की टाइमिंग

- पिछले साल मार्च में सांबा और कठुआ में आतंकी हमले हुए थे उस समय सार्क दौरे पर विदेश सचिव स्तर के अधिकारियों का इस्लामाबाद में दौरा था।
- दीनानगर में उस समय हमला हुआ जब भारत तथा पाकिस्तान के प्रधानमंत्रियों की रूस में मुलाकात हुई थी।
- पठानकोट वायुसेना स्टेशन पर उस समय हमला हुआ जब 17 दिन पहले विदेश मंत्री सुषमा स्वराज इस्लामाबाद गई थी। उसके बाद प्रधानमंत्री लाहौर गए।

- अब उड़ी में उस समय हमला हुआ है जब न्यूयार्क में संयुक्त राष्ट्र की महासभा का सत्र शुरू होने वाला था। एक दिन पहले किया गया यह हमला सुनियोजित साजिश का हिस्सा था।

सेना की वर्दियां

उड़ी स्थित ब्रिगेड मुख्यालय, कठुआ-सांबा-पठानकोट-दीनानगर में हुए सभी हमलों में आतंकियों ने सेना की वर्दियां पहनी हुई थीं।

हमले पर राजनीति

जम्मू-कश्मीर के उड़ी में सेना मुख्यालय पर आतंकी हमले पर कांग्रेस महासचिव दिग्विजय सिंह ने एन.डी.ए. सरकार पर निशाना साधा। उन्होंने कहा कि ये सरकार बड़ी-बड़ी बातें करती है, लेकिन जो कुछ हो रहा है कि वो सरकार की नाकामी है। पूर्व पी.एम. अटल बिहारी वाजपेयी की अगुवाई वाली सरकार पर निशाना साधते हुए उन्होंने कहा कि जैश सरगना मसूद अजहर की रिहाई का खामियाजा देश भुगत रहा है। एन.डी.ए. सरकार ने मसूद की रिहाई के साथ ही ये साफ कर दिया था कि वो आतंकवाद को कुचलने के लिए कितने गंभीर हैं। दिग्विजय ने ट्वीट दर ट्वीट कर कहा कि अब समय आ गया है जब पाकिस्तान को अलग-थलग करने के लिए कुछ पुख्ता कदम उठाने होंगे।

'आज की स्थिति कांग्रेस के शासन से भी ज्यादा बदतर हो चुकी है और यदि प्रधानमंत्री पाकिस्तान पर हमला करने व आतंकियों को निकालने में असफल हैं, तो दुनिया में वैश्विक छवि बनाने की उनकी कोशिश बेकार साबित होगी। सेना ने जम्मू-कश्मीर में सरकार को भंग करने और राज्य में मार्शल लॉ लागू करने की मांग की, ताकि वहां आतंकियों व पाकिस्तान समर्थकों से कड़ाई से निबटा जा सके।'

मसूद अजहर के बारे में चीन के दृष्टिकोण के पीछे की असल मंशा

मसूद अजहर की अगुवाई वाला जैश-ए-मोहम्मद उन अनेक आतंकवादी गुटों में से एक है, जिन्हें चीन अपने अशांत झिंजियांग प्रान्त की सुरक्षा और स्थायित्व के लिए महत्वपूर्ण साधन समझता है। 14 फरवरी को सी.आर.पी.एफ. के काफिले पर हमले के लिए जिम्मेदार मसूद अजहर की अगुवाई वाला जैश-ए-मोहम्मद (जे.ई.एम.) उन अनेक आतंकवादी गुटों में से एक है, जिन्हें चीन अपने अशांत झिंजियांग प्रान्त की सुरक्षा और स्थायित्व के लिए महत्वपूर्ण साधन समझता है। मसूद अजहर, चीन-पाकिस्तान आर्थिक गलियारे (सी.पी.ई.सी.) के अंतर्गत चीन के भू-सामरिक निवेशों की सुरक्षा सुनिश्चित करने की दृष्टि से भी सबसे ज्यादा भरोसेमंद है। सी.पी.ई.सी., दुनिया में सबसे ज्यादा आतंकवादियों वाली जगहों में शुमार अफगानिस्तान-पाकिस्तान क्षेत्र में चीन की बेल्ट एन्ड रोड इनिसिएटिव (बी.आर.आई.) के तहत उसकी प्रमुख योजना है।

दुखद बात यह है कि पुलवामा में हाल के आत्मघाती हमले के बाद भी अपने इस शख्स के प्रति चीन के आत्म-तुष्टिकरण के रवैये में कोई बदलाव नहीं आया। इस हमले में सी.आर.पी.एफ. के 40 से ज्यादा जवान शहीद हो गये थे। इस हमले को अंजाम देने वाला शख्स भले ही कश्मीरी था, लेकिन उसके दिमाग में ऐसे विचार भरने का काम जे.ई.एम. की सरगना और उसके सदस्यों ने किया था। इस हमले की निंदा करने वाला चीन लगभग सबसे आखिरी देश था। उसके आधिकारिक बयान में अजहर या उसके आतंकवादी गुट के बारे में सीधेतौर पर कुछ भी नहीं कहा गया। चीन के विदेश मंत्रालय के प्रवक्ता गेन्ह शाउंग ने सिर्फ इतना ही कहा कि चीन ने "आत्मघाती

आतंकवादी हमले की रिपोर्ट्स देखी हैं" और "उन्होंने घायलों तथा शहीदों के परिजनों के प्रति गहरी संवेदना और सहानुभूति व्यक्त की।" उन्होंने संयुक्त राष्ट्र सुरक्षा परिषद द्वारा मसूद अजहर को वैश्विक आतंकवादी नामित किए जाने के बारे में चीन का आधिकारिक रुख दोहराते हुए कहा, "जहां तक उसका नाम आतंकवादियों की सूची में शुमार किए जाने का सवाल है, मैं आपको बता सकता हूं कि 1267 समिति में आतंकवादी संगठनों को सूचीबद्ध करने और प्रक्रियाओं के बारे में स्पष्ट व्यवस्था की गई है।"

चीन का रवैया उस समय और भी उजागर हुआ, जब उसके सरकारी समाचार-पत्र ग्लोबल टाइम्स ने 16 फरवरी, 2019 को "भारत के नियंत्रण वाले कश्मीर में हुए विस्फोट से भारतीय सैन्य अधिकारियों की मौत" शीर्षक से संक्षिप्त समाचार प्रकाशित किया। इस संक्षिप्त समाचार में पुलवामा हमले का सरसरी तौर पर जिक्र किया गया था, "वृहस्पतिवार को पुलवामा जिले में हुए भीषण विस्फोट में अर्धसैनिक बल के करीब 40 सुरक्षाकर्मी मारे गए और कई अन्य घायल हो गए।"

अफगानिस्तान-पाकिस्तान क्षेत्र में आतंकवादियों के साथ चीन के मधुर रिश्तों की उसके निहित आर्थिक, सुरक्षा और भू-सामरिक हितों पर आधारित ऐतिहासिक विरासत रही है। चीन का उइगर मुस्लिम बहुल झिंजियांग प्रांत 1978 की सुधारों की अवधि के बाद के अर्से में पाकिस्तान के सांस्कृतिक और धार्मिक प्रभाव में आया।

पाकिस्तान के मुल्लाओं ने अफगानिस्तान में बने हालात के मद्देनजर उइगरों को भड़काने के लिए उन्हें इस्लाम की बुनियादी शिक्षा और जेहाद के बारे में अपनी विकृत व्याख्या बतानी शुरू कर दी। इस तरह के अनुपयुक्त धार्मिक जागरण ने उइगरों के बीच केंद्र से दूर जाने वाली प्रवृत्तियों को जन्म दिया और उन्होंने 1980, 1981, 1985 और 1987 में चीन-विरोधी प्रदर्शन शुरू कर दिए। सोवियत संघ का विघटन होते ही हालात बदल गए और मुजाहिद्दीनों ने अपने देश में सत्ता प्राप्त कर ली। पाकिस्तानी मुल्लाओं के बहकावे में आकर, झिंजियांग में अलगाववाद बल पकड़ने लगा और उरुमची, काश्गर, खोतान, कच्चा, अक्सु और अर्तुष में कुछ स्थानों पर विरोध प्रदर्शन शुरू हो गए। बारेन घटना चीन के लिए परिवर्तनकारी थी, जब उइगरों ने

6 अप्रैल, 1990 को चीन के खिलाफ जेहाद करने के लिए बड़े पैमाने पर विरोध प्रदर्शन शुरू कर दिया और पूर्वी तुर्किस्तान राज्य की स्थापना की। इसके बाद भड़के दंगों में उइगरों ने पुलिस और सरकारी अधिकारियों के खिलाफ बमों और पिस्तौलों का इस्तेमाल किया, जिसके परिणामस्वरूप छह पुलिस अधिकारी मारे गए। चीन ने इस अशांति के लिए विदेशी हस्तक्षेप को दोषी ठहराया। उसने आरोप लगाया कि इन दंगाइयों को अफगान-पाकिस्तान क्षेत्र में प्रशिक्षण दिया गया था। सोवियत संघ के विघटन के बाद, चीन में इस बात की आशंका बढ़ गई कि विदेशी ताकतें तालिबान और पाकिस्तान से गतिविधियां चलाने वाले आतंकवादियों का चीन के खिलाफ इस्तेमाल करेंगी।

चीन की प्रतिक्रिया दोतरफी रही। आंतरिक तौर पर, उसने सरकारी स्तर पर जातीय संहार का रास्ता अपनाया। यहां तक कि आज भी पूरे झिंजियांग में कथिततौर पर एक मिलियन से ज्यादा उइगर पुनः शिक्षा शिविरों (यातना शिविरों) में बंद हैं।

बाहरीतौर पर, चीन ने झिंजियांग के आतंकवाद के 'प्रसार' पर अंकुश लगाने के लिए तालिबान और अन्य आतंकवादी गुटों को रिझाना शुरू कर दिया। चीन को आशा थी कि अफगानिस्तान-पाकिस्तान क्षेत्र में आतंकवादी गुटों के साथ मधुर संबंध बनाने से वे उइगर आतंकवाद और पूर्वी तुर्किस्तान इस्लामिक मूवमेंट (ई.टी.आई.एम.) को समर्थन नहीं देंगे।

चीन का 'संकुचित दृष्टिकोण' और 'अपने हितों से प्रेरित कूटनीति' उस समय जाहिर हो गए, जब पाकिस्तान में चीन के राजदूत लु शुलिन ने नवम्बर, 2000 में तालिबान सरगना मुल्ला उमर से मुलाकात की। किसी गैर-मुस्लिम देश के शीर्ष राजनयिक का तालिबान सरगना से मुलाकात करने का यह पहला मौका था। मुल्ला उमर ने वादा किया कि तालिबान उइगरों को झिंजियांग में चीन पर हमले करने की इजाजत नहीं देंगे, बदले में उसने शर्त रखी कि वे लोग तालिबान गुटों में बने रहेंगे। तालिबान पर 2001 के अमेरिकी हमले के बाद भी चीन ने 'संकुचित दृष्टिकोण' और 'अपने हितों से प्रेरित कूटनीति अपनाते हुए क्वेटा शूरा के साथ रिश्ते बरकरार रखे और तालिबान को हथियार और गोला-बारूद उपलब्ध कराना जारी रखा, जिसके

नतीजे चीन के लिए अच्छे रहे।' 1997 की गुल्जा घटना के बाद, झिंजियांग में न तो कोई बड़ा आतंकवादी हमला हुआ और न ही इस अशांत प्रांत में उइगरों ने स्वचालित हथियारों का उपयोग ही किया।

आर्थिक और भू-सामरिक हित

चीन के पश्चिमोत्तर हिस्से में स्थित झिंजियांग उसकी बेहद प्रचारित बी.आर.आई. परियोजनाओं, खासतौर पर विवादास्पद सी.पी.ई.सी. का आरंभिक स्थल है। सी.पी.ई.सी. के पीछे की मंशा स्पष्टतौर पर पाकिस्तान की बीमार अर्थव्यवस्था की मदद करने के बजाए चीन के अपने भू-सामरिक और आर्थिक हितों की पूर्ति करना है। सी.पी.ई.सी. की ढांचागत परियोजनाएं झिंजियांग के काश्गर को बलूचिस्तान के ग्वादर बंदरगाह से जोड़ती हैं, जिससे चीन को अपने ऊर्जा आयातों के लिए पश्चिम एशिया और अफ्रीका तक आसान पहुंच उपलब्ध होती है। इस तरह, सी.पी.ई.सी. संकरे मलक्का जलडमरूमध्य या स्ट्रेट आफ मलक्का से होकर गुजरने वाले परम्परागत मार्ग पर चीन की निर्भरता में काफी कमी लाता है, जिसके अवरुद्ध होने का चीन पर आर्थिक प्रभाव पड़ सकता है।

अनुमान है कि 2022 तक बंदरगाह शहर ग्वादर में 5,00,000 चीनी नागरिक रह रहे होंगे। चीन सी.पी.ई.सी. और पाकिस्तान में रहने वाले चीनियों की हिफाजत के लिए अजहर को रिझाने में जुटा है।

यूं तो चीन का मोटेतौर पर यह मानना है कि पाकिस्तान अपने खुद के हितों के लिए आतंकवादी गुटों के साथ संघर्ष करने का इच्छुक है, लेकिन अफगानिस्तान-पाकिस्तान के आतंकवादी बहुल क्षेत्र ने चीन को पाकिस्तान के प्रति शंकालु बना दिया है। 2007 में चीन ने पाकिस्तान को लाल मस्जिद स्थित मदरसे के खिलाफ कार्रवाई करने के लिए मजबूर किया, क्योंकि उस मदरसे में रहने वाले कट्टरपंथी ब्यूटी पार्लर चलाने वाली कुछ चीनी लड़कियों के अपहरण में शामिल थे। इस लाल मस्जिद वाले प्रकरण और अब्दुल राशिद गाजी की मौत ने आतंकवादी गुटों को वैश्विक जेहाद छेड़ने के लिए प्रेरित किया। लाल मस्जिद प्रकरण के बाद हुए ऑपरेशन सनराइज के छह महीने के भीतर 40,000 से ज्यादा आतंकवादियों पर प्रभाव रखने वाले 40 से ज्यादा आतंकवादी सरगना 14 दिसम्बर, 2007 को वजीरिस्तान में इकट्ठे

हुए। उन्होंने एक तहरीक-ए-तालिबान पाकिस्तान (टी.टी.पी.) नामक संयुक्त मोर्चे का गठन किया, जिसने अब्दुल राशिद की मौत का बदला लेने का संकल्प लिया। लाल मस्जिद प्रकरण पाकिस्तानी हुकूमत से लड़ने के लिए टी.टी.पी. का नारा बन गया। इसके परिणामस्वरूप हुई आतंकवादी घटनाओं में 88 बम हमलों में 1,188 लोग मारे गए और 3,209 घायल हो गए, वह भी लाल मस्जिद की घेराबंदी किए जाने के महज एक साल के भीतर।

मसूद अजहर ने 2000 में जे.ई.एम. की स्थापना की ताकि वह कश्मीर पर भारत का नियंत्रण कमजोर करने के लिए उसके सरकारी लक्ष्यों पर सम्मिलित आतंकवादी हमलों को अंजाम दिया जा सके। अजहर अपने भाषण देने के हुनर और जेहादियों को भर्ती करने वाला होने की अपनी छवि के कारण पाकिस्तान के लिए महत्वपूर्ण बन गया। हालांकि टी.टी.पी. के गठन के बाद, जे.ई.एम. उसके साथ गठबंधन करके उससे जुड़ गया और टी.टी.पी. के अंग के रूप में उसने पाकिस्तान से गतिविधियां चलाना शुरू कर दिया। हालांकि पाकिस्तानी सेना और आई.एस.आई. ने अपनी 'अच्छे' बनाम 'बुरे' आतंकवादी की रणनीति के तहत 2008 में एक बार फिर से जे.ई.एम. को दोबारा खड़ा कर दिया। 2011 के बाद, आई.एस.आई. ने ऑपरेशन जर्ब-ए-अजब से पहले टी.टी.पी. में शामिल होने वाले सभी 'अच्छे आतंकवादियों' को साथ मिला लिया, जबकि पाकिस्तानी सशस्त्र बलों ने आतंकवादी गठबंधन के खिलाफ ऑपरेशन्स चलाए। यह तथाकथित अच्छे आतंकवादी कश्मीर में जेहाद करने और अफगानिस्तान में तालिबान की मदद करने के लिए जे.ई.एम. में शामिल हो गए। इस तरह जे.ई.एम. के पुनर्गठन ने बुरे आतंकवादियों को अजहर की अगुवाई वाले अच्छे आतंकवादियों में परिवर्तित कर दिया। इसके अलावा, यूनाइटेड जेहाद काउंसिल (यू.जे.सी.) का सदस्य होने के नाते, अजहर के जमीयत उलेमा-ए-इस्लाम-फजलुर रहमान धड़ा (जे.यू.आई.एफ.), सिपह-ए-सहाबा, लश्कर-ए-झांगवी और हरकत-उल-मुजाहिद्दीन जैसे कट्टर धार्मिक गुटों के साथ करीबी रिश्ते थे।

चीन ने कट्टरपंथी तत्वों पर अजहर के प्रभाव को पहचाना और उसका इस्तेमाल क्षेत्र में अपने सामरिक और आर्थिक हितों की हिफाजत के लिए किया।

चीन, अफगान सरकार के साथ भारत के मैत्रीपूर्ण संबंधों से भी खुश

नहीं है। इसलिए पाकिस्तान और चीन द्वारा गुपचुप रूप से अजहर के प्रभाव का इस्तेमाल तालिबान को मजबूत बनाने के लिए किया गया, जो अफगानिस्तान के साथ ही साथ कश्मीर में भी भारतीय हितों के खिलाफ था। आतंकवाद पर दोहरे मापदंड दर्शाते हुए चीन ने बलूच आतंकवादियों के साथ सीधे वार्ता भी की, जिन्हें 'बुरा आतंकवादी' समझा जाता है और फरवरी, 2018 में वे जे.ई.एम. के प्रभाव में भी नहीं थे। 2001 के बाद अमेरिका के साथ भारत के रिश्ते तथा लॉजिस्टिक एक्सचेंज मेमोरेंडम ऑफ एग्रीमेंट (एल.ई.एम.ओ.ए.) पर हस्ताक्षर वे अन्य कारण हैं, जिन्होंने चीन को मसूद अजहर का तुष्टिकरण करने तथा तालिबान को रिझाने के लिए मजबूर किया। अगस्त, 2016 में ग्लोबल टाइम्स ने एक सम्पादकीय लिखा, जिसमें कहा गया था, "अगर भारत जल्दबाजी में अमेरिकी गठबंधन प्रणाली में शामिल हो जाता है, तो इससे शायद चीन, पाकिस्तान और तो और रूस नाराज हो सकते हैं। यह भारत को सुरक्षित तो शायद न बनाए, लेकिन इससे उसके लिए सामरिक कठिनाइयां अवश्य उत्पन्न होंगी तथा वह खुद को एशिया में भू-राजनीति प्रतिद्वंद्विताओं का केंद्र बना लेगा।" इसी समाचार-पत्र ने 10 नवम्बर, 2017 को एक सम्पादकीय प्रकाशित किया, जिसमें कहा गया, "जब भारत आतंकवाद पर दोहरे मानदंड अपनाने के लिए दुनिया की आलोचना करता है, तो उसने खुद भी लम्बे अर्से तक पाकिस्तान के बलूचिस्तान में अलगाववादी गुटों को समर्थन दिया है, जो देश में आतंकवादी हमलों को अंजाम देते हैं।" जैसे कि अपेक्षा थी, पाकिस्तान ने सुविधाजनक रूप से कराची स्थित चीनी वाणिज्य दूतावास पर बलूच आतंकवादियों के 23 नवम्बर, 2018 के हमले के लिए भारत को दोषी ठहरा दिया।

पुलवामा हमले के बाद, कुछ वर्गों को ऐसा लग रहा था कि भारत सरकार द्वारा बढ़ाया गया दबाव चीन को मसूद अजहर के बारे में अपने रुख पर पुनर्विचार करने के लिए मजबूर कर सकता है। हालांकि चीन के 'संकुचित दृष्टिकोण' को देखते हुए, ऐसे मौके पर उठाया गया इस तरह का कदम चीन और पाकिस्तान में रहने वाले चीनी लोगों को आतंकवाद के सामने और भी कमजोर बनाएगा। इसलिए फिलहाल मसूद अजहर के बारे में चीन द्वारा किसी तरह का यू-टर्न लिए जाने की संभावना नहीं है।

वैश्विक आतंकवाद से निपटने के लिये भारत का 5-प्वाइंट फॉर्मूला

हाल ही में भारत ने वैश्विक आतंकवाद से लड़ने के लिये संयुक्त राष्ट्र के सदस्य देशों के बीच '5-प्वाइंट फॉर्मूला' प्रस्तुत किया है।

5-प्वाइंट फॉर्मूला क्या है?

- इस फॉर्मूले को न्यूयॉर्क में रीना मित्रा (विशेष सचिव, आंतरिक सुरक्षा) ने संयुक्त राष्ट्र उच्चायोग सम्मेलन को संबोधित करते हुए आगे बढ़ाया।
- यह वैश्विक आतंकवाद से लड़ने के लिये भारत द्वारा प्रस्तुत किया गया एक सूत्र है।
- इस फॉर्मूले में समय पर क्रियाशील बुद्धिमत्ता का आदान-प्रदान, निजी क्षेत्र के सहयोग से आधुनिक संचार के साधनों के दुरुपयोग की रोकथाम, बेहतर सीमा नियंत्रण हेतु क्षमता निर्माण, यात्रियों की आवाजाही से संबंधित जानकारी को साझा करना, वैश्विक आतंक से लड़ने के लिये संभावित काउंटर-आतंक के केंद्रबिंदु का पता लगाना आदि शामिल हैं।

प्रमुख बिंदु

- ध्यातव्य है कि अपने संबोधन में मित्रा ने किसी भी देश विशेष का नाम आतंकवाद से जोड़कर नहीं लिया।
- उन्होंने कहा कि अंतर्राष्ट्रीय सहयोग की कमी के चलते भारत में आतंकवाद से निपटने के प्रयास विफल हो रहे हैं।

- इसके साथ ही सूचना और साक्ष्यों का आदान-प्रदान या भारतीय क्षेत्र से बाहर छिपे आरोपी व्यक्तियों के मामले में प्रत्यर्पण संधियों का पालन न करना तथा सीमापार आतंकवाद आदि भारत में आतंकवादी गतिविधियों को बढ़ावा देने वाले प्रमुख मुद्दे हैं।
- उन्होंने अपने संबोधन में अंतर्राष्ट्रीय आतंकवाद पर व्यापक अभिसमय (CCIT) की प्रगति का उल्लेख भी किया।

अंतर्राष्ट्रीय आतंकवाद पर व्यापक अभिसमय (CCIT)

- यह मसौदा वर्ष 1996 में भारत द्वारा तैयार किया गया था, जो आतंकवाद के खिलाफ व्यापक एवं एकीकृत कानूनी ढांचा प्रदान करता है।
- CCIT एक कानूनी ढांचा प्रदान करता है जो हस्ताक्षरकर्त्ता देशों पर यह बाध्यता आरोपित करता है कि वे आतंकवादी संगठनों को वित्तीय सहायता अथवा शरण प्रदान नहीं करेंगे।
- इसमें प्रावधान है कि आतंकवाद की सार्वभौमिक परिभाषा हो, जिसे संयुक्त राष्ट्र महासभा के सभी सदस्य देश अपने आपराधिक कानून में शामिल करेंगे।

●●●

www.ingramcontent.com/pod-product-compliance
Lightning Source LLC
LaVergne TN
LVHW020420051026
849527LV00008B/774/J
* 9 7 8 8 1 9 4 5 7 3 1 0 4 *